Dieser Band faßt die wichtigsten Essays zusammen, die Günter de Bruyn zwischen 1962 und 1985 geschrieben hat. Im ersten Teil »Über Bücher und Menschen« beschäftigt sich der Autor mit den Dichtern Preußens wie Nicolai, den Geschwistern Tieck, Fouqué sowie mit dem Berliner Aufenthalt von E. T. A. Hoffmann. Zudem untersucht er Jean Pauls Verhältnis zur Politik, beschreibt Rahel Levins erste Liebe und kommentiert Arno Schmidts Suche nach dem Autor des *Dya-Na-Sore*.
Der zweite Teil enthält Essays »in eigner Sache«: Sie verraten, wie Günter de Bruyn über das Lesen zum Schreiben kam und wie mühselig der Weg vom Leben zur Literatur zuweilen sein kann. Sie geben Auskunft über de Bruyns Verhältnis zu anderen Autoren – zum Beispiel zu Thomas Mann und Arnold Zweig – oder enthüllen, was an seinen *Märkischen Forschungen* wahr und was erfunden ist.
Stets gibt sich de Bruyn nicht als Wissenschaftler, sondern als Literaturliebhaber, der seine Leser mit farbigen Nacherzählungen und Leseeindrücken zu fesseln weiß. Jeder einzelne dieser Essays ist kenntnisreich und in einer klaren poetischen Sprache geschrieben. Alle zusammen ermöglichen sie einen tiefen Einblick in den Reichtum der deutschsprachigen Literatur und verheißen das, was auch de Bruyn empfand: Lesefreuden.

Günter de Bruyn, 1926 in Berlin geboren, lebt in Berlin und bei Frankfurt/Oder als freier Schriftsteller. Er wurde u. a. mit dem Heinrich-Mann-Preis, dem Thomas-Mann-Preis, dem Heinrich-Böll-Preis und dem Großen Literaturpreis der Bayerischen Akademie der Schönen Künste ausgezeichnet.
Im Fischer Taschenbuch Verlag liegen außerdem vor: seine Autobiographie *Zwischenbilanz* (Bd. 11967), die Romane *Buridans Esel* (Bd. 1880), *Neue Herrlichkeit* (Bd. 5994) und *Preisverleihung* (Bd. 11660), die Biographie *Das Leben des Jean Paul Friedrich Richter* (Bd. 10973), die Erzählungen *Märkische Forschungen* (Bd. 5059), *Tristan und Isolde* (Bd. 8275) und *Babylon* (Bd. 11334), die Essaysammlung *Jubelschreie Trauergesänge* (Bd. 12154) sowie *Günter de Bruyn. Materialien zu Leben und Werk* (Bd. 10960).

Günter de Bruyn

Lesefreuden

Über Bücher und Menschen

Fischer Taschenbuch Verlag

6.–8. Tausend: Februar 1996

Veröffentlicht im Fischer Taschenbuch Verlag GmbH,
Frankfurt am Main, November 1995

Lizenzausgabe mit freundlicher Genehmigung des
S. Fischer Verlags GmbH, Frankfurt am Main

Druck und Bindung: Clausen & Bosse, Leck
Printed in Germany
ISBN 3-596-11637-6

Gedruckt auf chlor- und säurefreiem Papier

Über Bücher und Menschen

Preußen, deine Dichter

Da die Hofberichte, mit Herrscherbild, immer die *erste* Zeitungsseite zieren, fängt auch dieser Versuch über Preußens Dichter mit dem Ranghöchsten an: mit Friedrich II., den mancher noch immer oder auch wieder den Großen nennt. Der war nicht nur König, Feldherr, Geschichtsschreiber, Philosoph, Flötenspieler und Komponist, sondern auch Dichter. Als Kronprinz, während seiner Verbannung in Küstrin, hat er die schöne Gutsherrin von Tamsel angedichtet; er hat die fröhlichen Jahre in Rheinsberg besungen und später das neuerbaute Sanssouci; heroische Töne hat er genauso versucht wie scherzhafte; und wenn er am Ende des Lebens weise und selbstironisch wird, könnte man den Mann sympathisch finden, wüßte man nicht, daß das, was er schrieb, oft dem widersprach, was er tat. – Das Gedicht »Lebensabend«, das ich hier in einer von mir leicht gekürzten Version wiedergebe, entstand 1777, also in Kleists Geburtsjahr.

Da sitzt er nun, der alte Mann,
Phlegmatisch, schweigsam, herzenskalt;
Fängt er einmal zu sprechen an,
So gähnt ein jeder Hörer bald.
Statt launiger Rede nur Politik,
Statt Witz nur dunkle Metaphysik;
So langweilig hört sich das alles an
Wie irgendein moderner Roman.

Luftsprünge früher, heut schleicht das an Krücken;
Einst Kraft und Leben, heut Lumpen und Flicken.
Die Jugend ging im Irrtum hin,
Kaum lernt man erkennen, kaum schärft sich der Sinn,
Da kommt die Mühsal, da kommen die Leiden,
Und es dauert nicht lange – da heißt es scheiden.

Nun gehört aber dieser dichtende König, den ich protokollgemäß an den Anfang setze, so wenig zu den Dichtern Preußens, die hier gemeint sind, wie seine polnisch, litauisch oder sorbisch sprechenden Untertanen, die gedichtet haben mögen. Denn der König sprach, schrieb und dichtete Französisch, war der deutschen Sprache nur mangelhaft mächtig und las deutsche Literatur nicht – schrieb aber einen Aufsatz über sie. Darin nennt er Deutsch eine »halbbarbarische Sprache«, »ein Kauderwelsch, dem jede Anmut fehlt«, findet an deutschen Dichtern lediglich Canitz, Gellert und Geßner erwähnenswert und kanzelt dann die neue deutsche Literatur ab, indem er ihr ihre Shakespeare-Begeisterung vorwirft. »Um sich von dem Mangel an Geschmack zu überzeugen«, schreibt er ». . . brauchen Sie nur ins Schauspiel zu gehen. Da sehen Sie die abscheulichen Stücke von Shakespeare in deutscher Sprache, sehen alle Zuhörer vor Wonne hinschmelzen beim Anhören dieser lächerlichen Farcen, die eines kanadischen Wilden würdig sind. Da treten Lastträger und Totengräber auf und halten Reden, dann kommen Fürsten und Königinnen. Wie kann dies wunderliche Gemisch von Hohem und Niederem, von Hanswurstereien und Tragik gefallen und rühren? Man mag Shakespeare solch wunderliche Verirrungen verzeihen; denn die Geburt der Künste ist niemals die Zeit ihrer Reife. Aber nun erscheint noch ein ›Götz von Berlichingen‹ auf der Bühne, eine scheußliche Nachahmung der schlechten englischen Stücke, und das Publikum klatscht Beifall und verlangt mit Begeisterung die Wiederholung dieser abgeschmackten Plattheiten.«

Um deutsche Literatur in Preußen, die, wie man sieht, zu Friedrichs Zeiten (und nicht nur in diesen) vom Thron nichts zu erwarten hatte, geht es hier. Um *preußische* Literatur? Die Frage, ob es das gab, ist kaum jemals aufgeworfen worden, auch vom preußischen König nicht, für den es selbstverständlich nur eine deutsche Literatur gab – nicht, weil er so national gedacht hätte (das tat er nicht), sondern, weil der Gedanke, daß Staatsgrenzen, die nicht Sprachgrenzen sind, Literaturgrenzen sein könnten, ihm gar nicht kam: Wurde die Sprache, die er verachtete, doch auch von sächsischen, hessischen oder württembergischen Untertanen gesprochen. – Deutschsprachige Literatur in Preußen also, in der Mark, der Altmark, in Ostpreußen, Schlesien, vor allem aber in Berlin. Hat sie, so frage ich mich, bei aller Vielgestaltigkeit etwas Gemeinsames? Gibt es, bei aller Gebundenheit an die allgemeine deutsche Literaturentwicklung, so etwas wie ein preußisches Kolorit?

Preußen war, als es gegen Ende des 17. Jahrhunderts anfing, in der Geschichte Deutschlands und Europas eine Rolle zu spielen, ein relativ junger Staat, ein Emporkömmling, arm, kulturell fast geschichtslos. Was sich in dem ehemaligen Kolonialland im späten Mittelalter an Adels- und Stadtkultur entwickelt hatte, war vom Dreißigjährigen Krieg fast restlos zerstört worden. Der Aufbau des Staates erfolgte durch absolutistische Herrscher, die sich ihre Kultur von anderswo holten, aus Frankreich vorwiegend. Der Staat, der da durch Erbschaft und Eroberung zusammenkam, war ein ganz und gar künstliches Gebilde, territorial zerrissen, ohne natürliche Grenzen, ohne ethnische oder traditionelle Zusammengehörigkeit, politisch und militärisch ständig so gefährdet, daß es nur durch starken Zentralismus erhalten werden konnte. Die starke Zentralmacht aber brauchte eine starke Armee und diese wiederum eine gutfunktionierende Bürokratie. Beide aber kosteten viel Geld, und da das Land arm war, mußte das erarbeitet werden – durch die Einwohner natürlich, denen erst mit dem Stock, dann auf pädagogischem Wege beigebracht wurde, daß der einzelne wenig, der Staat alles bedeutet, daß Gehorsam und Fleiß die wichtigsten Tugenden sind – die der Staat dann durch Sicherheit und Ordnung und durch einen (den Gesellschaftsstrukturen entsprechenden) bescheidenen Wohlstand honoriert. Nimmt man nun noch hinzu, daß dieser Staat sich selbst als rational entstandener verstand, als Staat der Vernunft, der höhere Ziele als seine eigene Erhaltung zur Legitimation nicht brauchte, und daß er, auf Einwanderer, gleich welcher Nationalität und welchen Glaubens, angewiesen, religiösen Fanatismus und Fremdenhaß verhindern mußte, so hat man die Liste der preußischen Tugenden auch schon beisammen: Gehorsam, Fleiß und Sparsamkeit, Nüchternheit und Toleranz – Tugenden, die weiterwirkten, erfreulich oft, oft auch verhängnisvoll, weil sie benutzbar sind, so oder so.

Möglich wurde dieser massenpädagogische Erfolg dadurch, daß der Staat dem einzelnen immer präsent war: dem Landbewohner in der Gestalt des Adligen, von dem er zu Hause ebenso abhängig war wie in der Armee; dem Städter in Gestalt des Steuerbeamten, des Polizisten, des Richters, der ganzen weiterverzweigten Bürokratie; und dem Adligen, der als Offizier oder höherer Beamter zu dienen hatte, in Gestalt des Königs, der sich selbst, pflichtbewußt auch er, als erster Diener eines überpersonalen Staates bezeichnete.

Daß dieser Staat, der, übrigens auch mit Hilfe der Kirche, so stark die Lebensumstände seiner Bewohner bestimmte, auch die Literatur einfärben mußte, liegt auf der Hand – leicht nachweisbar ist es nicht; denn eine Sonderentwicklung hat der preußische Teilbereich der deutschen Literatur nicht vollzogen, und gerade wenn sie gut ist, zeigt die Literatur solchen Einfluß ja nicht gleich als preußisch-blau. Es ist vielmehr, pauschal gesehen, so wie überall: Die zweit- und drittrangige Literatur weicht den Problemen aus, indem sie in die Unverbindlichkeit flüchtet oder herrschende Ideologie wiedergibt, die erstrangige aber stellt sich ihnen, das heißt: Sie versucht, die Spannungen zu gestalten, die zwischen Individuum und Gesellschaft bestehen – was dann meist zur Folge hat, daß die Spannungen zwischen der Gesellschaft und dem Schriftstellerindividuum noch größer werden.

Immer ist in Preußen (aber leider nicht nur dort) *die* Kunst am meisten gefördert worden, die es am wenigsten verdient: die Kriegskunst. Immer war die Armee Preußens Stolz, nicht seine Dichter und Denker. Was man einen Musenhof nennt, hat es in Preußen nur in friderizianischer Zeit gegeben, aber da sprachen die Musen französisch. Deutsche Hofdichter gab es nur in den Anfängen, um 1700. Wenn man später, unter Friedrich

Wilhelm III., zu Hoffesten Verse brauchte, wurden die vom Bruder der Königin selbstgemacht. Erst Friedrich Wilhelm IV. hatte den Ehrgeiz, sich als Literaturmäzen zu erweisen; er holte sich die altgewordenen Romantiker Fouqué und Tieck nach Berlin, aber die starben dann bald, und die neuere Literatur war verständlicherweise nicht nach seinem Geschmack. Der Versuchung der Korruption war man als deutscher Literat im klassischen Preußen kaum ausgesetzt. Nicht seiner Freigeisterei wegen bekam Lessing keine Stellung in Berlin und mußte nach Wolfenbüttel gehen; man war einfach nicht interessiert an ihm. Einen Offizier dieser Güte, woher er auch kam, hätte sich der König sicher nicht entgehen lassen. Wer Lobeshymnen auf den König sang, um sich dessen Gunst zu erwerben, wurde enttäuscht. Das haben, ohne sich deshalb in ihrer Verehrung irremachen zu lassen, Ramler, Nicolai und die Karschin genauso erlebt wie Gleim, der dieser Erfahrung, als man ihn einen Schmeichler genannt hatte, dann auch in Versen Ausdruck gab:

> Von meinem Friedrich wär ich ein Schmeichler? Ich?
> Aus dessen Munde sich kein Wort begeben darf, das nicht das Herz auch spricht?
> Bedenkt: Mein Lob ist deutsch, und Deutsches liest er nicht!

Das also gab es natürlich: den preußischen Stoff, der erwünscht war: das Herrscherlob (das immer mißlingt), die Verherrlichung von Kriegstaten, die Haßgesänge auf den, der gerade als Feind zu gelten hat, und im 19. Jahrhundert dann die Idealisierung brandenburgisch-preußischer Geschichte von Fouqué und Alexis bis zu Fontanes preußischen Balladen. – Aber es gab auch die

»Minna von Barnhelm«, ein Gegenwartsstück, dessen Gestalten der Sachse Lessing als Sekretär eines preußischen Generals sozusagen erlebt hatte, und dessen Vorgänge und Ansichten unmittelbar aus der Wirklichkeit entnommen waren. Die Fabel der Komödie ist nach dem tatsächlichen Vorfall gearbeitet, daß im Siebenjährigen Krieg ein preußischer Offizier den sächsischen Feind menschlich behandelte und dafür vom König bestraft wurde. Der Ehrbegriff des Offiziers (sein Standes- und damit Staatsbewußtsein also) wird in dem Stück wie eine komische Schrulle gesehen. Daß das bei den preußischen Behörden Anstoß erregte, versteht sich. Auch Freund Nicolai sah politische Spitzen, die ihm nicht behagten. Die Unabhängigkeit Lessings zeigt sich in seiner Reaktion darauf: Er, Lessing, sei, schreibt er 1769 an Nicolai, während des Krieges »zu Leipzig für einen Erzpreußen und in Berlin für einen Erzsachsen« gehalten worden, hätte aber »keines von beiden sein dürfen«, um die »Minna« schreiben zu können.

Der Streit, ob diese Liebesgeschichte zwischen einem sächsischen Fräulein und einem preußischen Offizier eine pro- oder antipreußische Komödie sei, dauert bis heute an; dabei ist sie keins von beidem: Sie ist ein Stück des Friedens und der Versöhnung – so wie »Nathan der Weise« kein Stück für oder gegen die Juden oder die Christen ist, sondern eins des Miteinander und Füreinander aller. Was Lessing angreift, ist das, was wir heute Manipulierung nennen: die Einengung, Begrenzung, Verstellung des geistigen Blicks. »Wir müssen Freunde sein«, sagt Nathan zum Tempelherrn. »Verachtet mein Volk, so sehr Ihr wollt. Wir haben beide uns unser Volk nicht auserlesen. Sind wir das Volk? Was heißt denn

Volk? Sind Christ und Jude eher Christ und Jude als Mensch? Ach, wenn ich einen mehr in Euch gefunden hätte, dem es genügt, ein Mensch zu heißen!«
Die preußische Toleranz, in deren Genuß die Juden übrigens nur teilweise kamen, hat Lessing geschätzt, aber statt sie zu bejubeln, hat er seine Aufgabe darin gesehen, sie zu erweitern. In seinem vielzitierten Brief an Nicolai hat er auf ihre Grenzen hingewiesen. In seinem Unmut übertrieb er, als er Preußen das sklavischste Land Europas nannte, Recht aber hatte er mit der Feststellung, daß die vielgepriesene preußische Toleranz sich nur (was immerhin schon viel war damals) auf die Religion bezog, nicht auf die Politik. »Sagen Sie mir«, schrieb er also 1769, »von Ihrer Berlinischen Freiheit zu denken und zu schreiben ja nichts. Sie reduziert sich einzig und allein auf die Freiheit, gegen die Religion soviele Sottisen zu Markte zu bringen als man will. Und dieser Freiheit muß sich der rechtliche Mann nun bald zu bedienen schämen. Lassen Sie es aber doch mal einen in Berlin versuchen, über andere Dinge so frei zu schreiben als Sonnenfels in Wien geschrieben hat; lassen Sie es ihn versuchen, dem vornehmen Hofpöbel so die Wahrheit zu sagen als dieser sie ihm gesagt hat; lassen Sie einen in Berlin auftreten, der für die Rechte der Untertanen, der gegen Aussaugung und Despotismus seine Stimme erheben wollte, wie es itzt sogar in Frankreich und Dänemark geschieht, und Sie werden bald die Erfahrung haben, welches Land bis auf den heutigen Tag das sklavischste Land von Europa ist.«
Acht Jahre nach diesem Brief wurde Heinrich von Kleist geboren, in Frankfurt an der Oder, im preußischen Kernland also, als Abkömmling einer adligen Familie,

die seit Generationen dem Staat Offiziere gestellt hatte. Sein Lebensweg schien also durch seine Abkunft vorherbestimmt. Eine Generation vorher hätte es für ihn kaum Fluchtmöglichkeiten gegeben, jetzt, nach dem Tod Friedrichs II., nach der Französischen Revolution, da auch in Preußen Bewußtseinsveränderungen einsetzten und alte Bande sich lockerten, war individuelle Lebensgestaltung eher möglich, aber Mut gehörte auch jetzt noch dazu. Das Kind wurde mit 15 Jahren in die Armee beordert, der junge Mann von 22, der unfähig war, das Geisttötende einer Offiziersexistenz zu ertragen, verließ sie. Zwei Versuche, sich als Beamter zu etablieren, scheiterten. Er schlug sich als Schriftsteller durch: eine unsichere und, in den Augen der Familie, auch schmähliche Existenz.

Und mit den Augen der Familie sah Kleist noch immer. Der Ausbruch war ihm gelungen, mißlungen aber war der Versuch, das Pflichtgefühl loszuwerden, das er der Familie und dem Staat gegenüber hatte. Die Tragik seines Lebens war sein schlechtes Gewissen. Ein reiches Individuum lehnte sich gegen das Gesetz, das es beengte, auf und mußte unterliegen, da es das Gesetz, das es brach, auch bejahte. Deutlicher als am Beispiel Kleists läßt sich die Verinnerlichung preußischer Dienstpflicht nicht zeigen. Kleists Größe als Dichter besteht nun darin, daß er diesem Konflikt schreibend nicht auswich, sondern ihn zu gestalten versuchte – in den Gesetzesbrechern, die aufbegehren gegen eine Macht, die letztlich doch nicht angezweifelt wird. Der Konflikt kann komisch daherkommen wie im »Amphitryon« und im »Zerbrochenen Krug«, er kann tragisch sein wie in der »Penthesilea« (für die das Vom-Gesetz-sich-Lossagen und Sterben eins sind) und im »Michael Kohlhaas« (der, als der Kurfürst von Brandenburg ihm sein Recht erwirkt hat, auch einsieht, daß es rechtens ist, nun seinen Kopf zu opfern) –, er kann aber, wie im »Prinzen von Homburg« auch glücklich enden: in der Versöhnung des Individuums mit einer als menschlich erträumten preußischen Macht. Bekanntlich heißen die letzten Worte des Stücks: »In Staub mit allen Feinden Brandenburgs!«, davor aber steht der Kurzdialog: »Ist es ein Traum? – Ein Traum, was sonst?«

Der »Prinz von Homburg« ist der Lebenstraum Heinrichs von Kleist. Seinen Inhalt könnte man so wiedergeben: Ein sensibler, ehrgeiziger junger Mann, der so ganz anders ist als andere, wird durch Gesetzesbruch in tiefste Qualen gestürzt, steigt aber am Schluß, geläutert, zum ersten Helden eines guten Vaterlandes auf; der Gesetzesbrecher wird in die Gemeinschaft nicht nur wieder aufgenommen: Er wird für seinen Ungehorsam sogar mit dem Siegeslorbeer gekrönt. Es ist der Traum eines Ausgestoßenen, dessen Qualen besonders qualvoll sind, weil er die Schuld an seinem Schicksal selbst zu tragen meint. Niemand hinderte Kleist daran, Preußen zu fliehen; doch sooft er es auch versuchte: immer trieb es ihn zurück – aus der Schweiz, aus Frankreich, aus Sachsen und auch aus der Ausflucht in einen barbarischen deutschen Nationalismus. Daß er immer wieder die Nähe Berlins, ja des Hofes suchte, ist nicht nur durch materielle Not zu erklären. Auch sein rasender Ehrgeiz, der ihn dazu treibt, in Wettstreit mit Goethe treten zu wollen, ist nur durch das gleichzeitige Ausgebrochen- und Gebundensein zu erklären: Er muß sich und den anderen beweisen, daß die Qual nicht umsonst war!

Zwei Monate vor Kleists Tod schreibt Marie von Kleist, eine Verwandte und Freundin, einen Brief an den Bruder des Königs. Darin bittet sie um Unterstützung für Kleist, schickt für die Prinzessin, eine Geborene von Hessen-Homburg, das handgeschriebene Manuskript des »Prinzen von Homburg« mit, und die Worte, die sie dabei benutzt, lassen ahnen, daß sie geringes Interesse der Adressatin an diesem »vaterländischen Schauspiel« befürchtet: »Ich wage zu gleicher Zeit, Ihrer Königlichen Majestät der Frau Prinzessin ein Stück zu Füßen zulegen, welches der Verfasser ihr gewidmet hat und das sicher große Schönheiten enthält, auf das man jedoch ... die Frau Prinzessin vorbereiten müßte; und vor allem wäre es nötig, daß sie den Dichter und all seine aus Shakespeare geschöpften Ideen über das Drama kennenlernte. Aber ich verspreche der Frau Prinzessin viel Befriedigung, wenn sie das Stück bis zu Ende liest ... Die Armut, in der sich Kleist befindet, verhindert, daß er in seinen Werken Vollendung erreicht.«
Auf diesen Brief folgt nur Schweigen. Die Prinzessin äußert sich nie über das Stück. Hätte Tieck es nicht sechs Jahre später aus der Ablage der Prinzessin herauszuholen verstanden, wir würden es so wenig kennen wie Kleists verschollenen zweibändigen Roman.
1822 schreibt Heinrich Heine in seinen Briefen aus Berlin, daß der »Prinz von Homburg« in Berliner Theatern nicht gespielt werden dürfe, »weil eine edle Dame glaubt, daß ihr Ahnherr in einer unedlen Gestalt darin erscheine«. 1828 aber ist es soweit: Das Stück wird in Berlin gespielt, der Beifall ist groß, Alexis, der die Aufführung bespricht, ist begeistert – aber nach der dritten Vorstellung wird es verboten. Ohne Begründung be-

fiehlt der König, daß das »gestern aufgeführte Stück niemals wieder gegeben werden soll«.

Daß ein Werk der Staatsverherrlichung, wenn es wirklich zu Kunst gerät, damit also mehr als Verherrlichung wird oder ein anderes, den Staatsinhabern mißliebig wird oder zumindest unheimlich scheint, ist keine nur preußische Erscheinung. Speziell mit Preußen aber hat es zu tun, wenn ein halbes Jahrhundert später Fontane den »Prinzen von Homburg« zum erstenmal liest und entsetzt ist. – Das geschieht 1872. Preußen ist also schon, wie man sagt, in Deutschland aufgegangen; der preußische König ist deutscher Kaiser; das Geschichtsbild Preußens ist längst zur Legende verkrustet – auch bei Fontane, der fleißig an dieser Legende mitgedichtet hat, als er den »Einzug« der siegreichen Truppen 1871 besang, bei welcher Gelegenheit den Kriegskrüppeln der vorigen Kriege

»in jedes Bein von Holz
fährt der alte Schlachtenstolz«

und wo auch das Rauchsche Friedrich-Denkmal mitspielt – das Fontane übrigens bei dessen Einweihung 1851 in einem noch schlimmeren Gedicht so besungen hatte:

»Blitz nur herab von deiner Wacht;
Und wenn uns Feinde spotten,
Pandurentum und Slawenmacht
Sich rings zusammenrotten,
Dann, dir zu Füßen, weck und wink
Dem alten Leibhusaren
Und sprich: He, Zieten, sattl Er flink!
Wir wolln mal drunterfahren!«

Dieser Fontane also (er ist schon 53, aber er wird, wie man weiß, zum wirklichen Fontane ja erst in noch höherem Alter) findet den »Prinzen von Homburg« miserabel. Ihn ärgert erstens daran, daß nichts »stimmt« – womit er recht hat: Denn die Geschichte von der Befehlsverweigerung, die den Sieg bei Fehrbellin herbeiführte, ist eine Legende, der historische Prinz war zu dieser Zeit schon über 40, zum zweitenmal verheiratet, mit vielen Kindern gesegnet, eines abgeschossenen Beins wegen mit einem Kunstbein aus Silber versehen und außerdem ein kriegserfahrener Haudegen, der, bevor er bei Fehrbellin die Schweden besiegte, für die Schweden die Dänen besiegt hatte – was alles, wie man zugeben muß, für ein vaterländisches Schauspiel von 1810 nicht die richtige Gestalt ergeben hätte. Zweitens aber ist Fontane entsetzt über den Charakter des Prinzen, der für ihn kein »brandenburgischer Kriegsmann« ist, sondern ein »unwürdiges Mitglied der menschlichen Gesellschaft«, eine »Jammer«-Gestalt, ein »eitler, krankhafter, prätentiöser Waschlappen« – kein Held also, wie er in preußischen Schulbüchern und in Fontanes Balladen vorkam. Zwar geht diesem Verriß voraus ein Hinweis auf die Güte der Kleistschen Arbeit, doch überwiegt das Mißbehagen. Fontanes politisch eingeengter Blick macht ihn blind für die Kunst.

Die wird ihm erst sichtbar, wenn sein Blick klar, also kritisch, wird. Zwischen der Lektüre-Aufzeichnung von 1872 und der späten »Homburg«-Kritik in der Vossischen Zeitung liegt die vielleicht entscheidendste Episode seines Lebens: sein Bürokraten-Erlebnis, seine Anstellung im Staatsdienst, die er erschreckt und verstört schnell wieder aufgibt, durch die er aber klarsichtig wird. In der preußischen Amtsstube, die von ihm nicht nur Gehorsam, sondern auch geistige Selbstverleugnung verlangt, wird sozusagen der Romanschreiber und Theaterkritiker geboren. Die »Homburg«-Rezension, die er nun schreibt, ist ein Indiz für die neugewonnene Realitäts- und Kunstoffenheit. Seine Bedenken sind noch da, werden aber durch Kleists Größe besiegt. Einen »Triumph der Kunst« nennt er das – einen Triumph der Klarheit über die Manipulation aber könnte man nennen, was mit ihm selber geschieht und was ihn befähigt, die kleinen und großen, aber meist großartigen Romane zu schreiben – in denen Preußen immer gegenwärtig bleibt, in dieser einmaligen, eben fontanischen Art, die zugleich Anhänglichkeit und Distanzierung ist, und bei der Kritik Liebe nicht ausschließt. Im »Stechlin« dann reift dieses Fontanische zur Vollkommenheit: Der Adlige, der alles Adlige, sich selbst eingeschlossen, kritisch zu sehen vermag, ohne an Ausbruch auch nur zu denken; der Konservative, der froh ist, daß seine Partei nicht gewinnt; der Preußen-Kritiker, der geistig ganz in Preußen lebt. Der heiter-wehmütige Roman ist auch einer des Abschieds vom Leben in und mit Preußen. Für das, was der alte Fontane in der Gegenwart Preußen-Deutschlands Übles sah, hat er meist den Begriff Borussismus verwendet, wohl um es abzugrenzen vom Preußen der klassischen Zeit, dem geliebten Alt-Preußen. Denn dessen Bild hat er zwar kritisch modifiziert, aber nicht verworfen. »Man bleibt im Bann seiner Art und Persönlichkeit«, schreibt er 1889 an Liliencron, »kann aber kritisch doch darüberstehen und hinter sein Eigenstes . . . ein ernstes Fragezeichen machen.« Zu zerstören brauchte er sein Eigenstes deshalb nicht. Auch er fühlte sich durch Herkunft bestimmt, durch keine adlige wie Kleist, aber durch eine hugenottische, die ihn nicht weniger an Preußen band. Wie der sonst so ganz andersgeartete Kleist hat er sich sein Traum-Preußen immer bewahrt.

Im Jahre 1885 (»Vor dem Sturm«, »Schach von Wuthenow« mit seiner scharfen Preußen-Kritik, »L'Adultera«, »Graf Petöfy« sind schon erschienen, »Irrungen, Wirrungen« ist in Arbeit) schreibt er zu Adolf Menzels 70. Geburtstag ein Gedicht, ein Traum-Gedicht, in dem es vorwiegend um Menzel geht, aber doch wohl auch um ihn selbst. Da trifft er, Theodor Fontane, beim nächtlichen Gang durch Friedrichs Sanssouci den König selbst, der schon seit 99 Jahren nicht mehr lebt. Der spricht ihn an, fragt ihn nach dem Metier, in dem er tätig ist, zeigt spöttisch Mitleid, als er hört: ein deutscher Dichter, gibt ihm Gelegenheit, vom Maler Menzel, der ihn und seine Zeit, die Friedrich-Zeit, im Bild verherrlicht hat, viel Rühmliches zu sagen, und bittet ihn dann, Menzel auszurichten: an Friedrichs Tafelrunde im Elysium sei für ihn ein Platz noch frei. – Das, so scheint es, ist das Höchste, das ein preußischer Dichter einem preußischen Maler wünschen kann: vom (freilich idealisierten) Herrscher anerkannt zu sein.

So spezifisch preußisch diese Träume Kleists und Fontanes auch sind, so allgemein ist doch der Vorgang, der zu ihnen führt; er ist dem verwandt, durch den sich die Romantiker ihr Bild vom Mittelalter schufen, die Klassiker ihr nicht weniger verschöntes Griechenland. Es sind nach hinten verlegte Utopien, an denen man den Wert der Gegenwart mißt.

Vor der Vorstellung, daß Preußen, von dem nach langer Tabuisierung und Verketzerung nun wieder so viel die Rede ist, einen solchen Sinn für *uns* haben könnte, möchte ich warnen. Für ein Friedens-Utopia, wie wir es brauchen (und das, wie mir scheint, an der Bergpredigt orientiert sein müßte), eignet sich Preußen schlecht, weder das des 18. Jahrhunderts noch das der Befreiungskriege. Vergessen wir nicht, daß nach dem Friedrich-Bild, das Menzel geschaffen hatte, in den zwanziger und dreißiger Jahren unseres Jahrhunderts die deutsch-nationalen Preußenfilme gedreht wurden, die die Deutschen auf den nächsten Krieg einstimmten, daß auch der letzte Durchhalte-Film der Nazis 1945 ein Preußen-Film war, daß ihre Schlachtschiffe Scharnhorst und Gneisenau hießen und Goebbels, als er den Totalen Krieg ausrief, nichts Besseres als Theodor Körner zitieren konnte.

Das alles spricht nicht unbedingt gegen Preußen, sollte uns aber skeptisch machen gegen alle Entwerfer preußischer Traditionslinien. Die Gefahr, daß mit diesen Traditionen Menschen erzogen werden sollen, die, wie der Rhein-Preuße Heinrich Heine so treffend sagt, wirken, als »hätten sie verschluckt den Stock, mit dem man sie einst geprügelt«, liegt immer nahe. Es gibt genug Preußisches, das der Liebe und Verehrung wert ist – womit ich, um bei der Literatur zu bleiben, vor allem *die* meine, die unter der Zensur litten, nicht die, die sie ausübten. Diese Leidenden aber, die Lessing, Kleist oder E.T.A. Hoffmann, brauchen eine Preußen-Renaissance nicht, um lebendig weiterzuwirken.

Es mag ja sein, daß es genial von Clausewitz war, die Erkenntnis, daß der Krieg eine Fortsetzung der Politik mit anderen Mitteln ist, zu formulieren. Ich wünschte mir, er hätte den Krieg ein *verwerfliches* Mittel genannt, und die, die ihm heute Genialität bescheinigen, würden hinzufügen: daß der Krieg unter heutigen Umständen in Europa keine Fortsetzung der Politik, sondern deren Ende wäre. – Mir jedenfalls ist der Preuße Kant lieber – nicht weil er so preußisch-pünktlich war, daß die Königsberger nach seinem Tagesablauf die Uhr stellen konnten, sondern weil er den Aufsatz »Zum ewigen Frieden« schrieb – dessen Titel er übrigens einem holländischen Gastwirt verdankte. Der Mann hatte das Reklameschild seines Hauses, das »Zum ewigen Frieden« hieß, mit dem Bild eines Kirchhofs bemalt, was Kant für Satire hielt und sich fragte, wem sie wohl galt: den Politikern, die der Kriege nicht satt werden können, oder den Philosophen, die den süßen Friedenstraum träumen, ohne ihn wahr werden lassen zu können. Sein Problem war damit umrissen: das von Macht und Moral, die er vereinen wollte.

Und das ist doch wahrhaftig kein nur preußisches Problem.

Nicolai
oder Ein Opfer der Vernunft

»Die gute Absicht der Schriftsteller, durch Moral zu nützen, ist immer mit der zufälligen Unbequemlichkeit verknüpft, daß sie in der Ausführung gar leicht Langeweile erweckt.«
(»Geschichte eines dicken Mannes«, Band 2, Nachschrift)

Von der Weis- und Blindheit des Alters

Aufklärung kann nicht frei von Didaktik sein. Wer mehr als andere weiß oder zu wissen glaubt und seine Aufgabe darin sieht, dieses Wissen mitzuteilen, muß zwangsläufig zum Lehrenden werden. Benutzt er dazu die Kunst, muß seine Meisterschaft darin bestehen, das Belehrende, gegen das sich Kunst sträubt, so gut es geht zu verbergen. Denn Kunst, wie auch Leben, lehren am besten durch Beispiel.

Nicolais Roman »Vertraute Briefe von Adelheid B.« ist ein Werk der Aufklärung, das man meisterhaft kaum nennen kann – eher schon schulmeisterhaft. Es erteilt Moralunterricht, dessen Ergebnis lautet: Gutes siegt nur durch Vernunft – wobei dieser Begriff Humanes und Soziales zwar beinhalten soll, aber in der Gestaltung fast gleichgesetzt wird mit: Ordnungserhaltung, Bewahrung des Bewährten, Ablehnung jedes Experiments. Wäre die Mahnung »Ruhe ist erste Bürgerpflicht!« nicht erst sieben Jahre nach Erscheinen des Buches geprägt worden, hätte sie der Roman-Lektion als Motto dienen können. So wird dasselbe in ihm mit andern Worten gesagt: Nicht im Zeichen der Revolution, der Französischen, soll das Zeitalter stehen, sondern in dem Friedrichs II., der dem bedürftigen Land die Kartoffel brachte.

1806 brachte die Revolution die neue Zeit in der furchterregenden Gestalt Napoleons nach Berlin. Vielleicht ist Nicolai, der das noch erlebte, damals klargeworden, daß er beim Schreiben des Briefromans die Vergeblichkeit seiner Warnung geahnt hatte: Zwar siegt in den »Vertrauten Briefen« die Vernunft, aber Adelheid stirbt an ihr.

Reizvoll an diesem Zeitroman ist sein Ver- und Enthüllungsspiel. Personen und Orte werden vom Verfasser maskiert, aber nicht allzusehr. An völliger Unkenntlichkeit ist ihm nicht gelegen. Die Larve, die er den Sündern mit der einen Hand vor das Gesicht hält, lüftet er mit der andern (in den Fußnoten) wieder. Daß die Stadt mit den guten (den aufgeklärten) und den schlechten (den romantischen) Zirkeln nur Berlin sein kann, ist klar; der Haß auf die Universitäten (Berlin bekam erst elf Jahre später eine) macht den Autodidakten kenntlich; und aus der weiblichen Verkleidung der Adelheid B. spricht unverhohlen ein alter Mann.

Auch daß der Roman ohne Verfasserangabe erschien, war nur ein halbes Verstecken. Nicht nur die Rezensenten wußten, daß dieses 1799 in der Nicolaischen Verlagsbuchhandlung erschienene Werk nur *den* zum Autor haben konnte, der schon seit fünfundzwanzig Jahren die literarische Welt mit seinen vernunftsmoraldurchtränkten Verdammungen erregt, verärgert oder belustigt hatte. Zwar stand der Sechsundsechzigjährige mit seiner Ablehnung alles Neuen in Literatur und Philosophie nicht allein, doch war nur er so leichtsinnig, das an Frühstücks- und Stammtischen Geäußerte auch drucken zu lassen. Denn wer gibt schon gern zu, daß er Vorurteile gegen die Jugend hat! Man hat sie, aber verschweigt oder kaschiert sie, weil auch in den verknöchertsten Alten die Spur einer Ahnung davon lebt, daß eine begabte, selbstbewußte und folglich unbequeme Jugend, wie umwegig auch immer, recht hat.

Der aktuelle Wert der »Vertrauten Briefe« liegt in der Umkehrung ihrer ursprünglichen Absicht. Sollten sie damals vor Irrwegen der Jugend warnen, liest man sie heute als Warnung vor den Vorurteilen des Alters. Allerdings muß, wenn dieser Erfolg eintreten soll, der Leser einige Voraussetzungen mitbringen: Er muß erwachsen sein, also erfahren haben, daß auch das Selbstverständliche selbstverständlich vergeht; er muß unfreiwillige Komik genießen, also gegen den Strich lesen können; er muß (was leicht ist) in mancher Hinsicht klüger als Nicolai sein und schließlich auch Gerechtigkeitssinn haben: den Einer-und-andererseits-Blick, der auch bei drohender Selbsterkenntnis nicht blind wird.

Im Hinblick auf seine (nicht etwa auf unsere) Zeit klüger zu sein als Nicolai, fällt uns, wie gesagt, leicht. Wir können ihn, dessen Name bedeutungslos geworden ist, als Narren empfinden, weil er Jüngere, deren Bedeutung sich inzwischen als dauerhaft erwiesen hat, Narren nennt; wir können komisch finden, für wie leicht der greise Autor die Beherrschung von Leidenschaft hält; wir dürfen das Hohelied auf die Vernunft wie eine Parodie preußischer Aufklärungsmoral lesen – nie aber dabei die Fragen überhören, die dieses Buch an uns selber stellt. Es sind Fragen nach dem Gewohnten und dem Bewährten, nach Tradition und Prinzip, nach allem, was auch uns in der bewegten Zeit feststehend scheint. Weichen wir diesen Fragen aus, nimmt die Selbstgerechtigkeit, die wir belachen, schon von uns selber Besitz.

Zum Glück gibt es in den »Vertrauten Briefen« genügend Details, die auch den Begriffsstutzigsten stutzen lassen. Daß die Schmähung der Jungen bei ihren Haaren und Kleidern beginnt, scheint doch seltsam vertraut, und der Hauptvorwurf an sie: anders sein zu wollen, als die Norm es befiehlt, auch. Wenn der alte Mann, der da dauernd aus Adelheid spricht, der verzärtelten Jugend rät, die Mängel, die die Gesellschaft bei all ihren Vorzügen hat, nicht zu bekämpfen, sondern ruhig zu ertragen, kommt er einem so altertümlich wie seine Redeweise nicht vor. Und wenn er, da Predigen nicht hilft, im Interesse aller, auch streng, ja brutal werden muß und die Pistole zieht, damit die Mähne, das Zeichen der Auflehnung, fällt und die alte Standardisierung siegt, führt er, ohne es zu wollen, auch vor, daß Alter nicht nur weise, sondern auch blind machen kann.

Der Zopf

Neben Wesentlicherem hatten die durch die Französische Revolution in Europa eingeleiteten Umwälzungen auch die Haarmoden verändert. Die Frisuren der jungen Männer in den »Vertrauten Briefen« waren also ein Zeichen der Zeit und Nicolais Empörung über sie eins der Rückständigkeit. Obwohl er klug genug war, den Zopf, dessen Zeit bald vorbei war, nicht ausdrücklich zu fordern, empfand er wahrscheinlich nur ihn als gesittet, weil er ihn gewohnt war. In seiner Kindheit waren im Preußen des sparsamen Soldatenkönigs die aufwendigen Perücken von den billigeren Zöpfen abgelöst worden und hatten sich als Männer-Normalfrisuren bis zum Ende des Jahrhunderts gehalten. Über Perücken hat Nicolai später (ohne dem spaßigen Thema, wie Jean Paul erstaunt feststellte, einen Spaß ablocken zu können) ein ganzes Buch geschrieben. Sie waren für ihn Geschichte, der Zopf aber Gegenwart. Noch Nicolais Schwiegersohn Parthey (der allerdings nur wenig jünger als er war) wurde, wie der Enkel berichtet, täglich nach altem Ritus frisiert.

Da tritt, das Frisierzeug unter dem Arm, zuerst Wilhelm, der Diener, auf, breitet ein Leinentuch auf dem Teppich aus, stellt einen Stuhl darauf, hüllt seinen Herrn in einen Umhang und bittet ihn, Platz zu nehmen. Während der Herr sich in die Zeitung vertieft, löst Wilhelm den Vortags-Zopf auf, kämmt das Haar durch und schmiert Pomade hinein, bis es überall glänzt und stark duftet. Mit Hilfe eines Zylinders aus Holz werden die horizontal über den Ohren liegenden Locken gedreht, die des steifenden Fettes wegen den Tag über halten. Die

Blechbüchse, in der Weizenmehl ist, wird geöffnet und die Puderquaste aus Flaumfedern hineingetaucht. Das Betupfen des Haars erzeugt eine mehlige Wolke, die Herr und Diener zeitweilig verhüllt. Wenn sie den Boden erreicht hat, ist nicht nur das Fetthaar bepudert, sondern auch die Zeitung, die abgeklopft werden muß, um wieder lesbar zu sein. Der Zopf, der nun an der Reihe ist, wird so straff geflochten, daß er am Nacken dicht anliegt. Das Ende des schwarzseidenen Bandes, das, der Stärke wegen, mitverflochten wird, hält Wilhelm während der Arbeit zwischen den Zähnen, um mit ihm schließlich den fertigen Zopf fest zu umwickeln. Jetzt ist die Frisur perfekt, das Gesicht des Herrn aber bemehlt. Mit dem Pudermesser wird es freigeschabt. Während Wilhelm das Zimmer reinigt, entfernt sich sein Herr, den Hut in der Hand; denn säße der auf dem Kopf, würde er nicht nur die Seitenlocken zerdrücken, sondern auch bald von Fett glänzen.

Gustav (in den »Vertrauten Briefen«) ist also durchaus zu verstehen, wenn er seinen Kurzhaarschnitt für praktischer hält. Die Epoche, die später (von Schinkel und seiner Schule) verächtlich Zopfzeit genannt wird, ist für ihn vorbei, nicht aber für Nicolai, für den das die große Zeit war, die Zeit seiner Erfolge, die Zeit der Aufklärung, der Toleranz, der Vernunft. Er hatte Grund, stolz auf diese Zeit zu sein, auch deshalb, weil er keiner Hochschule bedurft hatte, um zu der Bedeutung aufzusteigen, die er nicht nur für Berlin und Preußen, sondern für ganz Deutschland gehabt hatte. In seiner kurzen, zerrissenen Schulzeit auf insgesamt drei Gymnasien hatte er die Lebensfremdheit der damaligen Bildungsmethoden erfahren, hatte als Buchhändlerlehrling in Frankfurt an der Oder, in einer elenden Kammer hockend, sein Selbststudium begonnen und war damit so erfolgreich gewesen, daß er nicht lange danach, wieder in Berlin, schon bei den literarischen Auseinandersetzungen der fünfziger Jahre hatte mitreden können. Nach beiden Seiten schlechte Noten verteilend, hatte er in den Streit zwischen dem Leipziger Professor Gottsched und dem Schweizer Bodmer eingegriffen und durch diese Kühnheit die Freundschaft Lessings gewonnen. Mit diesem und Moses Mendelssohn gemeinsam hatte er über die Theorie des Trauerspiels korrespondiert, die durch Lessings Mitarbeit so wichtig gewordene kritische Zeitschrift »Briefe, die neueste Literatur betreffend« herausgegeben und schließlich, nachdem er das Verlagsunternehmen des Vaters geerbt hatte, den kühnen Plan einer enzyklopädischen Zeitschrift entwickelt und durchgeführt: der »Allgemeinen Deutschen Bibliothek«, kurz »ADB« genannt, die wie keine andere dazu beigetragen hatte, den Geist der Aufklärung in ganz Deutschland zu verbreiten. Daneben hatte er viel geschrieben: Literaturkritisches, Philosophisches, Kulturhistorisches, Topographisches, Reisebeschreibungen und Romane. Als Haupt der Berliner Aufklärung und als Befehlshaber eines Heeres von »ADB«-Rezensenten war er eine Macht. Man kannte ihn, achtete ihn, aber man liebte ihn nicht – seiner Einseitigkeit wegen. Denn in dem Bestreben, eine Gefährdung vernünftigen Denkens nicht zuzulassen, ging er mit moralisierendem Eifer gegen alles vor, das anti-aufklärerisch war oder ihm zu sein schien. Schon gegen Klopstock, der die Bardengesänge der barbarischen Altdeutschen wiedererwecken wollte, hatte er angehen müssen. Herder, einst Mitarbeiter der »ADB«, mußte, wie auch Bürger, zur Ordnung gerufen werden, als er die Volkslieder pries, die doch aus primitiven, voraufklärerischen Zeiten stammten. Gegen den talentierten, aber gefährlichen Autor der »Leiden des jungen Werthers« mußte er genauso vorgehen wie gegen den sich in unverständlichen Abstraktionen verlierenden Philosophen Kant, der unglücklicherweise auch noch Schiller beeinflußte, der also auch zu bekämpfen war. Nun aber begannen auch die jungen Romantiker sich zu regen und sogar in Berlin einzudringen. Waren ihm die zopffeindlichen Stürmer und Dränger mit ihrem Genie-Kult schon zuwider gewesen: Die Schlegel, Tieck, Fichte, die zu Mystischem, Märchenhaftem, Spekulativem neigten und obendrein auch noch Goethe verehrten, waren es ihm noch mehr. Den »Vertrauten Briefen« merkt man das an.

Aber gefürchtet wurde Nicolai um diese Zeit (um 1800) schon nicht mehr. Zwar existierte seine Hausmacht, die »ADB«, noch, aber ihr Einfluß war nur noch gering. Nachdem Goethe und Schiller in unfeiner Weise über den besserwisserischen Kritiker hergezogen waren, kamen die andern, die Tieck, Schlegel, Jean Paul, nach, bis dann Fichte so ausfallend wurde, daß selbst seine Freunde meinten, solche Grobheit habe der alte Nicolai nun wiederum auch nicht verdient. Dieser wehrte sich öffentlich gegen den Spott bald nicht mehr; nur die Aufnahme Fichtes in die Berliner Akademie der Wissenschaften gelang es ihm noch zu verhindern. Der Zusammenbruch Preußens und das Aufblühen romantischen Denkens drängten ihn vollends ins Abseits. Als der Achtundsiebzigjährige 1811 (nach seiner Frau und nach allen seinen Kindern) starb, wußten seine Enkel, die sich für Goethe, Tieck und Jean Paul begeisterten, kaum noch von seiner einstigen Bedeutung.

Läßt man die seit langem verbreitete Meinung gelten, daß Nüchternheit (die sich auch mit Sentimentalität verträgt), Toleranz (die auch streitlustig sein kann), Skepsis und Tüchtigkeit typisch preußisch-berlinische Eigenschaften sind, so war Nicolai ein Berliner, wie er im Buche steht; und auszuschließen ist nicht, daß der Ruf, den er genoß, dazu beitrug, dieses Pauschalurteil über die Berliner zu festigen. Daß er und sein Kreis in Büchern und Briefen von Zeitgenossen oft »die Berliner« genannt werden, legt jedenfalls eine solche Vermutung nahe. Daß diese Erwähnungen selten von Sympathie für ihn zeugen, liegt einmal daran, daß Rezensenten (und in besonderem Maße ein Chef vieler Rezensenten) bei Autoren selten beliebt sind, zum anderen aber an ihm selbst. Denn da er für die Jungen kein Verständnis hatte, hatten sie keins für ihn; da er als Grobian auftrat, wurde er grob behandelt, und da er die Verdienste anderer nicht sah, übersah man auch seine oder versuchte, sie zu verkleinern. Sein Name, der einst neben dem Lessings geleuchtet hatte, wurde zum Synonym für platten Rationalismus, für Philistertum, Trivialität und Unpoesie. Bei Jean Pauls satirischem »Luftschiffer Giannozzo« von 1801 hört sich das so an: »Himmel! es waren [die Nicolaiten nämlich] aufgeklärte Achtzehnjahrhunderter; sie standen ganz für Friedrich II., für die gemäßigte Freiheit und gute Erholungslektüre und einen gemäßigten Deismus und eine gemäßigte Philosophie; sie erklärten sich sehr gegen Geistererscheinungen, Schwärmerei und Extreme; sie lasen ihren Dichter sehr gern als ein Stilistikum zum Vorteil der Geschäfte und zur Abspannung vom Soliden; sie genossen die Nachtigallen ... als Braten und machten mit der Myrte ... den Ofen heiß ... und nur für *ein* Ding brennt ihr frostiger Geist: für den Leib; dieser ist solid und reell, dieser ist eigentlich der Staat, die Religion, die Kunst, und diesem diene die Berliner Monatsschrift. – O, wie mir dieses blankgescheuerte Blei der polierten Alltäglichkeit, dieses destillierte Wasser, dieser geschönte Landwein ein Greuel ist!« Und dann wirft er den »allgemein-deutsch-bibliothekarischen Menschen« vor, daß sie nur erkennen können, was ihnen ähnlich ist.

Und damit hat Jean Paul zweifellos recht, nur trifft das auf andere Leute ebenso zu, auf Goethe zum Beispiel, der es mit den von Nicolai angefeindeten Romantikern auch nur solange hielt wie es aussah, als folgten sie seinen Spuren. Im Geltenlassen anderer waren viele der Großen nicht groß.

Die Rezensierfabrik

Hauptgrund für alle Streitereien Nicolais mit den Jüngeren war seine Beständigkeit, die man auch Starrsinn nennen könnte. Er begriff nicht, daß die Erfahrungen eines alten Mannes alte Erfahrungen sind, die irgendwann nicht mehr gelten. Sein Leben (das eines tüchtigen Bürgers im friderizianischen Preußen) hielt er deshalb für das Ideal jedes Lebens. Da sein gut ausgebildetes Selbstbewußtsein ihn dazu verführte, die Schranken, die seinem Denken und Empfinden gesetzt waren, generell für unüberschreitbar zu halten, geschah ihm nur recht, daß man ihn lächerlich machte. Unrecht war dabei nur, daß die Verdienste, die er innerhalb seiner Grenzen hatte, ihm dabei auch aberkannt wurden. Daß dies so gründlich geschah, hat mit der Größe seiner Gegner zu tun; denn durch ihre, nicht durch seine Werke wurde das Urteil der Nachwelt bestimmt.

Will man das in seiner Spätzeit gezeichnete karikaturistische Bild von ihm entzerren, muß man zuerst daran erinnern, daß seine Tätigkeit sich nicht in der verständnislosen Bekämpfung anderer erschöpfte. Er hat, neben vielen Werken, die nur noch Spezialisten interessieren können, doch einige geschrieben, die immer wieder Neudrucke verdienten: den trotz Langstiligkeit lesenswerten Roman »Das Leben und die Meinungen des Herrn Magister Sebaldus Nothanker« zum Beispiel, die zwölfbändige »Beschreibung einer Reise durch Deutschland und die Schweiz« oder auch die für die Erforschung der Geschichte Berlins und der Mark äußerst verdienstvolle »Beschreibung der königlichen Residenzstädte Berlin und Potsdam« – wobei allerdings gesagt werden muß, daß deren aller Wert mehr auf historischem als auf literarischem Gebiet liegt. Sie alle können als Quellenwerke der Kulturgeschichte des 18. Jahrhunderts benutzt werden, weil Nicolai, dem es an Phantasie und tiefgründigem Denken fehlte, diese durch Genauigkeit ersetzte. In der »Beschreibung der Residenzstädte« findet man jede Straße, jedes wichtige Gebäude, jedes Denkmal verzeichnet; man kann lesen, welches Amt für welches Gebiet der Verwaltung zuständig war, wie und wo Reisende mitgeführtes Gepäck verzollen mußten und wieviel für ein Gasthofzimmer zu bezahlen war. Wenn Nicolai selbst reiste, erfuhr man von ihm nicht (wie von dem »empfindsamen« und den romantischen Reisenden), welche Gefühle ihn dabei bewegten, sondern was ihn die Reise kostete, wieviel Meilen er zurücklegte, wie gut oder schlecht gepflastert die Straßen waren und wie die Leute in andern Städten sich kleideten. Da er weder auf schöne Gefühle noch auf Abenteuer aus war, wurden die Reisetage sorgfältig geplant, die Routen festgelegt, Pläne, Statistiken, Standesamtsregister studiert und vor und nach der Reise Briefe an Bekannte (Rezensenten der »ADB« zum Beispiel) geschrieben, in denen Besichtigungspläne gemacht und öffentlich nicht zugängliche Auskünfte eingeholt wurden. Reisewagentypen wurden studiert, um den besten wählen zu können. Ein Schrittzähler für Fußmärsche und einer für Wagenfahrten wurden angeschafft und ein neuerfundener Füllfederhalter besorgt, bei dem aus einer Metallkapsel Tinte in den Gänsekiel floß. Er konnte also an Ort und Stelle alles, was er erfuhr, notieren – und brauchte dann dreizehn Jahre, um diese Detailmassen in die zwölf Bände mit ihren insgesamt 5000 Seiten umzulegen. Im elften Band war er in Tübingen, und da dort der Klassiker-Verlag Cotta war, benutzte er die Gelegenheit, um über Schiller herzufallen – was dann zur Folge hatte, daß der Spott der »Xenien« sich vorwiegend gegen die »Beschreibung einer Reise« richtete, deren Wert für alle Zeiten verdunkelte und darüber hinaus auch noch Nicolais Hauptverdienst, seine Herausgebertätigkeit, in Frage stellte.

Goethes und Schillers Ärger über den alten »Nickel« war so groß, daß es ihnen, in dem Bestreben, ihn zu verletzen, auf Wahrheit nicht so genau ankam. Da Nicolai sich seit seiner »Werther«-Parodie (die übrigens weniger Kritik am Buch als an den Folgen seiner Wirkung gewesen war) als Feind gezeigt hatte, durfte nun auch seine ruhmreiche Vergangenheit nicht wahr sein, mußte auch sein Beitrag zur Aufklärung und zur Entwicklung einer ernst zu nehmenden Literaturkritik geleugnet werden. Er hatte also, glaubt man den »Xenien«, als Lessing und Mendelssohn mit den »Briefen, die neueste Literatur betreffend« entscheidende kritische Impulse gegeben hatten, den beiden nur »die Lichter geschneuzt«.

In diesem Punkt besonders aber darf man den »Xenien« nicht glauben, was leicht fällt, da Goethe in späteren Jahren (in »Dichtung und Wahrheit«) sich selbst revidierte. Mit dem braven, verdienst- und kenntnisreichen Mann, von dem er da spricht, ist der Herausgeber und Verleger gemeint, und tatsächlich sind Nicolais Verdienste in dieser Hinsicht unbestritten. Mag sein geistiger Beitrag zu den »Briefen, die neueste Literatur betreffend« auch nicht erheblich gewesen sein, so hat er mit ihnen doch Lessing erst das Instrument geliefert, mit dem dieser seine kritische Wirkung entfalten konnte. Und wenn er dann anschließend selbständig, ohne Lessing, sein größtes Unternehmen, die »ADB«, startete und jahrzehntelang fortführte, so leistete er damit nicht nur einen Beitrag zur Entwicklung des gelehrten Journalismus in Deutschland, sondern trug auch wie kein anderer zur Popularisierung der Aufklärung bei.

Hohe Ziele hatte sich Nicolai mit diesem Rezensionsorgan gestellt. Sämtliche im deutschsprachigen Raum erscheinenden Bücher aller Wissensgebiete (einschließlich der Übersetzungen) sollten angezeigt und besprochen werden. Das in viele Staaten zerrissene Deutschland sollte dadurch eine Art kulturelles Zentrum bekommen und die freimütige, sachkundige, der Aufklärung verpflichtete Kritik gefördert werden. Obwohl das Ziel der Vollständigkeit (bei einer von Jahr zu Jahr ansteigenden Buchproduktion) nie erreicht werden konnte und von den siebziger Jahren an ähnliche Journale der »ADB« Konkurrenz machten, war ihre erstrebte Breitenwirkung doch enorm. Vierzig Jahre lang (von 1765 bis 1805) hat sie ziemlich umfassend über die Entwicklung der Künste und Wissenschaften informiert. Insgesamt 433 Mitarbeiter haben in dieser Zeit etwa 80 000 Bücher rezensiert. Nicolai, der, abgesehen von einer zensurbedingten Unterbrechung von acht Jahren, das Riesenunternehmen leitete, hat sich dabei als Organisator der Aufklärung glänzend bewährt.

Wenn diese Rezensionsfabrik, wie Fichte sie nannte, bei den Autoren nicht immer beliebt war, so liegt das einmal daran, daß ihr Aufklärungsstandpunkt, von dem aus sie urteilte, mit wachsendem Alter mehr und mehr in Gegensatz zu den sich neu entwickelnden Literaturtendenzen geriet, zum andern aber auch an der allgemeinen Rezensentenfeindlichkeit der Autoren – die Fichte in der dritten Beilage seines Anti-Nicolai-Buches, bezogen auf die »ADB«, in die Worte faßte: »Wer selbst ein Buch schreiben kann, der schreibt ein Buch und keine Rezension, und für die Rezensionen bleiben in der Regel nur diejenigen übrig, die kein Buch schreiben können: hinter ihrem Zeitalter zurückgebliebene Invaliden, deren Bücher keinen Absatz und also keinen Verleger finden, und Schüler, die zwar ein Aufsätzchen in Größe einer Rezension zusammenbringen, aber nicht den Plan eines Buches entwerfen können.« Und er kommt deshalb zu dem Schluß, daß die »ADB« wie jedes Rezensionsblatt ein an sich widersinniges Unternehmen ist.

Konkurrenz in Geselligkeit

Die berühmten Salons der romantischen Zeit hatten in den weniger berühmten Klubs der Aufklärungsepoche ihre Vorläufer. Gegen Ende des 18. Jahrhunderts (zur Zeit der »Vertrauten Briefe« also) bestanden beide nebeneinander: die der Väter und die der Töchter und Söhne. Nicolai gehörte im Laufe seines Lebens drei Kreisen an: einem schöngeistigen Kaffeekränzchen, an dem mehr als hundert Personen beteiligt waren, und zwei exklusiveren Klubs.

Die Aufklärungstendenz wurde an der Mittwoch-Gesellschaft, die in den achtziger und neunziger Jahren bestand, besonders deutlich. Sie war eine Vereinigung von gebildeten Männern, die Einfluß in Staat, Kirche und Wissenschaft hatten. Jeden Mittwoch kam man zusammen, um einen Vortrag zu hören und zu bereden. Themen aus Literatur und Kunst waren nur selten dabei; es ging mehr um Wissenschaft und um Praktisch-Soziales: Staat, Finanzen und Recht. Man wollte sich nicht nur bilden, man wollte reformerisch wirken, diskutierte zum Beispiel das entstehende Preußische Allgemeine Landrecht, dessen Schöpfer Suarez, ein hoher Justizbeamter, Mitglied des Kreises war. Um unbeeinflußt reden zu können, blieb man streng unter sich und hielt die Existenz der Gesellschaft geheim. Das Paradoxe, das darin zu liegen scheint, daß Männer, die für den Staat, in den sie integriert sind, wirken wollen, sich vor ihm verstecken, löst sich auf, wenn man den Zustand des absolutistischen Staates bedenkt, der sich vor freien Diskussionen zu fürchten hatte. Er verbot dann auch (mit dem Edikt von 1798) alle geheimen Organisationen – worauf die

staatstreue Mittwoch-Runde (im Jahre 1800) ihre Selbstauflösung beschloß.
Länger existierte der schon 1749 gegründete Montag-Klub. Nicolai wurde in ihn durch Lessing eingeführt und hat ihm fünfundfünfzig Jahre lang angehört. Auch diesem Kreis, dessen Mitgliederzahl auf fünfundzwanzig beschränkt war, gehörten nur Männer an, vor allem hohe Beamte wie Wöllner (der allerdings 1792 austrat), Geistliche wie der Oberkonsistorialrat Teller, Gelehrte wie Sulzer und Abbt, Künstler wie Schadow und Quantz, der Leiter der Singakademie, Zelter, die Herausgeber der »Berlinischen Monatsschrift«, Biester und Gedike, und Schriftsteller wie Ramler und Engel. Hier wurden keine Vorträge gehalten, hier war nichts geheim, hier durften Freunde mitgebracht werden, denn Zweck der Vereinigung war Geselligkeit und freies Gespräch.
Nach dem Beispiel dieser mehr oder weniger geschlossenen Gesellschaften des Bildungsbürgertums (und im Gegensatz zu ihnen) entwickelten sich gegen Ende des Jahrhunderts die offenen Salons – die Nicolai (wie die »Vertrauten Briefe« vermuten lassen) als Konkurrenz empfand, auch gegen die Gastlichkeit in seinem eigenen Haus. Er übersah dabei, daß seiner Art von Geselligkeit die Zwanglosigkeit fehlte. Zu ihm ging man nicht, wenn einem nach Gespräch zumute war: Man wurde geladen, zu Festlichkeiten, Mahlzeiten, Vorträgen oder Konzerten. Während in den Salons der Rahel Levin oder der Henriette Herz nur Geist und Gefühl etwas galten, Intellektuelle und Künstler demzufolge dominierten, zählte bei Nicolai mehr bürgerliche Reputation. Es waren Honoratiorenrunden, die sich in den saalähnlichen Zim-

mern des Hauses Brüderstraße 13 versammelten – ohne die erotische Atmosphäre, die die jungen, unabhängigen Frauen schufen, ohne den Adel auch. Nicht nur der unehrerbietige Friedrich Schlegel, auch der verschuldete Müßiggänger Prinz Louis Ferdinand mit seiner anrüchigen Geliebten wäre an Nicolais reichgedeckter Tafel fehl am Platze gewesen; in Rahels Dachstube, wo es nur Tee gab, gehörten sie hin. Hier (in ihrem kleinen Kreis allerdings nur) setzten die Kinder der Aufklärung in Wirklichkeit um, was sie von ihren Vätern gelernt hatten: den Menschen höher zu achten als seinen Stand – vorausgesetzt er bringt Bildung mit oder wenigstens Zeit und Lust, sie zu erwerben. Geniales (das Nicolai sein Leben lang bekämpft hatte) war hier gefragt. Wie ein göttliches Wesen wurde Goethe verehrt. Obwohl man (über die Französische Revolution beispielsweise) viel progressivere Reden führte als die gut-preußischen Aufklärer, kümmerte man sich wenig um Soziales. Da es die hier praktizierte Gleichberechtigung von Bürgerlichen, Adligen, Juden, Frauen, Studenten und Künstlern im Staat nicht gab, strebte man ganz aus ihm heraus, ohne auf ihn zurückwirken zu wollen. Statt nach außen sah man nach innen – was Nicolai zu dem Versuch veranlassen mußte, diesen Falschblick wieder zu richten. Von Adelheids geliebtem Gustav wird deshalb soziales Engagement verlangt. Daß das edle Ziel durch Vermittlung einer Hofratsstelle erreicht wird, hat die Jungen damals sicher so amüsiert wie heute uns. Der eigentliche Witz dieses banalen Einfalls aber besteht darin, daß er genau das Richtige traf: Nicht nur Schlegel ist später Hofsekretär und Legationsrat geworden.

Erstaunlich ist, wie selbstverständlich Nicolai, indem er

eine Frau zur Trägerin seiner Ideen macht, die emanzipatorischen Fortschritte der Salons in den Roman übernimmt. Ganz ohne Vorbild in der Realität scheint diese Adelheid B. nicht zu sein. Sie ähnelt in vielen Zügen Nicolais langjähriger Freundin Elisa von Recke, die den Betrüger Cagliostro entlarvte, deshalb von allen Aufklärern verehrt wurde, und die nicht nur schön war wie Adelheid, sondern mit dieser auch das Schicksal teilte, in Jugendjahren an einen ungeliebten Mann verheiratet worden zu sein.

Letzteres freilich gab es, besonders beim Adel und bei den Juden, in dieser Zeit oft.

Die Kinder der Aufklärung

Von Nicolais jüdischem Freund Moses Mendelssohn ist ein Brief überliefert, in dem er gegen den Vorschlag, eine seiner Töchter mit dem Bekannten eines Bekannten, der diese nie gesehen hat, zu verheiraten, Bedenken anmeldet. Von Neigung, die zur Ehe erforderlich sei, ist viel die Rede, aber nur von der des künftigen Ehemannes, nicht von der des noch sehr jungen Mädchens, das in dem Brief nur als »wir, meine Tochter und ich« erscheint. Um Dorothea, seine Älteste, geht es in diesem Brief nicht, aber mit der verfährt er nicht anders: Den Mann sucht früh *er* ihr aus. Sie ist siebzehn, als sie an den Bankier Simon Veit vergeben wird, ihre Freundin Henriette erst fünfzehn, als sie Marcus Herz heiraten muß.

So wie den beiden ist es jahrhundertelang den Mädchen

(nicht nur den jüdischen) gegangen; nur unterscheidet sie von ihren Schicksalsgefährtinnen der Vergangenheit, daß sie eine individuellere Auffassung von Lebenserfüllung haben, ihnen also die Ergebenheit in ihr Schicksal fehlt. Sie sind Töchter aus gutem Hause, gebildet, feinsinnig, großgeworden mit den Ideen von Humanität und Toleranz, Kinder der Aufklärung – die in eine Gesellschaft entlassen werden, die diesen Ideen nicht entspricht. Während die Väter, obwohl sie das Neue verkündeten, am Alten, von dem sie geprägt wurden, teilweise noch hängen, verzweifeln die Jungen daran, fühlen sich unglücklich und brechen aus – zumindest aus den Fesseln der Ehe.

Als im Juli 1797 der fünfundzwanzigjährige Friedrich Schlegel nach Berlin kommt, ist Dorothea vierunddreißig Jahre alt, seit siebzehn Jahren verheiratet und Mutter zweier Söhne (die später beide Maler werden). Im Salon der Henriette Herz sehen sie einander zum erstenmal – und nicht lange danach trennt sich Madame Veit von dem ungeliebten Mann. Sie mietet sich eine Wohnung am Rande der Stadt, in der Ziegelstraße (die mit einer Kalkbrennerei und der Kaserne des 2. Artillerieregiments keine standesgemäße Wohngegend ist), und lebt dort mit dem jungen Dichter zusammen. Dieser verarbeitet die für beide beglückende Liebesbeziehung (sehr frei, sehr »natürlich«, wie man damals sagte) in seinem Roman »Lucinde«, während Nicolai, den das Schicksal der Tochter seines inzwischen verstorbenen Freundes natürlich bewegt, sie nur zum Anlaß für ein didaktisches Exempel nimmt. Nicht die für ihn unvernünftigen Tatsachen schildert er, sondern er nimmt dem Fall alles Skandalöse und zeigt Dorothea, wie es richtig gewesen wäre: Statt die Vernunft an die Leidenschaft zu verraten, hätte die Tochter eines Aufklärungsphilosophen sich ihr zum Opfer bringen müssen.

Zur Ostermesse 1799 erscheinen gleichzeitig die aus gleichem Anlaß entstandenen so ungleichen Romane. Während die »Vertrauten Briefe« meist wohlwollend besprochen und dann schnell vergessen werden, erregt die bis heutigentags in vielen Ausgaben nachgedruckte »Lucinde« einen Sturm der Entrüstung. Fichte, einer ihrer Bewunderer, hat eine Erklärung dafür. »Solche Produkte«, schreibt er an seine Frau, »müssen sich erst ihr Publikum bilden.«

Ausgerechnet in der Jenaer »Allgemeinen Literatur-Zeitung«, dem wichtigsten Forum der Frühromantik, fällt die Besprechung der »Vertrauten Briefe« besonders positiv aus, was allein schon eine Abwendung von den im Roman angegriffenen Brüdern Schlegel bedeutet. Darüber hinaus aber werden sie in den ersten Sätzen auch noch versteckt angegriffen, indem man ihnen »Alleinweisheit«, »gelehrten Egoismus« und »Hinwegsetzen über bürgerliche Verhältnisse und Konvenienz« vorwirft. Natürlich wehren die »jungen Philosophen«, die wichtige Mitarbeiter des Blattes sind, sich dagegen. Da auch Goethe, der als Schiedsrichter angerufen wird, den Riß nicht kitten kann, kommt es zum Zerwürfnis. Ein wichtiges Publikationsorgan geht der Frühromantik auf diese Weise verloren. Indirekt hat also Nicolais Angriff Wirkung – die ihm sonst versagt bleibt.

Denn wie seine Erziehungsabsichten bei den jungen Leuten, denen sie gelten, ankommen, kann man beim Schlegel-Freund Schleiermacher (der seine Verteidigung der »Lucinde« bezeichnenderweise auch »Vertraute Briefe« nennen wird) nachlesen. Der Brief an Henriette Herz, in dem er über die Lektüre von Nicolais Roman berichtet, schließt mit den Worten: ». . . da habe ich unaussprechlich gelacht.«

Der Geisterseher

Wenn auch die Ehrlichkeit und Konsequenz, mit der Nicolai seine Meinungen unbeeinflußt vortrug, etwas Imponierendes hatten, so mußte die Unbelehrbarkeit des immerfort Belehrenden doch erbosen. Seine auf starkes Selbstbewußtsein gegründete Rechthaberei kann man manchmal mutig nennen, manchmal dumm, manchmal aber auch naiv: Sein Eifer machte ihn blind für die Grenze, hinter der die Lächerlichkeit beginnt. Hatte schon seine maßlose Übertreibung der Gefahren, die dem aufgeklärt-protestantischen Preußen angeblich von den Jesuiten drohten, seinem Ruf geschadet, so machte ihn im Jahre der »Vertrauten Briefe« sein Kampf gegen Geisterglauben vollends zur komischen Figur – auch für die Nachwelt, weil nämlich Goethe an diesem Rufmord beteiligt war.
Mit wirtschaftlichen und sozialen Krisen waren am Ende des Jahrhunderts religiöser Wahn, Wunderglaube und andere Formen des Irrationalismus in die preußische Hauptstadt zurückgekehrt. Auf Humboldts Schloß in Tegel hatte es gespukt, und Friedrich Wilhelm II., der Nachfolger des gekrönten Philosophen Friedrich, hatte sich nicht nur mit Geistererscheinungen beschäftigt, sondern mit Hilfe eines Religionsedikts auch versucht,

die orthodoxen Glaubensformen wiederherzustellen. Um der damit verbundenen Zensur zu entgehen, hatte Nicolai, der lächerlicherweise der Religionsfeindlichkeit und sogar des Jakobinismus beschuldigt worden war, die »ADB« außer Landes (das heißt nach Hamburg und Kiel) gebracht. Er war gegen die Unterdrückung der Aufklärung aufgetreten, hatte sich für die alte (gemäßigte) Pressefreiheit erklärt und nahm sich nun der spukenden Geister an.

Im Mai 1799 erschien in der in seinem Verlag publizierten »Neuen Berlinischen Monatsschrift« unter dem Titel »Beispiel einer Erscheinung mehrerer Phantasmen; nebst einigen erläuternden Anmerkungen« ein Vortrag, den er im Februar des gleichen Jahres an der Königlichen Akademie der Wissenschaft gehalten hatte. In ihm versuchte er, die Nichtexistenz von Geistern mit der Tatsache zu beweisen – daß er selbst welche gesehen hatte. Er bezichtigte also die Leute, die behaupteten, von Spuk belästigt worden zu sein (»wie neulich in Tegel«), nicht der Lüge, sondern wies ihnen nach, daß das, was sie gesehen hatten, von ihrer verwirrten Seele selbst erzeugt worden war.

Er beginnt mit dem Körper-Seele-Problem im allgemeinen, weist auf die Bedeutung der Erfahrungen hin und entschuldigt sich im voraus dafür, daß er viel von sich selbst reden müsse. Dann schildert er das Auftreten der Geister: Nach überstandener Krankheit (»Verstopfung der feineren Gefäße des Unterleibes«), nach anstrengender Arbeit, schwerer Kränkung, Leid und Verdruß steht am 24. Februar 1791, vormittags 10 Uhr, plötzlich »ungefähr zehn Schritte entfernt«, eine Gestalt vor ihm, die eine Viertelstunde bleibt und danach oft wiederkommt, aber nicht mehr allein, sondern mit mehreren Spukgenossen, die später auch noch zu reden beginnen. Zwei Monate lang suchen nun die Geister, die er so heftig bekämpfte, den Vernunftsmenschen heim. Er beobachtet sie genau und macht sich auf der Stelle Notizen. Schließlich aber vertreibt er sie – durch Arzneikunst.

»Es war endlich beliebt«, heißt es in seinem Vortrag, »Blutigel an den After zu setzen. Dies geschah den 20. April vormittags um elf Uhr. Ich war mit dem Wundarzte allein, aber während der Operation wimmelte das Zimmer von menschlichen Gestalten aller Art, die sich durcheinanderdrängten. Dieses dauerte ununterbrochen fort bis ungefähr um halb fünf Uhr, gerade wieder um die Zeit der anfangenden Verdauung. Da bemerkte ich, daß die Gestalten anfingen, sich langsamer zu bewegen. Kurz darauf begannen ihre Farben, nach und nach blasser zu werden; sie nahmen mit jeder halben Viertelstunde immer mehr ab, ohne daß die bestimmte Figur der Gestalten wäre verändert worden. Etwa um halb sieben Uhr waren alle Gestalten ganz weiß und bewegten sich nur sehr wenig, doch waren die Umrisse noch sehr bestimmt. Nach und nach wurden sie merklich unbestimmter, ohne daß ihre Anzahl abgenommen hätte, wie sonst oft der Fall gewesen war. Die Gestalten gingen nicht weg, sie verschwanden auch nicht, welches gleichfalls sonst oft geschehen war. Jetzt zerflossen sie gleichsam in der Luft. Von einigen sogar waren eine Zeitlang einzelne Stücke zu sehen, die nach und nach auch vergingen. Ungefähr um acht Uhr war gar nichts von den Gestalten mehr da. Nie habe ich wieder dergleichen gesehen.«

Mit Nicolai, der den Spuk los war und überdies mit ihm

auch noch Fichtes Idealismus widerlegt zu haben glaubte, frohlockte natürlich über diese wissenschaftliche Mitteilung auch die Schar seiner Feinde. Die Blutegel am Hintern wurde er nun nicht mehr los. Erst nahm sich Tieck ihrer satirisch an, dann wurden sie von Goethe im »Faust« verewigt. Als Neugieriger Reisender und als Proktophantasmist (das ist etwa: Steiß-Geisterseher) irrt Nicolai nun durch die Walpurgisnacht, verflucht

»Das Teufelspack, es fragt nach keiner Regel.
Wir sind so klug, und dennoch spukt's in Tegel«,

und muß sich schließlich von Mephisto auch noch sagen lassen:

»Er wird sich gleich in eine Pfütze setzen,
Das ist die Art, wie er sich soulagiert [erleichtert],
Und wenn Blutegel sich an seinem Steiß
ergetzen,
Ist er von Geistern und von Geist kuriert.«

Von der Brüder- zur Alten Jakobstraße

Werden Autoren beschimpft, fehlt selten der Hinweis darauf, daß ihnen ihre als schlecht, falsch oder feindlich eingestuften Literaturprodukte auch noch Geld eingebracht haben. Obwohl jeder, der gewohnt ist, für Arbeit bezahlt zu werden, das selbstverständlich finden müßte, bleibt die erhoffte Wirkung nicht aus – vielleicht weil die Meinung vorherrscht, daß Schriftsteller Moral nicht nur beschreiben, sondern auch leben müssen und sich das, wie man weiß, nie auszahlt in dieser Welt.
Auch Nicolai wurde (in den »Xenien«) diese Vorhaltung

gemacht, und sie war bei ihm, der nur aus Liebhaberei Autor war, besonders absurd. Er schrieb, von Ausnahmen abgesehen, erfolglose Bücher und konnte sich das nur leisten, weil er als Verleger erfolgreich war. Wie man später errechnet hat, verdiente er an seinem Zeitschriften-Großunternehmen »ADB« reichlich und verstand es auch, mit Büchern anderer Art gute Geschäfte zu machen. So brachte er zum Beispiel in seinen verlegerischen Anfängen, im Siebenjährigen Krieg, ein in Leder gebundenes, goldbortenverziertes Kleinstbüchlein mit patriotischen Versen (»Es blühe unser Vaterland/Durch Friedrich, Heinrich, Ferdinand!«) auf den Markt, das, da es mit einer Öse versehen war und so von guten Preußen an der Uhrkette getragen werden konnte, reißenden Absatz fand. 6000 Taler brachte ihm allein dieser »Berlokkenkalender« ein; 30 000 kostete dann sein prächtiges Haus in der Brüderstraße. Als er 1758 die unbedeutende Verlagsbuchhandlung übernahm, war sie verschuldet; als er dreiundfünfzig Jahre später starb, war er einer der wohlhabendsten Bürger Berlins. Nicht nur die Firma, das Stadthaus, ein Sommerhaus und eine kostbare Sammlung von Musikalien, Büchern und Bildern gehörten ihm, sondern auch neun weitere, durch Hypothekengeschäfte erworbene Häuser.

Das Haus in der Brüderstraße war jahrzehntelang das gesellige Zentrum der gebildeten Bürger der Stadt. In seinen Räumen wurden nicht nur Feste gefeiert und Konzerte veranstaltet, hier traf man auch Fremde aus aller Welt. Denn reisende Gelehrte, die nach Berlin kamen und im »König von England«, in der »Stadt Paris« oder im »König von Portugal« (Gasthöfen erster Klasse, deren Logier- und Speisepreise man in der »Beschrei-

bung der Residenzstädte« nachschlagen kann) abgestiegen waren, versäumten selten, beim berühmten Nicolai vorzusprechen oder wenigstens ihre Karten im Laden abzugeben, wo ein Buchhandelsgehilfe sie sammelte und freitags dem Prinzipal vorlegte, damit die Liste der Sonntagsgäste zusammengestellt werden konnte.
Über der im Erdgeschoß befindlichen Buchhandlung lagen im ersten Stock die Wohn- und Festräume, die man über die heute noch vorhandene schnitzwerkverzierte Eichenholztreppe des Vorderhauses erreichte. Im dreifenstrigen, nach der Straße zu gelegenen Speisesaal empfing der hochgewachsene, hagere Greis seine Besucher, führte sie später zu Musik- oder Theateraufführungen in den mit gewölbter Stuckdecke versehenen Festsaal des linken Seitenflügels hinüber oder auch in die Bibliotheks- und Arbeitsräume des Quergebäudes, wo 16 000 kostbare, mit von Chodowiecki gestochenen Exlibris versehene Bände und viele (zum Teil von so bekannten Künstlern wie Graff und Tischbein gemalte) Bildnisse bewundert werden konnten.
Daß die Sammlungen nach Nicolais Tode verstreut wurden, hatte er selbst verfügt. Wie sein Freund Goeckingk schrieb, wurde sein Testament »nach ebenden Grundsätzen abgefaßt, die er sein ganzes Leben hindurch befolgt hatte« – was bedeutet, daß die Bücher, Gemälde, Kupferstiche, Büsten und Medaillons dahin gegeben wurden, wo sie am nützlichten waren: in die Akademien der Künste und der Wissenschaften, in die Königliche (die heutige Staats-)Bibliothek und an das Gymnasium zum Grauen Kloster (dessen Buchbestände heute die Berliner Stadtbibliothek bewahrt). Im Familienbesitz (das heißt in dem des Schwiegersohns Parthey) verblieb, neben

Verlag und Buchhandlung, das Haus – das heute noch einen Eindruck vom Lebensstil der Nicolai-Zeit vermitteln kann.
Es wurde über mittelalterlichen Kellergewölben unter Verwendung von Gebäuderesten aus gotischer Zeit am Anfang des 18. Jahrhunderts gebaut, mehrfach von Adligen und Kaufleuten erstanden und wieder veräußert und 1787 von Nicolai gekauft. Obwohl es nach seinem Tod und dem späteren Auszug der von den Erben weitergeführten (und heute noch in Westberlin existierenden) Verlagsbuchhandlung zu Wohn- und Geschäftszwecken vermietet wurde, zeitweilig auch ein Lessing-Museum beherbergte und deshalb im Innern oft verändert wurde, ist es im wesentlichen heute noch so erhalten, wie es der Singakademiedirektor Friedrich Zelter, der hauptberuflich Baumeister war, seinem Freund Nicolai umgebaut hatte. Denn die Bomben des zweiten Weltkrieges beschädigten nur den linken Seitenflügel, bei der Neugestaltung des Viertels zwischen Breite Straße und Friedrichsgracht wurden die Brüderstraßen-Häuser 10 bis 13 vom Abriß verschont, und das Institut für Denkmalspflege, das seit fast drei Jahrzehnten hier untergebracht ist, bewacht und betreut diese Bauschönheiten nicht nur, sondern stellt sie teilweise erst unter großen Schwierigkeiten in ihrer alten Gestalt wieder her.
Einen Eindruck von der imposanten Größe des Hauses erhält man, wenn man es (was heute möglich ist) von drei Seiten besieht; seine bürgerliche Behaglichkeit aber erschließt sich erst, wenn man den kopfsteingepflasterten Innenhof betritt, wo dickstämmiger Resedawein Wände und Holzgalerien umrankt und zur Blütezeit Frühlingsdüfte verbreitet. Der Gedanke, daß das Nütz-

lichkeitsdenken des Hausherrn seit seinem Tode zwar Fortschritte gemacht hat, der Schönheitssinn seiner Zeit aber dabei verlorenging, ist dann nicht abzuweisen.
Als Nicolai im Januar 1811 in diesem Haus starb, ehrte man mit einem aufwendigen Begräbnis sicher nicht allein den Mann des alten Preußen, der Neuerungen jeder Art getrotzt, immer das zum Zopf gebundene Haar gepudert und den friderizianischen Dreieckshut zu Kniehose und Schoßweste getragen hatte, sondern auch den Wohltäter der durch Krieg und Besatzung verarmten Stadt, der ihr zu gemeinnützigen Zwecken ein Vermögen von 18 000 Talern vermacht hatte. Der Leichenzug, an dem sich »freiwillig«, wie Goeckingk betont, »die angesehensten und edelsten Männer aus allen Zweigen der Staatsverwaltung und aus allen Ständen« beteiligten, bewegte sich, nachdem vor dem Trauerhause schon Chorschüler gesungen hatten, die Brüderstraße hinunter, an der zwischen Scharren- und Gertraudenstraße stehenden Petrikirche vorbei in die Roß- und Neue Roßstraße, überquerte am Köpenicker Tor (das schon damals nicht mehr stand) den heute nicht mehr existierenden Festungsgraben, bog nach rechts in die Alte Jakobstraße ein, wo links, zwischen Sebastian- und Stallschreiberstraße (also wenige Meter vor der heutigen Staatsgrenze), die Luisenstädtische Kirche stand. »Hier wurde«, wie Goeckingk fortfährt, »die eintretende Versammlung mit einer Motette empfangen und der Sarg vor dem Altare niedergesetzt. Herr Probst Hanstein hielt aus eigner Bewegung eine der Veranlassung angemessene Rede, welche die Verdienste des Verewigten und seine Schicksale schilderte, mit herzerhebender Anwendung auf die Religion. Unter dem Gesange auser-

wählter Lieder und Begleitung des ganzen Trauergefolges wurde alsdann die Leiche nach dem an die Kirche stoßenden Kirchhof gebracht und in die Gruft gesenkt.«

Anders als Goeckingk, der zwar nicht lügt, aber als offizieller Berichterstatter die Vorgänge wie üblich kaschiert, hat Gustav Parthey, Nicolais Enkel, die Zeremonie gesehen. »Das Leichenbegängnis«, so schreibt er, wenn er sich seiner behüteten Kindheit in der Brüderstraße erinnert, »hinterließ einen äußerst peinlichen, sogar schrecklichen Eindruck. Es hatte sich dabei, wie dies noch jetzt zu geschehen pflegt, alles Lumpengesindel der nächsten Gegend vor dem Hause versammelt. Weil ein so berühmter Mann begraben wurde, so war der Zudrang stärker als gewöhnlich. Das Elend der niederen Volksklassen Berlins muß damals, wegen des Krieges, größer gewesen sein als jetzt. Mich überlief ein Schauder, als wir aus dem Hausflur durch die Reihen der gaffenden Proletarier dem Trauerwagen zugeführt wurden; mir war nicht anders, als müßten diese hohläugigen, blassen Gestalten über uns herfallen, um uns zu berauben oder zu töten. In der Luisenkirche, wo der Trauergottesdienst stattfand, war es noch ärger. Alle Räume bis zu den Emporen hinauf waren dichtgedrängt voll vom unheimlichen Pöbel, der mit Gepolter über die Bänke kletterte und andere Ungehörigkeiten verübte. Von Andacht konnte unter diesen Umständen gar nicht die Rede sein; nichts als Furcht erfüllte meine Seele, daß diese rohen Volkshaufen irgendeine Gewalttätigkeit verüben möchten. Wie dankte ich Gott, als wir beim Nachhausekommen das Spalier der stechenden Blicke zum zweiten Male glücklich durchschritten hatten und aus der Kin-

derstube in den friedlichen Hausgarten hinabschauten.«
Goeckingks Bemerkung: »Nicolais Grabhügel bedarf keines Denkmals« läßt darauf schließen, daß es ein solches nie gab. Nur eine gußeiserne Gedenktafel an der Nordmauer der Kirche hat es gegeben; die aber wurde im zweiten Weltkrieg zerstört. Daß sich heut an dem Grab dieses exemplarischen Preußen die die Stadt trennende Mauer erhebt, scheint ein Symbol zu sein. Man weiß nur nicht recht: wofür?

Der Sandpoet
Schmidt von Werneuchen

Von Fahrland nach Werneuchen

Im Sommer 1821 fährt Friedrich Zelter, der Leiter der Berliner Singakademie, von Berlin nach Kunersdorf. In Werneuchen werden die Pferde gewechselt, und Zelter benutzt die Fahrpause, um den Prediger des Städtchens in seinem »reinlichärmlichen Gehöftchen« zu besuchen. Endlich habe er »unsern Sandpoeten«, so berichtet er brieflich dem Duz-Freund Goethe, von Angesicht gesehen. Dafür, diese elende Gegend besungen zu haben, sei der »gute Landpastor« hart bestraft worden: zwei Frauen (in Wirklichkeit war es nur eine: die Henriette seiner Gedichte) seien ihm gestorben, und zweimal sei sein Haus abgebrannt. Schmidt lobpreise aber noch immer »unermüdet seine Natur, die für ihn, so wie er für sie, expreß gemacht zu sein scheint«.
Das Wort »endlich«, das Zelter benutzt, bezieht sich auf einen Zeitraum von etwa fünfundzwanzig Jahren. 1796 nämlich hatte Goethe sich mit dem dichtenden Pastor beschäftigt, das heißt, er hatte ihn abgekanzelt, in amüsanter Weise, in dem parodistischen Gedicht »Musen und Grazien in der Mark«, das seitdem in keiner besseren Ausgabe von Goethes Gedichten fehlt. Für Preußen waren diese fünfundzwanzig Jahre eine bewegte Zeit: Es war von Napoleon besiegt und besetzt worden, es hatte sich von Nepoleon befreit, Reformen hatten seine Ge-

sellschaft verändert, freiheitliche Ideen waren aufgeflammt und erstickt worden – an Pastor Schmidt aber war das alles ziemlich spurlos vorbeigegangen. Er war, als Goethe die Parodie auf ihn schrieb, Prediger in Werneuchen gewesen, und er war es noch immer und sollte es bis an sein Lebensende bleiben. Sein Grabkreuz, das im Gegensatz zum alten Pfarrhaus, das 1930 abgerissen und durch einen Neubau ersetzt wurde, noch heute steht, vermerkt das Datum: »Gestorben den 26. Apr. 1838«. Dreiundvierzig Jahre ist er in Werneuchen Pfarrer gewesen. Es war dies, glaubt man seinen Gedichten, ein Leben, wie er es sich wünschte: ruhig, zufrieden, friedlich, genügsam. Ein schmerzfreies Leben war es nicht.

1764, im ersten Friedensjahr nach dem Siebenjährigen Krieg, ist er als Sohn, Enkel und Urenkel von Pastoren geboren (fünfzehn Jahre nach Goethe, ein Jahr nach Jean Paul, dreizehn Jahre vor Kleist), in Fahrland, dem Dorf nahe Potsdam, das er später in einem seiner schönsten Gedichte beschrieb. Die »süßesten Freuden der frühen Jugend«, die er darin heraufbeschwor, dauerten aber nicht lange. Dem Neunjährigen starb der Vater, und die Mutter zog mit ihm und seinen vier Geschwistern in das benachbarte Döberitz, das aber nur Durchgangsstation für ihn wurde. Man schickte ihn nach Berlin – das man immer im Auge haben sollte, wenn man seine Stadt-Schmähungen liest; denn außer Potsdam vielleicht und Halle hat er andere größere Städte nie gesehen. Die zwanzig Jahre, die er nun an die Stadt gebunden war, wurden Jahre der Sehnsucht für ihn; und diese Sehnsucht nach den Verhältnissen, aus denen er kam, wurde Hauptthema seiner Gedichte.

Das Schindlersche Waisenhaus, eine private Stiftung, die durch Stipendien ihren Zöglingen auch eine Berufsausbildung ermöglichte, bestimmte nun Schmidts weiteren Lebensweg. Sechs Jahre trug der Junge die vorgeschriebene graue Kleidung der Anstalt in der Wilhelmstraße, dann wechselte er für zwei Jahre in die Klosterstraße über: in das berühmte Gymnasium zum Grauen Kloster, in dem unter anderen bekannten Leuten auch Karl Philipp Moritz, der Autor des »Anton Reiser«, der Goethe-Freund und spätere Jean-Paul-Entdecker, sein Lehrer war. Ein dreijähriges Theologiestudium in Halle schloß sich an, dann bekam der Zweiundzwanzigjährige seine erste, schlecht bezahlte Stellung: als Feldprediger (Militärgeistlicher also) am Invaliden-Haus in Berlin.
Das war 1786, Friedrich II. (der vierzig Jahre vorher das Invalidenhaus im Berliner Norden, in der Gegend der heute noch an es erinnernden Invaliden- und Veteranenstraße, hatte bauen lassen) war gerade gestorben. Friedrich Wilhelm II., der dicke Monarch mit den vielen Frauen, regierte, und das Bürgertum Berlins war dabei, in der Stadt tonangebend zu werden. Geistiges Interesse regte sich überall. Man pflegte die Geselligkeit. Es begann die große Zeit der Klubs und Salons. Jeder, der sich in den nächsten zwanzig Jahren in Berlin einen Namen machte, gehörte einer der Gruppen oder Zirkel an. Falls der Feldprediger Schmidt, der bald nach seiner Rückkehr nach Berlin Gedichte zu veröffentlichen begann, Verbindungen dieser Art gehabt haben sollte, waren sie nicht wichtig für ihn. Zwar hatte er Freunde, die er zum Teil schon vom Waisenhaus, vom Gymnasium, vom Studium her kannte, als Dichter aber blieb er Einzelgänger: der Mann vom Lande, dem die Stadt nicht behagte.

Ab 1787 veröffentlichte er Gedichte, verstreut in Zeitschriften und Almanachen, ab 1793 besonders in dem fünf Jahre lang von ihm mit herausgegebenen »Neuen Berlinischen Musenalmanach«. Als 1796 die Sammlung seiner Gedichte aus acht »der Dichtkunst gewidmeten« Jahren erschien, nahm diese, wie er im Vorwort sagt, »die Gestalt einer fortlaufenden Geschichte« an: der Geschichte seines Lebens, das fern von allem Geschichtlichen ablief. Nichts von dem, was Preußen und ganz Europa in dieser Zeit bewegte, klingt auch nur leise oder indirekt in den Gedichten an: weder die Verschärfung der Zensur durch das Religionsedikt, noch die Französische Revolution, die Teilung Polens oder der Krieg gegen die Französische Republik. Dafür aber gibt es das: »Der Leser empfängt in der Einleitung Nachricht von des Dichters moralischem Charakter und Geschmack, hierauf folgt die Jugendgeschichte desselben; alsdann die interessanteste Epoche seines Lebens: Anfang seiner Liebe, dann der um diese Zeit in der Liebe gewöhnliche Paroxismus des Zweifels an der Gegenliebe des geliebten Gegenstandes. Dieser Zweifel wirkt neue Versicherungen. Jetzt tritt die Epoche der Vermählung ein, ihr folgt die Periode der Vaterfreuden. Indes kommen nun auch Intervalle, wo die Seele nicht mehr auf einen einzigen Gegenstand konzentriert ist: Es erwacht lebhafter als je Liebe zum Landleben und Sehnsucht nach ländlichem Glück; auch nimmt die Freundschaft ihren alten Platz wieder ein.« Unterzeichnet ist dieser Vorbericht so: »F. W. A. Schmidt, Feldprediger des Königl. Invalidenhauses zu Berlin und berufener Prediger zu Werneuchen.«
Es war also viel geschehen in diesen acht Jahren, eigentlich alles was sein weiteres Lebens bestimmte: 1790

hatte er die vielbedichtete Henriette geheiratet, zwei Kinder waren geboren worden, eins davon wieder gestorben, vor allem aber war die ersehnte Berufung aufs Land da. Das der Frau seines Kommandanten gewidmete Gedicht, mit dem er »Abschied von Berlin« nahm, war »Im Dezember 1795« datiert, erschien Anfang 1796 in der »Berlinischen Monatsschrift« und zeigte allen Freunden und Lesern an, daß das Ziel erreicht war, der Dichter den Kerker der Stadt verlassen konnte, um fortan sein Glück bei »Boll' und Sellerie« zu finden.
Bereut hat er diese Entscheidung wohl nie. Wenn er sich auch später (vergeblich) um andere Pfarrstellen bewarb, so doch auch um ländliche, nur besser bezahlte. Er lebte sein Leben, wie er es hatte leben wollen: einfach, genügsam, naturnah, in schuldloser Abseitigkeit. Daß seine dichterische Produktivität an der Zufriedenheit starb, hat ihn nicht bekümmert. Sich als Lohn für »sauren Fleiß« im Kupferstich »bekucken« zu lassen, hatte ihm als erstrebenswert nie gegolten. In Gedichten, die 1802 gesammelt erschienen, besang er noch einige Jahre lang das Glück, das er nun nicht mehr ersehnte, sondern hatte, dann war sein einziges Thema endgültig erschöpft. Den 1815 erschienenen »Neuesten Gedichten«, die der Schmerz um den Tod Henriettes, die mit 39 Jahren an Lungentuberkulose gestorben war, ausgelöst hatte, fehlte die naive Originalität der früheren vollkommen; sie sind so wenig lesenswert wie seine Ritter- und Schauerballaden, an denen er sich in Bürgers Nachfolge unglücklich versucht hatte. Poeten, deren Ruhm so schnell verging, wie er kam, hat es viele gegeben, wenige aber nur, die so wenig wie der sympathische, weise Schmidt auf ihn versessen waren.

Als Zelter 1821 beim Passieren Werneuchens das Pfarrhaus aufsucht, gilt sein Besuch einer schon historisch gewordenen Kuriosität, die er auch wie eine solche beschreibt: stattlich und rundlich, »mit einer Art Kohlhaupt, dem Augen und Mund eingeschnitten zu sein scheint«. Im Gleim-Haus in Halberstadt hängt ein Ölporträt Schmidts von unbekannter Hand, das ahnen läßt, was mit dem »Kohlhaupt« gemeint war. Auf dem schwarzen Pastorengewand mit weißem Beffchen sitzt ein dicker, fast runder Kopf mit Doppelkinnansatz, fleischiger Nase und schmalen Augen, die ein wenig verschmitzt auf den Betrachter gerichtet sind. Das Lächeln, das um den breiten Mund liegt, soll sicher Selbstgenügsamkeit ausdrücken, zeigt aber, vielleicht gegen den Willen des Malers, mehr Selbstbewußtheit, die nicht frei von Eitelkeit ist. Wer Schmidt so mag, wie seine Gedichte ihn zeigen, wünscht sich, daß er in Wirklichkeit anders ausgesehen hat.

Grasmückengesang

Daß Schmidts Gedichte beim Lesepublikum Anklang fanden, ist anzunehmen. Nicht nur die mehrfachen Drucke sprechen dafür, sondern auch die Zahl der Rezensionen und die Namen der Kritiker: Wieland, Goethe, August Wilhelm Schlegel, Tieck. Der Außenseiter Schmidt, so scheint es, befriedigte ein vorhandenes Lesebedürfnis, und die tonangebenden Literaten (mit Ausnahme Wielands) versuchten nachzuweisen, daß das mit unkünstlerischen Mitteln geschah. Da persönliche

Zeugnisse von Schmidt nicht überliefert sind, weiß man nicht, ob er sich davon entmutigen ließ. Nachzuweisen aber ist, daß einige erst wohlwollende Rezensenten später in die allgemeine Ablehnung mit einstimmten. Besonders Goethes glänzende Parodie und zwei gegen Schmidt gerichtete »Xenien« stempelten ihn ein für allemal als unbedeutend und provinziell ab. Das war Unglück und Glück zugleich. Seinem Ansehen bei den Zeitgenossen hat das sicher geschadet, der kleine Nachruhm aber, den er verdient, war ihm durch Goethe gesichert: denn ein Name, der in den »Xenien« vorkommt, ist für die Literaturgeschichte nie ganz verloren.

Liest man die Rezensionen der Schmidtschen Gedichte in den Literaturzeitschriften der (in dieser Hinsicht überreichen) Zeit zwischen 1794 und 1800, so fällt auf, wie schwer man es sich mit diesen leichten Gebilden machte. Man nahm sie ernster, als sie zu nehmen sind, legte (immer, hier wie überhaupt, vom nicht hoch genug zu rühmenden Wieland abgesehen) Maßstäbe an, die ihre nicht waren. Schulmeisterhaft rügte man, was man hätte bewundernswert, rührend oder auch lustig finden sollen: die Naivität der Gedanken, die Unbeholfenheit von Versbau und Reim, die ungewöhnliche Wortwahl. Den heftigsten Anstoß aber erregten die Gegenstände, die da besungen wurden: Enten, Schweine und Spinnen, Sand, Distel und Dorn. Das wurde als unästhetisch, unpoetisch empfunden. Das Gewöhnliche und Alltägliche, das einen ständig umgab, fand man, konnte kein Anlaß für Dichtung sein.

Aber nicht nur Dorfteich und Dreschflegel gehörten in diese Rubrik der »Gemeinheit« (wie Tieck das nannte), sondern auch Sandwege und Sümpfe der Mark. Klassiker und Romantiker unterschieden zwischen schöner und häßlicher Natur, und die Mark Brandenburg zählte man mit Selbstverständlichkeit letzterer zu. »Gewiß«, heißt es in der Jenaer »Allgemeinen Literaturzeitung« vom 5. Dezember 1797, »wenn man Sandgruppen so angenehm findet als fruchtbare Auen, ebenso gern Unken rufen als Nachtigallen singen hört, eine Entenpfütze lieber ansieht als den Rheinfall und stundenlang im Walde stehen kann, um stundenlang aufs Wasser (wär's auch nur Sumpfwasser) zu sehen, so hat man eine Zufriedenheit mit der gemeinen Natur sehr wohlfeilen Kaufs. Allerdings kann man in der Natur jede Kleinigkeit schön, wie im menschlichen Leben noch so unbedeutenden Vorfall erbaulich finden, nur dürfte der Landschaftsmaler, der bloß Sümpfe, Heiden und Sandhügel darstellen wollte, ebenso wenig Liebhaber finden als ein Prediger viele Zuhörer für seine noch so erbaulichen Betrachtungen über einen Besenstiel.« Und Tieck, der in ähnlichem Sinne argumentiert, ist der Meinung, daß Schmidt den »Namen eines Dichters« nur verdienen und »in der Gesellschaft der Musen gelitten« werden kann, wenn er es sich abgewöhnt, »alles so durcheinander schön zu finden« wie in dem Gedicht »Die Dorfkirche«, das er als abschreckendes Beispiel anführt:

»Wie schön die Fensterscheiben, rund und düster!
Des Altars Decke, wo die Motte kreucht!
Die schwarzen Spinngewebe, die der Küster
Selbst mit dem längsten Kehrwisch nicht erreicht!
Wie schön der Todtenkränze Flittern,
Die hier bestäubt am kleinen Chore zittern!«

Daß die Kritik immer wieder auf den Gegenstand seiner Dichtung zu sprechen kam, hatte Schmidt freilich auch selbst provoziert. In dem schon erwähnten Vorbericht zu den »Gedichten« von 1796 hatte er nämlich eine Art poetischen Programms verkündet, indem er bescheiden, wenn auch nicht ohne Stolz, behauptet hatte, daß durch ihn Neues in die Dichtung hineinkäme. »Der Leser verstehe mich recht, Diktion, Versbau, Bilderwahl, u. s. w. in diesen Gedichten machen zwar nicht den geringsten Anspruch auf Neuheit, wohl aber die meisten Gegenstände, die ich poetisch zu bearbeiten versucht habe; und dies sind: simple, kunstlose Naturscenen. Unverschönerte, wilde, ländliche, gemeine Natur ist meine Göttin. Ich bin weit entfernt, mit irgend einem unserer Dichter von Werth mich messen zu wollen; aber *das* glaube ich mit Wahrheit behaupten zu können: daß selbst von schätzbaren Dichtern die Natur selten *wahr* kopirt worden sei. Man hat an ihrer Einfalt gekünstelt. Solche Verschönerungen wird man in diesen Blättern vermissen ...«

Das war eine Herausforderung, die Dichterkollegen und Kritiker bereitwillig annahmen. Man nahm ihn beim Wort Kopie, wies ihm (wie es einhundert Jahre später die Naturalisten zu hören bekamen) Vorliebe für Häßliches nach (Tieck: »Schöne Natur scheint ihm ein Aberglaube zu sein.«) – und übersah dabei völlig, daß die Gedichte den theoretischen Behauptungen des Verfassers gar nicht entsprachen. Da war doch nichts nur »kopirt«, da war doch alles »verschönert« durch Liebe des Mannes vom Lande zum Land, des Natursüchtigen zur Natur, des Märkers zur Mark. Im Prinzip unterscheiden sich Schmidts Natur- und Umweltdarstellungen gar nicht von denen seiner berühmten Kollegen; hier wie dort dienten sie der Vermittlung von Stimmungen und Gefühlen. Daß damals, besonders von Tieck, nur »bloße Beschreibung«, bei der »Nüchternheit die Seele ergreift«, gesehen wurde, daß man »Herz« und »Gefühle« vermißte, wird heute nur noch verständlich, wenn man bedenkt, daß das Gewöhnliche des Lebens in der damaligen Dichtung das Ungewöhnliche war. Den hohen, erhabenen Gefühlen, die man in der Poesie zu finden gewohnt war, entsprachen die Alpen, der Rhein oder Italien. An deren Stelle die Jungfernheide oder die Gegend bei Potsdam zu bieten, war (wie August Wilhelm Schlegel es ausdrücklich sagte) anti-poetisch.

Als der toleranteste und verständnisvollste Rezensent erwies sich der alte Wieland. Er nahm Schmidt für das, was er war: ein selten vorkommendes Naturtalent, das recht daran tat, die Welt gerade so darzustellen, »wie sie sich in seiner Seele abspiegelte«, und das eigne kritische Maßstäbe verdiente. »Wenn Amseln oder Grasmücken in ihrer Art lieblich singen, warum soll ich mich verdrießen lassen, daß sie keine Nachtigallen sind?«

Mehr oder weniger bewußt und verdeckt lassen manche Kritiken aber auch anklingen, wo der wirkliche Grund für die mangelnde Größe dieser Dichtungen liegt: in ihrer geistigen Begrenztheit nämlich, die bedingt ist durch den engen Horizont des Verfassers. Daß Goethes Parodie sich in heiterer Weise auf diesen Punkt konzentiert, macht sie auch als Kunsturteil aussagekräftiger als viele Auslassungen der Kritiker. Wenn auch die Arroganz des gebildeten Städters und weitgereisten Hofmannes, dem Einfachheit dumm, Natürlichkeit barbarisch erscheint, besonders den Liebhaber der »wilden« Natur der Mark stört, so ist doch nicht zu leugnen, daß die belächelnswerte Beschränktheit Schmidts köstlich getroffen ist:

»Ob es kräftig oder zierlich
Geht uns so genau nicht an:
Wir sind bieder und natürlich
Und das ist genug getan.«

Bei aller Treffsicherheit und Schärfe des Urteils enthält Goethes Parodie, unter charakterisierender Nachahmung versteckt, ein gut Teil Anerkennung für den Parodierten, der doch die Bausteine geliefert und damit einen Beitrag zum Gelingen geleistet hat. Sich zum Parodieren durch einen Größeren zu eignen, ist gewissermaßen auch ein Verdienst, das Belohnung verdient. Denn Farblosigkeit läßt sich nicht parodieren. Die Parodie braucht als Vorlage kräftige Eigenart, die sie dem Original dann durch ihre Güte bescheinigt. Etwas vom Geltenlassen auch des Grasmückengesangs schwingt deshalb auch bei Goethe mit.

Daß er sich dessen bewußt war, zeigt eine Notiz, die sich in seinem Nachlaß fand: »Schmidt von Werneuchen ist der wahre Charakter der Natürlichkeit. Jedermann hat sich über ihn lustig gemacht, und das mit Recht; und doch hätte man sich über ihn nicht lustig machen können, wenn er nicht als Poet wirkliches Verdienst hätte, das wir an ihm zu ehren haben.«

Ländliche Glückseligkeit

»Hier merk' ich, daß die Ruh' in schlechten Hütten wohnet,
Wenn Unglück und Verdruß nicht der Paläste schonet;

Daß es viel besser ist, bey Kohl und Rüben stehn,
Als in dem Labyrinth des Hofes irre gehn.«

So sehr diese Verse sich auch nach Schmidt von Werneuchen anhören: gedichtet hat nicht er sie, sondern der Berliner Frühaufklärer Friedrich von Canitz einhundert Jahre vor Schmidt, und sie stehen nur hier, um zu zeigen, wie alt das Motiv schon war, das der Werneuchener Prediger immer wieder variierte. Das ganze 18. Jahrhundert hindurch war es oft bemüht worden. Albrecht von Hallers »Die Alpen« (1792) lebten von ihm genauso wie Salomon Geßners »Idyllen« (1756). Es wurde durch den Einfluß Rousseaus verstärkt, klang in Goethes »Werther« an (wo der Held als Gesandtschaftssekretär »manche Stunde in ländlichen Scenen von ungemischter Glückseligkeit« verträumte), und es war auch in Voltaires »Candide« da, wenn der Titelheld am Schluß endlich Ruhe fand, indem er seinen Garten bebaute. Aus dem unmoralischen Hofleben in die Zufriedenheit schenkende Ländlichkeit flüchteten auch die Helden aus Maximilian Klingers Schauspiel »Das leidende Weib«, und zwar unter dem modern klingenden Motto: »Wir leben uns selbst.« In den Romanen war die Suche nach ländlichem Glück so verbreitet, daß ein Rezensent in Nicolais Zeitschrift »Allgemeine Deutsche Bibliothek« 1770 folgenden Wunsch vorbrachte: »Die Neigung zur Landwirtschaft verbreitet sich in unserm ökonomischen Jahrhundert auch allmählig auf die Romanschreiber. Wenn sie doch den heilsamen Entschluß faßten, ihr Handwerk aufzugeben und selbst Landwirte zu werden!«

Diese bürgerliche Land-Schwärmerei hatte von Anfang an einen antihöfischen, antifeudalen Zug und unterschied sich dadurch von den Schäferspielen des Adels.

Die ersehnte Flucht (die in der Realität selten ausgeführt wurde: Schmidt von Werneuchen ist da rühmliche Ausnahme!) war mehr eine vom Hofe als aus der Stadt. Sie war Ausdruck eines Protestes, der durch Rousseau dann teilweise zivilisationsfeindlich wurde, immer aber feudalfeindlich blieb. Der Tugendhafte, der tugendhaft bleiben wollte, mußte den Hof und die Residenzstadt fliehen, weil dort Korruption und Lasterhaftigkeit herrschten. Menschlichkeit und Sittlichkeit, die er suchte, fand er in einer Traum-Ländlichkeit – die traumhaft immer bleiben mußte, sollte sie ihre Aufgabe erfüllen: lichter Gegensatz zum dunklen Hofleben zu sein. Realistische Darstellung der wahren Zustände auf dem Lande hätte die Idealität, die man in diesem Zusammenhang brauchte, zerstört. Sprachlich dokumentierte sich das unter anderem darin, daß man selten den Begriff Bauer benutzte, fast nur vom Landmann und vom Landleben sprach, sozial also unkonkret blieb und damit die Assoziierung von (der Idealisierung so abträglichen) Tatsachen wie harte Arbeit, Armut und Unterdrückung weitgehend vermied. Das armseligste Leben eines Fronbauern paßte unter solche Begriffe so gut wie das vergleichsweise privilegierte eines Landpfarrers.
Obgleich Schmidt von Werneuchen nur seiner individuellen, tiefempfundenen Land-Sehnsucht Ausdruck gab und sich der Tradition, in der er stand, kaum bewußt war, sind deren Spuren in seinen Gedichten doch sichtbar. Kritik, wenn sie überhaupt direkt vorkommt, ist immer Kritik an der Stadt, die als Residenzstadt deutlich wird: Schlösser und Parks, Orden und Bänder, Luxus und Prunk werden als finsterer Hintergrund herbeizitiert, um auf ihm die Reinheit des Landlebens leuchten

zu lassen – die von keinem Schatten getrübt wird, selbst von dem schwerer Arbeit nicht, weil die ihre Schwere verliert durch die Freude, mit der man sie leistet. Wenn manchmal (im »Nachtwächter von Reinickendorf« zum Beispiel) etwas von der Mühsal der Arbeit anklingt, so ist das nur die Ausnahme, die die Regel seiner Betrachtungsweise verdeutlicht.

Die Neuheiten, die Schmidt, nach eigener Ausage, in die Dichtung einbrachte, waren tatsächlich nur die Gegenstände, nicht aber die Idyllen, zu denen er sie gruppierte. Als Dichter ländlicher Idyllen stand er nicht nur am Ende einer langen Reihe von Vorgängern, er hinkte diesen sogar hinterher. Denn in dem Jahrzehnt, in dem seine Gedichte entstanden, lag schon eine Idyllendichtung vor, die die reine Idealisierung des Landlebens überwunden hatte: die Prosa-Idyllen Jean Pauls (»Schulmeisterlein Wutz«, »Quintus Fixlein«, »Der Jubelsenior«), die keine mehr waren, weil das Glück in ihnen mühsam dem Schmerz abgerungen war, und die realistischen Idyllen von Johann Heinrich Voß, der der Darstellung von Leibeigenschaft und Fronarbeit nicht mehr aus dem Wege ging.

Voß hatte, etwa zehn Jahre vor Schmidt, auch Verse geschrieben wie diese:

»Ihr armen Städter trauert
Und kränkelt in der Stadt,
Die euch wie eingemauert
In dumpfe Kerker hat.
O wollt ihr Freude schauen,
So wandelt Hand in Hand
Ihr Männer und ihr Frauen,
Und kommt zu uns aufs Land!«

Schmidt hatte davon nicht nur gelernt: er hatte das auch origineller zu machen verstanden, kam aber über diese, seine eigene, Stadt-Land-Problematik selten hinaus, während Voß sich von ihr löste und tiefer in die Wirklichkeit des Landlebens eindrang. Unmittelbarkeit und lebendige Frische hatte Schmidt dem etwas trockenen Voß voraus; in der schönen Konkretheit des Details konnte er sich mit ihm messen; daß aber trotzdem auch Schmidts schönste Gedichte über Fahrland und Döbritz an die »Luise« von Voß (die in einem Ort namens Grünau spielt) nicht heranreichen, liegt daran, daß dem Werneuchener Weite des Blickfeldes und Gedankentiefe fehlen. Daran hat wohl auch Goethe gedacht, als er die treffende, auf Schmidt gemünzte »Xenie« schrieb:

»Das Dorf Döbritz

In *der* Art versprechen wir euch die sämtlichen Dörfer Deutschlands, aber es wird dennoch kein Grünau daraus.«

Die glänzenden beiden Daumen

Daß die Literaturwissenschaft Schmidt von Werneuchen kaum zur Kenntnis nahm und nimmt, hat vielleicht damit zu tun, daß sein Nachruhm, wenn auch kümmerlich, vor allem durch Goethes Spott lebendig geblieben ist. Andere haben sich davon nicht abschrecken lassen: Jakob Grimm hat Schmidt geschätzt und in seinem großen Wörterbuch oft zitiert, Theodor Storm hat Gedichte von ihm in sein »Hausbuch aus deutschen Dichtern« aufgenommen, Fontane hat sich mehrfach verständnisvoll und anerkennend über ihn geäußert, und dreimal sind seit Schmidts Tod Gedichtsammlungen von ihm erschienen: 1889, 1928 und 1940, immer in geringen Auflagen freilich. Die, zu der dieses Nachwort geschrieben wurde, wird sicher die größte sein, die Schmidt je hatte. Aber das Verständnis für ihn ist, wie man mutmaßen kann, heute auch größer denn je:

Weil die Städte größer, hektischer und ungesunder, die Reservate »nackter ländlicher Natur« kleiner geworden sind und immer mehr Städter den Traum einer Stadtflucht träumen – ohne ihn Wirklichkeit werden lassen zu wollen oder zu können. Aber für Menschen, die Grund haben, sich vor den Folgen des technischen Fortschritts zu fürchten, hat solch ein Traum seinen seelischen Wert in sich selbst. Er muß nicht unbedingt realisierbar sein, aber als Möglichkeit schön und genau. Schmidt von Werneuchens kindlich-heitere, unreal-heile Landwelt, die aus vielen konkreten Dingen zusammengesetzt ist, scheint in diesen Traum gut zu passen. Mit seiner in Reime gebrachten Sehnsucht kann man sich identifizieren, ohne ihn (und sich selbst) sonderlich ernst zu nehmen dabei; denn das Gefühl: da parodiert einer sich selbst, löst auch die eigene Sentimentalität, die freigesetzt wird, in Heiterkeit auf. Schmidts glückbringendes Land-Paradies gibt es nicht und hat es auch zu seiner Zeit nicht gegeben, aber es gab und gibt die Sehnsucht danach – die niemand heute sich so unbefangen auszusprechen erlaubt, wie er es tat: so ohne Rücksicht auf tiefere Problematik und sprachlich-dichterische Vollkommenheit.

Genießen kann diese Verse freilich nur, wer Gedankeneinfalt und Unvollkommenheiten Reiz abgewinnen und auch Naivität als Wert schätzen kann. Der kann sich dann auch darüber freuen, daß der gewollte Frohsinn der Gedichte oft durch unfreiwilligen Humor gewürzt wird. Die besten Beispiele dafür bietet die »Bauernhochzeit«, wo der Braut nicht nur (wie schon Fontane zitiert) vor Sehnsucht nach gebackenen Pflaumen beide Daumen glänzen, sondern ihr auch die Stirn »von nicht gesparter Seife« blinkt. Auch an seltsamen Wortbildungen (wie Kneller, der sich auf Teller, oder wie quäckern, das sich auf meckern reimen muß) kann man sich ohne Gewissensbisse erfreuen. Denn das Lachen darüber ist keins, das die Gedichte beschädigt.

Wer aber ein schlichtes Gemüt nur verachten kann, Unbeholfenheit, auch so origineller Art, nicht verträgt oder, wie Schmidts Zeitgenossen, märkischen Sand für literaturunwürdig hält, der bleibt dem Werneuchener Pfarr- und Dichterhaus besser fern. Daß dort Bildungsgut, das zu kennen sich schickt, nicht versäumt wurde, zeigt die Tatsache, daß Schmidts Kinder nicht Schmidts sondern Goethes Gedichte auswendig lernen mußten. Und Besucher, die nicht aus Neigung, sondern aus Neugier zu ihm kamen, waren dem Pfarrer (der übrigens nie religiöse Gedichte gemacht hat) ein Greuel, wie man in seiner »Bitte an das Glück« nachlesen kann.

»Uns gewähr' in unserm Sorgenfrei
Eine nur, nur Eine fromme Bitte:
Neugier drängt und ach! Empfindelei
Aus der Stadt, zu rühmen Flur und Hütte.

Send', o Göttin, naht ein solcher Schwall,
Uns zum Schutze Regen her in Bächen!
Thürm' ein Wetter auf mit Blitz und Knall,
Oder laß ein Wagenrad zerbrechen!«

Er wollte nicht als Kuriosität bestaunt oder belächelt, sondern in seiner bescheidenen Art geachtet werden. Leser, die das können, sind ihm auch heute zu wünschen.

Taten und Tugenden

»Dya-Na-Sore«, Meyern und Arno Schmidt

Lückenhafter Lebenslauf

Als im Jahr 1809 ein literaturinteressierter Schweizer Landwirt bei Jean Paul anfragte, ob nicht vielleicht Wilhelm Heinse der Verfasser des anonym erschienenen »Dya-Na-Sore« wäre, stellte sich heraus, daß auch Jean Paul den Autor des Romans, dem er wichtige Anregungen zu verdanken hatte, nicht kannte. Alles was er von ihm wußte war, daß er als »armer Soldat in Wien« gelebt hatte.

Ungewöhnlich war es im 18. Jahrhundert nicht, daß Autoren es vorzogen, anonym zu bleiben. Wer in Amt und Würden war oder sonst auf sich hielt, kam nicht gern in den zweifelhaften Ruf, Romanschreiber oder Versemacher zu sein. Daß der Stadtpräsident und Polizeidirektor von Königsberg Theodor Gottlieb von Hippel Verfasser zweier Romane und des Bestsellers »Über die Ehe« war, hatten bis zu seinem Tode nicht einmal seine nächsten Freunde gewußt. Jean Paul veröffentlichte seine ersten Bücher anonym oder pseudonym, und die Familie von Kleist litt sehr darunter, daß Heinrich Literat und nicht, wie anständige Adlige, Offizier oder Beamter geworden war.

Der Verfasser von »Dys-Na-Sore« hatte anscheinend andere Gründe, seinen Namen nicht auf das Titelblatt seines Romans zu setzen. Ihm war es, wie alle, die ihn kennenlernten, versicherten, nur um Wirkung, nicht um Ruhm zu tun, und man muß es ihm glauben, weil er jede sich ihm bietende Gelegenheit, über sich selbst zu reden oder zu schreiben, versäumte. Die Folge davon ist, daß seine Biographie vorwiegend aus Lücken besteht, die auch intensivste Forschungsarbeit heute kaum noch wird füllen können.

Ungewißheit bestand 100 Jahre lang sogar über die Schreibung seines Namens. Nur daß er mit Vornamen Wilhelm Friedrich hieß, war klar. Sucht man ihn in alten Enzyklopädien oder Registern, empfiehlt es sich, außer bei Meyern auch bei Mayern nachzusehen. Das Von in seinem Namen war und ist allgemein üblich, doch fällt auf, daß niemand, der über ihn schrieb, über seine Familie etwas wußte, und Feuchtersleben, der Herausgeber seines Nachlasses, ihn immer nur Wilhelm Friedrich Meyern nannte, ohne die Verbürgerlichung des Namens zu erläutern.

Als Angabe seines Geburtsortes hat sich im vorigen Jahrhundert »in oder bei Ansbach« durchgesetzt und bis heute erhalten, während als Geburtsjahr entweder 1760 oder 1762 galt. Das weiß man erst richtiger seit den zwanziger Jahren dieses Jahrhunderts. In Wien wurden Personalakten aus Meyerns erster Militärzeit gefunden, und fränkische Heimatforscher entdeckten die Kirchenbuch-Eintragung seiner Geburt.

Fährt man von Rothenburg aus die Tauber abwärts in Richtung Bad Mergentheim und biegt bei Creglingen von der sogenannten Romantischen Straße in nordöstlicher Richtung ab, erreicht man nach sechs Kilometern das Dörfchen Frauenthal an der Steinach, wo man in der frühgotischen Kirche des ehemaligen Nonnenklosters die mumifizierten Leichen des 1742 gestorbenen Amtsmanns Johann Christoph Meyer und seiner Frau besichtigen kann, die des Romanschreibers Großeltern gewesen sein könnten. In diesem Dorf ist er 1759 geboren und auf die Vornamen Johann Wilhelm Friedrich getauft worden. Sein Familienname aber war weder von Meyern, noch Mayern oder Meyern, sondern schlicht Meyer, und sein Vater war kein Gutsbesitzer, wie man überall lesen kann, sondern ein Zollbeamter, der als Regierungsrat in Bayreuth starb.

Wie es zur Namensveränderung und Standeserhöhung des Autors kam, ist nicht bekannt, vermutet aber kann werden: durch Hochstapelei. Anders ist kaum zu erklären, warum er sich immer über seine Vergangenheit ausschwieg und selbst in amtlichen Eingaben von seiner bürgerlichen Herkunft nichts verlauten ließ.

Kindheit und Jugend hat er in Franken verlebt. Seine Eltern scheinen wohlhabend genug gewesen zu sein, um sich einen Erzieher für ihren Knaben leisten zu können. Brockhaus' »Zeitgenossen« (und danach alle Abschreiber) wollen von Mißhandlungen durch einen »an Leib und Geist gleich mißgestalteten, pedantischen Hofmeister« wissen, der dann, zum Glück für den Jungen, von einem gütigen Erzieher abgelöst wurde. Bei Meyern selbst ist die Reihenfolge umgekehrt. Der 44jährige schreibt in einem Brief: »Kalt und bedeutungslos wird mir das Leben. Kein Enthusiasmus findet mehr Eingang. Ich zittre vor der Zeit, die mich immer tiefer in das Alter hinabreißt. Die Ursachen davon liegen tief in meiner Jugend. In meinem zwölften Jahre wurden die Grundfäden meines Charakters durch einen Erziehungs-Irrthum, durch den Übergang aus den Händen eines geliebten, erkennenden Mannes in die Hände gemeiner Gewohnheits-Schulmeister, zerrissen. Seitdem ist alles in mir Widerspruch, Entkräftigung, verkehrtes Ineinanderfügen. Die Jugend hat, wie der Frühling, diesen dürren Trümmerboden mit Pflanzen überzogen, der Sommer hat sie weggetrocknet.«

Auch wenn Dya sich im Roman seiner Kindheit erinnert, scheint die des Verfassers gemeint zu sein: »Es gab nur einen, in dessen Seele sich das künftige Bild von meinem Wesen spiegelte. Ein Mann – wenn er an seiner Hand in stiller Nacht in meinen ersten Tagen mich dem Bild der Zeit, dem Ernst des Grabes entgegenführte und unter Sternen meinen Blik für Szenen bessrer Zukunft schärfte, ruhig am Morgen mich unter Pflanzen und Blumen zur Kenntnis der Natur und durch Geschichte zum Erstgefühl des Nachruhms führte, mir Wissenschaft zur Freude machte und den Verstand durch das Gefühl zur lebenden Erkenntnis wekte, Gott! welche Tage waren das ... Er starb. Seitdem ist die Harmonie meiner Empfindungen zerrüttet ... Die ihm folgten, verstanden ihn nicht.«

Der Erzieher, der den Knaben »unter Pflanzen und Blumen zur Kenntnis der Natur«, führte, hieß Johann Friedrich Esper und war der Bruder des Erlanger Naturforschers Eugen Johann Christoph Esper, der zu dieser Zeit schon an dem Werk arbeitete, das ihn in Fachkreisen berühmt machen sollte: eine siebenbändige Darstellung der Schmetterlinge Europas. An Naturforschung interessiert war Johann Friedrich auch, und er schrieb darüber. Von Beruf aber war er Landgeistlicher. Sein Zögling wohnte bei ihm, und die schönen Erinnerungen an seinen Lehrer verbanden sich sicher mit dem Leben im

stillen Pfarrhaus, in dem die Schwester Espers die Wirtschaft führte.
Das muß zu Anfang der siebziger Jahre gewesen sein. Um 1780 dann war er in Altdorf, also noch immer in Franken. Altdorf, zur Reichsstadt Nürnberg gehörig, hatte (bis 1809 noch) eine Universität, und Wilhelm Friedrich Meyer studierte dort die Rechte, war aber auch an Geschichte, Mathematik und Sprachen sehr interessiert. Über den Abschluß des Studiums weiß man so wenig wie über seine geistige Entwicklung. In der Kindheit hatte ihn Schnabels abenteuerlich-utopische »Insel Felsenburg« begeistert. Anzunehmen ist, daß er in Altdorf die französischen Aufklärer, Montesquieu und Rousseau vor allem, las. Denn viel Zeit bis zum Beginn der Arbeit an dem großen Roman blieb ihm nicht mehr.
In Altdorf gab es eine studentische Geheimorganisation, die Bund der schwarzen Brüder hieß und freiheitliche Ziele verfolgte. Denkt man an die Fixierung des Autors Meyern an das Geheimbund-Thema, kann man als sicher annehmen, daß der Student Meyer dort Mitglied war. Was Dya im Roman darüber erzählt, kann Erinnerung seines Schöpfers gewesen sein: »Ich trat in das Alter, da man sich für einen Stand entscheidet. Ich suchte Beschäftigung und fand nur Regeln. Nichts entsprach dem Bild, das ich seit Jahren in meinem Inneren gehegt hatte ... Ich fand Jungen, die die Stärke, die Neuheit und das Dichterische meiner Ideale hinris. Wir schlossen unsern Bund. Am Abhang des Felsens im einsamen Walde war unsere Hütte ... Heldengesänge und Szenen der Begeisterung wechselten mit stiller Beratung ... Entfernt in stiller See ein ödes Land zu bauen und frei

und edel einen Staat zu gründen, der jedem Menschen Raum für seine Kräfte gebe, war unser Plan.«
Folgt man (da es andere Anhaltspunkte nicht gibt) der Roman-Fiktion, wurde der Bund verraten und aufgelöst; die ehemaligen Bundesbrüder wurden zu Anpassern; der nach Taten dürstende Jüngling hegte Selbstmordgedanken und suchte vergebens Vergessen in Liebe und Wollust – bei Mädchen, die danach, wie es scheint, kaum noch Rollen in seinem Leben spielten. Dann trat er »in Dienste«, in militärische nämlich.
Am 23. Dezember 1783 wurde Wilhelm Friedrich Meyer (24 Jahre alt, evangelischer Konfession, ohne Beruf) freiwilliger Unterkanonier im österreichischen 2. Feldartillerie-Regiment. 1784 avancierte er zum Kanonier, ein Jahr später zum Feuerwerker (ein Unteroffiziersgrad). 1786 (ein Jahr vor Veröffentlichung des ersten Bandes von »Dya-Na-Sore«) wurde er, »mit Abschied«, entlassen.
Ohne daß sein Name bekannt wurde, entstand in den nächsten 14 Jahren alles, was den Schrifsteller Meyern der Betrachtung wert macht. Von der Stille, in der sein »träger Geist . . . sich verbarg«, spricht er 1789 im Vorwort des zweiten Bandes von »Dya-Na-Sore«, doch kann man als träge wohl kaum einen bezeichnen, der zwei Jahre später nicht nur den dritten (und stärksten) Band des Romans vorlegte, sondern auch schon die Neubearbeitung des ersten. Vier Jahre später, 1795, kamen das Drama »Die Regentschaft« und die »Ruinen am Bergsee« heraus, fünf Jahre danach dann die umgearbeitete, um 900 Seiten vermehrte »Neue Auflage« von »Dya-Na-Sore«. Dazwischen aber war der fleißige Schreiber freimaurerisch, touristisch, politisch und militärisch tätig.

Für 1787 und 1790 ist seine Mitgliedschaft in einer Freimaurerloge in Prag bezeugt. Nach 1791 wird er die Reisen nach England und Schottland unternommen haben, von denen er später oft sprach. Beide Erfahrungen wertete er in den »Ruinen am Bergsee« aus. Der fiktive Entdecker dieser romanhaft verbrämten Freimaurer-Propaganda-Schrift schreibt 1792 sein Vorwort in London, in dem er sich gut auszukennen scheint, und der englische Geheimbund, dessen Erlesenheit dann emphatisch beschrieben wird, heißt zwar nicht wie die Loge in Prag »Wahrheit und Einigkeit«, aber doch »Wahrheit und Würde«.

Erstaunlich ist, wie konsequent der erfolgreiche Autor dem Ruhm, den er hätte genießen können, auswich. Mit Eitelkeit, die Arno Schmidt darin zu sehen meint, hat das nichts zu tun, mehr wohl mit Verachtung der Schriftstellerei, die dem Autor nur schlechter Ersatz scheint für Taten. »Der Beifall thatloser Zeiten«, heißt es schon im Vorwort des dritten Bandes von »Dya-Na-Sore«, habe wenig Reiz für einen Autor, der wisse, daß gut zu schreiben leichter sei als gut zu handeln; und später, im Alter, wird er noch deutlicher, wenn er im Schreiben das »Merkzeichen« sieht, »mit dem die Natur von jedem hohen Anspruche ausschließt«.

Ernst war es ihm mit seinem Aufruf zur Tat. Als 1796 der General der französischen Republik Napoleon Bonaparte Italien eroberte, in Österreich einrückte und Wien bedrohte, glaubte der Verfasser von »Dya-Na-Sore«, den Heroismus, den er schreibend verherrlicht hatte, auch leben zu können. Die im Roman propagierte Idee der Volksbewaffnung wollte er verwirklichen helfen. Unschön an dieser Konsequenz war nur, daß das Ziel des

Kampfes nicht wie im Roman der Sturz der herrschenden Ordnung war, sondern ihre Erhaltung. Um den drohenden Sieg der Republik über die Monarchie abzuwenden, verfaßte Meyern mit Wenzel Graf Paar und Altgraf Franz Hugo Salm zusammen einen Plan zur Bildung von Freikorps, die von Privatleuten eingekleidet und verpflegt, vom Staat nur bewaffnet werden sollten. 11 000 Freiwilligenmeldungen kamen zusammen. Die Truppe wurde tatsächlich aufgestellt und kämpfte in Oberitalien. Die beiden Grafen waren als Offiziere dabei, möglicherweise der Schriftsteller auch. Im nächsten Kriegsjahr wiederholte sich der Vorgang. Die Grafen Metternich, Colloredo und Paar waren nun die Initiatoren, der Autor nur »fachmännischer Berater«, vielleicht die graue Eminenz.

Ins Licht der Öffentlichkeit drängte es ihn nie. Auch der Luxus der Aristokratie, unter der er fortan lebte, reizte ihn nicht, wohl eher die Nähe der Macht. Ein ungenannter Zeitgenosse, der ihn 1803 in Wien traf, fand (neben der »breiten, offenen Brust, die er auch an den Englischen Matrosen, denen er überhaupt sehr gewogen war, vorzüglich schätzte« und seinem politischen und militärischen Scharfblick) besonders seine Anspruchslosigkeit erwähnenswert. »In seinen Bedürfnissen höchst beschränkt, begnügte er sich gewöhnlich mit einem Gericht, am liebsten von Reis, und einem Trunk Wasser.« Der neuen Umgebung angepaßt hatte er aber seinen Namen. Aus dem Feuerwerker a. D. Meyer war Herr von Meyern geworden.

Der Vierzigjährige, der noch aussah »wie der kühnste Jüngling«, war viel auf Reisen; da er sich über diese später nicht ausschwieg (wie über seine Herkunft und seine

Bücher) und auch Briefe von unterwegs erhalten sind, weiß man einiges darüber. Nachdem 1800 die Neue Auflage von »Dya-Na-Sore« erschienen war, fuhr er nach Prag und Dresden, vielleicht auch nach Dessau (das in einem späteren Brief mal rühmend erwähnt wird), 1802 dann nach Süden, mit zwei jungen Adligen zusammen, von denen einer unterwegs starb, der andere erschreckt heimkehrte. Meyern reiste allein weiter. Italien und die Türkei besichtigte er ausführlich, Griechenland flüchtig. Sieben Monate verbrachte er in Sizilien, dessen Elend ihn zu Kolonisationsplänen anregte. 30 000 »arbeitsame deutsche Bauern« wollte er in den unterbevölkerten Gebieten ansiedeln. Sogar über die Verteidigungsmöglichkeiten der neuen Kolonie machte er sich schon Gedanken. Aber weder die österreichische Gesandtschaft in Rom, zu der er gute Beziehungen hatte, noch die Engländer, die damals die Insel besetzt hatten, wollten sich auf solche Abenteuer einlassen. Ein Brief vom Dezember 1803 zeigt seine Verzweiflung darüber: »Viel Angefangenes mißlang; dem schönsten Vorrechte des Menschen – für viele etwas zu leisten – mußte ich immer mehr entsagen und immer klarer merken, daß mein Leben ein verlorenes Leben sei«.

Doch seine große Zeit kam erst noch. Der Krieg mit Napoleon (der nun schon Kaiser war) stand vor der Tür, und da wieder Fachleute für Volksbewaffnung gebraucht wurden, kehrte Herr von Meyern, nach längerem Aufenthalt in Ungarn, nach Wien zurück.

Nicht nur in Preußen, auch in Österreich waren nun die Zeiten vorbei, in denen Krieg nur Sache der stehenden Heere gewesen war. Wenn auch nicht viel anderes, so hatte man doch von den Franzosen gelernt, wie man ein ganzes Volk für den Krieg begeistern und benutzen konnte. Meyern, ein Veteran auf diesem Gebiet, war schon an den Planungen beteiligt, die dann 1808, noch im Frieden, zum Beschluß der neuen Heeresverfassung führten, die neben dem stehenden Heer auch Landwehr und Landsturm vorsah. Anfang 1809 wurde er in der Landwehr als Unterleutnant eingestellt und wenige Monate später schon zum Hauptmann befördert – welchen Rang er dann bis an sein Lebensende behielt. 1809 bis 1812 war er organisatorisch in Österreich tätig, später am Rhein. Wie groß seine Erfolge in dieser Tätigkeit waren, ist nicht bekannt. Der österreichische Patriot Reinhold Lorenz, der über die Volksbewaffnung in Österreich geschrieben (und dabei Urkunden über Meyerns Militärzeit entdeckt) hat, schließt (1926) seine Studie mit einem Seufzer des Bedauerns – der tröstlich stimmt: »›Das Schlachtfeld ist ein Land, das mannigfaltige Früchte trägt‹, lautet ein tiefes Wort in Meyerns Dya-Na-Sore – aber eine heroische Weltanschauung kann kein Krieg in einem ganzen Volke, zumal von unserer Art, auf die Dauer erwecken.«

Wie anzunehmen ist, brachte Meyerns Freundschaft mit den Grafen Paar ihn 1813 in den Stab des Feldmarschalls Fürsten Schwarzenberg. 1796/97 hatte er mit Wenzel Graf Paar zusammen Propaganda für die Freikorps gemacht. Da war dessen Sohn, 17jährig, noch Kadett in Wienerneustadt gewesen; seit 1812 war er Flügeladjutant des Fürsten Schwarzenberg; und er holte Meyern dorthin nach. In der Schlacht bei Leipzig zeichneten sich beide durch Tapferkeit aus. Meyern wurde dekoriert, der Graf zum Obersten und Generaladjutanten befördert. 1820 begleiteten die beiden ihren Marschall wieder nach

Leipzig, wo er Ärzte konsultieren und Schlachtfelder besichtigen wollte, und wo er dann starb. Prokesch-Osten, der, auch als Adjutant, dabei war, bezeichnet den Grafen, der 20 Jahre jünger als Meyern war, als dessen »ältesten« und »wärmsten« Freund. Er weiß auch zu berichten, daß Meyern den Schloßpark der Paars in Hütteldorf bei Wien künstlerisch gestaltet hatte. Besteht man darauf, einen jüngeren Geliebten Meyerns zu vermuten, kommt nur Graf Paar in Frage und nicht, wie Arno Schmidt behauptet, Ernst von Feuchtersleben, der erst 1806 geboren wurde und Meyern, wie aus allem, was er über ihn geschrieben hat, hervorgeht, persönlich nicht gekannt hat.

Kunstkennerschaft befähigte Meyern dazu, 1815 in Paris (mit dem Bildhauer Canova zusammen) die Rückführung der von Napoleon aus Italien geraubten Kunstschätze zu organisieren. Dafür bekam er wieder einen Orden, diesmal vom Papst. In Spanien war er noch irgendwann diplomatisch tätig, dann schob man den alten Herrn auf einen ruhigen Posten ab: nach Frankfurt am Main, wo er als Mitglied der österreichischen Militärkommission bei der Bundesversammlung (nach Wurzbachs Biographischem Lexikon) »ohne drückende Geschäfte ... der Freundschaft und den Musen« leben konnte. Dort starb er 1829, 70 Jahre alt, und wurde in Mainz, wo eine österreichische Garnison bestand, begraben. Ein Bild von ihm aus dieser letzten Zeit zeigt ein vitales, derbes Gesicht mit starker Kinnpartie, das weder geistvoll noch sympathisch wirkt.

Fast alles was über ihn geschrieben wurde, ist nekrologartig, also schöngefärbt. Trotzdem formt sich daraus ein Bild: das eines gebildeten Sonderlings, der asketisch ißt und trinkt, Geld verachtet, nie seine Orden anlegt, selten Uniform trägt, seine Kleidung vernachlässigt, sein Gehalt verschenkt, nur auf Stroh schläft und keine anderen Möbel im Zimmer duldet als Tisch und Stuhl – die ihm, aufeinander gestellt, als Stehpult dienen, an dem er (Schlaf braucht er wenig) Tag und Nacht steht und schreibt.

Denn obgleich er nach einem Aufsatz »Über die Dichtkunst« (1805) nichts mehr veröffentlicht, ist der Mann, dem jeder nachrühmt, daß er sich in allen Wissensgebieten auskenne, rastlos schriftstellerisch tätig. Prokesch erzählt: »Er gab mir, da ich von Leipzig nach Wien ging [1820], ein Päckchen solcher Papiere [Manuskripte] mit, um es in einen, im Palaste Kaunitz, ihm gehörenden Koffer zu andern zu legen. Es enthielt dieses Päckchen – denn er bezeichnete jedes Blatt mit der fortlaufenden Nummer – einige Hundert Blätter aus dem 16. Tausend! – der Koffer war voll solcher wie Papyrusrollen gebundener Päckchen. Als der Palast später verkauft wurde, ging auch dieser Koffer verloren; wenigstens habe ich mich vergeblich darum bemüht; es wußte niemand davon.«

Das ist in den dreißiger Jahren geschrieben, und auch Pückler-Muskau berichtet noch 1840 vom Verlust des Meyern-Nachlasses: er sei als Makulatur verkauft worden. 1841 aber gibt der Wiener Verleger Ignaz Klang als Anhang zum 5. Band der Neuauflage von »Dya-Na-Sore« dem Publikum eine »höchst interessante Nachricht«: Der umfangreiche Nachlaß ist gefunden, vom »Inventurs-Protokoll des K.K. Kriegsarchivs authentisirt« worden, und Herr Dr. Ernst von Feuchtersleben wird ihn herausgeben, allerdings nur in Auswahl.

Das geschieht ein Jahr später, doch es lohnt sich nicht,

auch wenn Feuchtersleben über dieses »Vermächtnis eines unserer edelsten Geister« sagt: »Noch nie hat ein Schriftsteller einen kühnern Gedanken gehabt und beinahe ausgeführt, als dieser.«
Dieser beinahe ausgeführte Gedanke ist aber der, »*alle* menschlichen Interessen in ihrem Bezuge auf das *Total*interesse der Menschheit« umfassend darzustellen und einen Organismus zu schaffen, der »von der höchsten menschlichen Idee beseelt« ist. So steht es im Vorwort des Herausgebers. Was dann aber in drei dicken Bänden folgt, ist dilettantisches Philosophieren über Alles und Nichts, das mit Definitions-Versuchen beginnt und endet und für das gilt, was Varnhagen zur »Abhandlung über die Dichtkunst« sagt: »Ungenießbar!«, da Meyern in ständiger Gedankenarbeit sei, diese aber niemand brauchen könne; er bewege sich mühsam über Wege, die nirgendwohin führten.
Interessant ist nur, daß frühe Teile dieses sinnlosen Lebenswerks noch den Stil von »Dya-Na-Sore« zeigen, zum Beispiel der Aufsatz über die »Stammfolge der Wissenschaften«, der so beginnt: »Der Mensch empfängt Eindrücke. Die Menge verwirrt ihn. Er fühlt ein Regen und Streben. Er kann es nicht ordnen. Keine Erscheinung erklärt sich selbst. Kein Wirken, kein Zustand ist bleibend.«
Das Universelle seines Interesses ist dem Schriftsteller zum Verhängnis geworden. Daß es in Gesellschaft dem Plauderer zugute kam, wenn er sein sonst übliches Schweigen brach, will man Varnhagen, der dem alten Hauptmann mehrmals begegnete, glauben. Da war dann von Ländern und Völkern die Rede, »von Bergwerken, von Brücken, Wäldern und Flüssen, bald von veneziani-

schen Sitten, von dem Leben der englischen Matrosen (die er überaus liebt), vom Schiffswesen, von dem Zustande der Neugriechen und dem des türkischen Reiches, bald von militärischen Operationen und alten Schlachtfeldern, lebhaft, ruhig, sicher, geistvoll und treffend ... Alles was den Staat angeht ..., hat er mit tiefem Sinn durchdacht; die große Bezwingung der Natur zu menschlichen Zwecken, die vielen Bauwerke, die gegen ihre Feindseligkeiten die Menschen unternommen, das Wesen der Landwirtschaft und des Handels, die Kraft der Finanzen, alles hat er in seinem klaren Geiste bearbeitet, alles vielfach gesehn und in Erfahrungen geprüft. Der Geschichte ist er kundig und vorzüglich der deutschen: Poesie in Kunstform steht ihm fern, aber vom Staat und von der Geschichte aus hat er den Shakespeare ausgefunden.«

Und manchmal hat er auch Ideen, die man dem militanten »Dya-Na-Sore«-Verfasser nicht zutraut. Als auf dem Wiener Kongreß die Verhandlungen zu scheitern und neue Feindseligkeiten auszubrechen drohen, sagt Hauptmann von Meyern zu Varnhagen von Ense: Krieg könnte leicht verhindert werden durch ein für alle Staaten verbindliches Gesetz, das Diplomaten als erste an die Front beordere.

Bezeichnend ist vielleicht, daß alle Männer, die über ihn schrieben, seine Freundlichkeit und Liebenswürdigkeit lobten, die einzige Frau jedoch, die eine Begegnung mit ihm erwähnte, Henriette Herz, ihn »kalt und unfreundlich« fand.

Doch alle diese Charakteristiken betreffen nur den alten Meyern. Wie der junge, der Verfasser von »Dya-Na-Sore« war, hat niemand überliefert.

Revolutionär oder Vor-Faschist?

Die Literaturwissenschaft des 19. Jahrhunderts hat sich um »Dya-Na-Sore« wenig gekümmert. Interpretationen wurden nie versucht. Selbst Meyerns posthumer Herausgeber Feuchtersleben ging dem aus dem Wege. Die erste ernsthafte Analyse des Romans verfaßte Anfang unseres Jahrhunderts ein Gymnasiallehrer, Josef Pauscher; ihr Druck in einem Schulprogramm (1911) ist Veröffentlichung kaum zu nennen. Sie setzt »Dya-Na-Sore« in Beziehung zu anderen utopischen Staatsromanen, weist Einflüsse der französischen Aufklärung nach, rettet sich aber vor dem Zwang einer Wertung des politischen Ideals in die Behauptung: »Was Meyern anstrebte, haben wir längst erreicht.«
Soweit Literaturgeschichten und Nachschlagewerke ihn überhaupt zur Kenntnis nehmen, wird meist sehr allgemein von einem zu seiner Zeit vielgelesenen, wunderlichen, gemütvollen, phantastischen, geistvollen, gedankentiefen oder schwärmerischen Roman gesprochen. Von »sittlich tiefen Betrachtungen«, von einem »Staatsideal wahrer Humanität« und einem »schönen Denkmal tiefer Vaterlandsliebe«, auf das »man die deutsche Jugend stets wieder aufmerksam machen sollte« ist genauso die Rede wie auch von »einem unerquicklichen Zeugnis davon, wie tief und weit der Geschmack an einem falschen Idealismus eine Zeit beherrschte, die sich wahrhaftig um andere Dinge hätte kümmern sollen.«
Von Generation zu Generation wird auch das Schlagwort vom Freimaurer-Roman wiederholt, das zwar ganz abwegig nicht ist, aber das Ganze nicht trifft. Richtig ist, daß »Dya-Na-Sore« die Reihe der deutschen Romane

eröffnet, in denen Geheimbünde eine Rolle spielen: Goethes »Wilhelm Meister«, Schillers »Geisterseher«, Tiecks »Wilhelm Lovell«, Jean Pauls »Unsichtbare Loge«, »Hesperus« und »Titan«. Sie alle spiegeln damit einen Zug der Zeit; denn in den Jahren vor der Französischen Revolution standen die Geheimbünde in Deutschland in höchster Blüte. Neben den im wesentlichen der Aufklärung verpflichteten Freimaurern, gab es die Rosenkreuzer, die Illuminaten und eine Unzahl kleinerer Bünde mit verschiedenen Tendenzen, wie den schon erwähnten Bund der schwarzen Brüder, der sich später Harmonisten-Orden nannte. Daß Meyern Erfahrungen mit Geheimbund-Riten hatte, wird im ersten und zweiten Band von »Dya-Na-Sore« deutlich. Da gibt es eine aus dem Dunkel wirkende geheime Führung, der man blind vertraut; man erkennt sich an geheimen Zeichen; man muß Prüfungen durchstehen und sich in eine Rangordnung einfügen, deren höchste Stufe erst den Überblick über die Organisation gewährt. Den Freimaurern ist das sicher abgeguckt, und trotzdem rechtfertigt das die Benennung des Romans nach ihnen nicht. Zwischen Meyerns Bund und ihnen gibt es nämlich einen wesentlichen Unterschied: Die Freimaurer (die zum Beispiel vom Preußenkönig Friedrich II. gefördert wurden) verhielten sich dem Staat gegenüber in Theorie und Praxis stets neutral; Ziel des Dya-Na-Sore-Bundes aber ist Veränderung der staatlichen Verhältnisse. Pauscher, der das genauer untersucht, kommt deshalb zu dem Schluß, daß der Roman als eine »Werbeschrift zu einem Bunde edler Menschen« zu betrachten sei, »der die Befreiung Deutschlands bezwecken soll.« Wer da von wem befreit werden und wie Deutschland nach der Befreiung aussehen soll, sagt der K. u. K.-Beamte Pauscher nicht. Heute liegen zwei neuere Meinungen dazu vor, die, unabhängig voneinander entstanden, sich radikal widersprechen.

Liest man, was Arno Schmidt in seinem Radio-Essay und Wolfgang Harich in seinem Jean-Paul-Buch über »Dya-Na-Sore« zu sagen haben, will man nicht glauben, daß beide vom selben Gegenstand handeln. Meyerns politisches Ideal ist für Schmidt »das niedrigste, was es überhaupt geben kann: das Kriegerische!«, für Harich aber ist es das höchste: das demokratischer Revolution. Der Roman, der für Harich aus »unbändigem Haß auf feudale Bedrückung« geboren wurde und »streckenweise wie ein Aufruf« wirkt, »die Machthaber Deutschlands hinwegzufegen«, ist für Schmidt ein »SS-Handbuch«. Harichs »Republik«, die »nach freiheitlichen Prinzipien regiert« wird, ist für Schmidt ein Staat »ganz wie unter Hitler«.

Daß die Interpreten zu so ungleichen Ergebnissen kommen, liegt daran, daß sie die gleichen Methoden verwenden: die parteiischer Einseitigkeit. Schmidt, dem Meyerns militant-patriotischer Männlichkeitswahn (verständlicher- und sympathischerweise) mißfällt, sieht, mit betont unhistorischem Blick, nur, was seine These vom präfaschistischen Meyern stützt, und übersieht, was sie fraglich macht. Harich, den Meyern nur als Vorläufer Jean Pauls interessiert, will beweisen, daß der »Hesperus« eine Revolutionsdichtung ist, und macht deshalb, ohne genauer hinzusehen, den Roman, aus dem Jean Paul Anregungen dazu bekam, auch zu einer. Während Schmidt (von einem Ausrutscher abgesehen) seine einäugige Beweis-Methode brillant vorführt, gibt Ha-

rich, dem eine knappe Seite zum Ruhme Meyerns genügt, keine Beweise, sondern nur das positive Ergebnis. Schwergefallen aber wäre auch ihm nicht, die zu seiner These passenden Zitate zu finden. Er hätte »Dya-Na-Sore« dazu nur zu lesen brauchen.
Das versäumte er. Und hat trotzdem recht – in seinem Teilbereich, wie Arno Schmidt in seinem auch. Legt man die flächigen Bilder der beiden Einäugigen zusammen, ergänzen sie einander zu einem plastischen Ganzen, an dem erkennbar wird, daß der Widerspruch zwischen den beiden Interpretationen nicht durch sie erzeugt wird, sondern durch ihren Gegenstand: Er liegt im Werke selbst. Die verschiedenen Richtungen, in die es Wirkungen ausübte, deuten das schon an: Jean Paul und Friedrich Ludwig Jahn.

Französisches Tibet

Daß mit dem ersten Band von »Dya-Na-Sore« der Anfang eines politisch-brisanten Romans vorlag, wußten weder Schiller und Schink, die ihn rezensierten, noch, wie anzunehmen ist, sein ungenannter Autor, der Dya und seine drei Brüder durch wilde Natur, unheimliche Prüfungen und eine Flut weiser Lehren auf ein Ziel zuführte, von dem ihm wohl nur klar war, daß es ein eminent pädagogisches sein mußte. Denn von Tugend und großen Taten war in dieser, angeblich aus dem Sanskrit übersetzten, Geschichte, die irgendwann in einem Tibet und Indien genannten Irgendwo spielte, viel die Rede. Ein junger Stürmer und Dränger mit Vorliebe für krie-

gerische Geheimbündelei, der die düsteren Heiden Ossians kannte und die Abenteuer- und Gespensterromane der Zeit, schickte seine Figuren auf eine Bildungsreise, die zwar heroisch zu werden versprach, Hoffnung auf Aktualität aber nicht weckte. Außer Athor, seinen vier Söhnen, einigen Vorzeit-Denkmalen und viel Natur, kamen nur zwei Einsiedler und eine einsiedlerisch lebende Familie vor. Das Vaterland, das da befreit werden sollte, kam so wenig in Sicht wie die geheimen Kräfte, die die Brüder auf ihren gespenstigen Bildungswegen lenkten. Auf dem Höhepunkt der Verirrung und Verwirrung schloß der erste Band, den der Verfasser, laut Vorwort, nur bei günstiger Aufnahme fortzusetzen gedachte. Wie es Tibar im Spukschloß und Dya beim Volk der Altaharys erging, erfuhren die Leser erst zwei Jahre später im zweiten Band, in dem dann aber Dya, der im ersten im Vordergrund gestanden hatte, dem Autor schnell verloren ging, um erst im dritten, auf dem Schlachtfeld diesmal, wieder aufzutauchen. Hauptheld wurde nun, neben dem neu auftretenden Terglud, Tibar; und mit dieser Neuverteilung der Rollen folgte das Geschehen einem neuen Plan, der aus dem sturm- und dranghaften Bildungsroman mit freimaurerischer Färbung einen politischen Tendenzroman mit utopischen Zügen machte: den Vorschlag zu einer besseren Organisationsform der Sozietät, einen Staatsroman, wie er durch Schnabels »Insel Felsenburg« (1731), Albrecht von Hallers »Usong« (1771) und Wielands »Goldnen Spiegel« (1772) in der deutschen Literatur schon Tradition hatte.
Um die schlechte Komposition des Romans zu erklären, wurde später behauptet, er sei von einem Freund aus von Meyern »angeschriebenen Blättern und Papierschnit-

zeln zusammengestellt« worden. Sollte überhaupt Wahres daran sein, könnte das nur für den ersten Band gelten, denn die beiden anderen folgen einem wohlerwogenen Plan. Daß dieser beim Schreiben des ersten Bandes noch nicht vorlag, scheint die Bearbeitung der Neuen Auflage von 1800 zu bestätigen, in der der ehemalige erste Band ganz neu geschrieben, das heißt dem Plan des zweiten und dritten Bandes angepaßt wurde. Da schickt der Vater die Söhne nicht in die Wildnis, sondern in die Hauptstadt, damit sie sehen, wie das Land geknechtet wird. Der König, der zu stürzen ist, ist gleich vorhanden, und Tibar, der künftige Minister, nimmt schon Verbindung mit dem Hofe auf. Und wenn die Reise der Brüder dann beginnt, merkt man: der Autor weiß, wohin sie gehen soll. Die folgenden Bände, die inhaltlich völlig unverändert bleiben, hatte er ja schon geschrieben – und die Vorgänge in der politischen Wirklichkeit, die ihm als Vorlage gedient hatten, lagen 1799 ein Jahrzehnt zurück.

Gegen Ende des zweiten Bandes, der 1788–1789 geschrieben sein muß, beginnt diese Parallelität von Fiktion und Wirklichkeit, von Tibet und Frankreich. König Ilwend, schwach aber nicht böse, von Frauen und Ministern abhängig wie Ludwig XVI., beruft, als sich die ökonomische Macht des Landes schon völlig in den Händen Tibars, also des revolutionären Bundes, also des dritten Standes befindet, »eine Zusammenkunft aller in ihrer Art berühmter, verdienstvoller und trefflicher Menschen« ein, die in seinem Schloß stattfindet und genau so ergebnislos verläuft wie die Notabeln-Versammlung in Versailles im Jahre 1787.

1790 wird dann der dritte Band geschrieben. Ein Satz der

Vorrede weist schon programmatisch auf den westlichen Nachbarn hin: »Gram, daß das, was hier eine Nazion erkent, Jahrhunderte durch ihren Nachbarn unerkant bleiben kan, haben mich – dahin gebracht zu schreiben, was ich schrieb.« Und gleich beginnt der Band mit dem Ereignis, mit dem in Frankreich die Revolution beginnt: mit der Einberufung der Reichsstände am 5. Mai 1789, die sich am 17. Juni zur Nationalversammlung konstituierten. Im Roman heißt das erst »Landtag«, dann »Versammlung der Nazion« und schließlich auch »Nazionalversammlung«. In Frankreich erfolgte die Einberufung nach einem Gesetz von 1614, und auch im Roman wird ein verjährtes Recht wieder erneuert. Die Gesetze, die nun erlassen werden, ähneln in Inhalt und Reihenfolge so stark den französischen, daß Meyern seine exotische Maske dabei völlig vergißt: von den Mißständen, die da abgeschafft werden, war auf 1000 Romanseiten bisher kaum die Rede. Es folgt der Bastille-Sturm, ausgelöst durch Tibars Verhaftung. Was danach noch im Roman an französische Ereignisse erinnert, ist von Meyern mit erstaunlichem Scharfblick erfunden. Als der König von Frankreich floh und verhaftet wurde und der Krieg mit den Nachbarn begann, war das Buch, in dem solches vorkam, schon auf dem Markt.

Geliebte Nation – unwürdiges Volk

Versucht man, das in »Dya-Na-Sore« gestaltete Staatsideal aus dem Wust der hochgestochenen, weitschweifigen Dialoge und Reden zu destillieren, so ergibt sich eine auf der Höhe seiner Zeit stehende, von Montesquieu, Rousseau und Mirabeau vorgebildete Theorie in Meyernscher Färbung, die, wenn auch nicht braun, so doch aber feldgrau ist.

Es geht, was Arno Schmidt unterschlägt, um die Umwandlung eines absolutistischen Staates in einen Rechtsstaat, der seinem Anspruch nach demokratisch ist. Ein König wäre entbehrlich, brauchte die Masse nicht »ein sichtbares Abzeichen für die Majestät der Geseze«. In dieser konstitutionellen Monarchie (die nach dem Willen ihrer Gründer, wäre das Volk nur reifer, eine Republik sein könnte) geht die Gewalt vom Volke aus: »Der König gibt keine Geseze. Das Volk bewilliget sie. Er vollstrekt sie. Die gesezgebende Gewalt ist Eigentum der Nazion.« Verletzt der König seine Pflichten, nimmt das souveräne Volk seinen Auftrag an ihn zurück, setzt ihn ab und kann ihn auch richten. Reißt aber ein Diktator die Macht an sich, ist auch Tyrannenmord erlaubt: »Soll dieser eine leben, weil Mord verboten ist, und tausende sterben, weil das Gesez, das ihn schüzt, für sie keine Kräfte hat?« Voraussetzung für die Erhaltung der Rechte ist der politisch denkende und handelnde Bürger. Gewählt wird nach alten demokratischen Traditionen: »Aus Hunderten ward einer erkant, um den Rath des Bezirks zu bilden. Aus Hundert von diesen ging einer als Abgeordneter zur Versamlung der Nazion.«

Bedenkt man, wann und wo dieser Roman geschrieben wurde, so ist das erstaunlich mutig und erklärt den Erfolg, den er trotz seiner künstlerischen Schwächen hatte. Doch vergeht einem die Freude an dieser demokratischen Literaturtradition, wenn man sieht, wie stark hier schon vorgebildet ist, was später einmal, 1933, »Nationale Revolution« genannt werden wird: Vergottung des Staates, Elite-Denken, Nationalhaß, Militarismus und Verherrlichung des Krieges – alles das also, was Arno Schmidt dazu veranlaßte, den Roman für Wehrkreisbüchereien zu empfehlen.

Mit der so oft von Meyern berufenen und bejubelten Freiheit fängt das Unbehagen an. Wenn er die definiert, begnügt er sich nicht mit der später so oft verwendeten Einsicht in die Notwendigkeit, sondern benutzt das stärkere Wort »Sklaverei, in der man aus Liebe des Staates [gemeint ist: zum Staate] mit hoher Seele sich selbst vorschreibt, was der Unterthan des Monarchen mit kleiner Seele aus Gehorsam erduldet,« oder anders gesagt: »Der einzelne Mensch ist nichts für dich. Das Ganze sei dein Augenmerk.« Der Staat ist also alles, und dessen Machthaber müssen von der Natur lernen, daß sterben muß, was nicht leben kann, der Schwächling vor allem, der unkriegerische, unmännliche Mann, den Meyerns Helden noch mehr verachten als das Volk, das zu befreien sie ausziehen, ohne es zu lieben. Denn »Menschenliebe ist der falsche Name für Schwäche.«

Im Gegensatz zur amerikanischen und französischen Verfassung ist in Meyerns deutschen Staatsträumereien von der Unverletzbarkeit individueller Rechte kaum die Rede. Seine Demokratie ist dann auch danach. Sie ist eine Demokratie der Reichen. Unfrei Geborene und Besitzlose haben kein Wahlrecht. Der Adel wird von dem Autor, der sich später selbst in diesen Stand erhebt, nicht etwa als überflüssig erachtet, er wird geehrt, weil Ahnenstolz Nationalstolz fördert. Die »namenlosen Familien des Staubes« dagegen werden als »schmutzig« angesehen.

Sympathisch dagegen ist dem Autor auch der Kaufmann, der Besitzende, der Beherrscher der Wirtschaft, dessen Bedeutung er sehr realistisch sieht. Tibet und Vorzeit völlig vergessend, bezieht er den dritten Stand in seine Revolution mit ein. Die Passagen, in denen gezeigt wird, wie Tibar durch wirtschaftliche Macht das alte Regime aus den Angeln hebt, gehören zu den interessantesten des Buches. Doch soviel lobende Worte Meyern auch für Kaufleute findet, kann er sie als wahrhaft edel doch erst ansehen, wenn sie Soldat werden, und so »die beiden trefflichsten Stände in einer Person« sich vereinigen.

Daß der Stand des Soldaten (oder besser: der des Offiziers) für Meyern der edelste ist, enthüllt sich im Verlauf der Romanhandlung mehr und mehr. Was im ersten Band meist noch allgemein Tat und Tugend heißt, erweist sich später als Kriegstat und Heldentugend. Erst wird der Geheimbund diszipliniert (»Kurz, meine Freunde, wir müssen uns unterordnen«), dann die ganze Nation, die natürlich auch entsprechend ideologisiert werden muß; denn die Abschaffung der individuellen Freiheit (für den Soldaten) zum Zwecke der Freiheit bedarf immer der Begründung. Die den Roman hindurch andauernde Lobpreisung des Krieges läßt den Verdacht aufkommen, daß Kriege für Meyern um ihrer selbst willen geführt werden. Zwar wird an einer Stelle der Eroberungskrieg verdammt, doch geht diese gute Einsicht unter in der allgemeinen Kriegslust, in deren theoretischer Begründung sich der Autor immer wieder versucht. Krieg ist »Quelle edelster Handlungen«. Krieg schützt gegen Verweichlichung. Weil Krieg »Ursprung aller Tugenden« ist, setzte Gott ihn ein. Krieg bringt Größe und Ehre und ist auch »das beste Mittel, den unnüzen Theil des Volkes zu mindern« – womit Grund genug gegeben ist, den Heldentod als die »Krone des Lebens« zu feiern.

In dieser Manipulations-Dialektik, die eine Sache durch ihr Gegenteil definiert (Leben durch Tod, Freiheit durch Sklaverei), hat Meyern sicher viele Vorläufer, aber als erster in Deutschland unternimmt er es, die erst 20 Jahre später Tatsache werdende Militärpflicht für alle Männer als demokratische Errungenschaft zu feiern. Während Scharnhorst (der, um den Franzosen gewachsen zu sein, diese Art von Demokratisierung später in Preußen vorbildlich durchführen wird) noch nicht einmal in preußischen Diensten steht, macht Meyern in seinem Traum-Staat schon alle Bürger zu »schlachtfertigen Schaaren« und sorgt sich um deren rechtzeitige Manipulierung durch sportliche Stählung und Wehrkundeunterricht. Landwehr und Landsturm, die Meyern später in Österreich organisieren und ausbilden wird, sind hier im Modell schon vorhanden.

Doch nicht aus Liebe zum Volk bewaffnet man es: man will es benutzen – zu höheren Zwecken natürlich, die es nicht kennt. Es ist die »nimmersatte Heerde«, die zur Weide geführt werden muß, die träge Masse, deren Tausend schläfrige Tage weniger wert sind als eine einzige »vollglühende Minute« der Auserwählten. Wer sein Haus besorgen und seinen Acker bestellen will, wird von der revolutionären Elite, die den »Adel der Seele« hat, sehr verachtet – mit Recht, wie sich später herausstellt; denn diese dummen Leute, die »nur leben« und nicht für »Größe und Freiheit« sterben wollen, verraten schließlich ihre Heroen. »Der verfeinerte Genus patriotischer Freuden« war »zu fein für ihre rohe Empfindung.«

»Fast möchte es scheinen«, meinte der Rezensent der »Allgemeinen Deutschen Bibliothek«, »daß der unbekannte Verf. durch diesen Schluß die Lehre habe geben wollen, . . . daß ein Volk, das einer dauerhaften Freyheit genießen will, durch Erziehung, Sitten und Grundsätze darzu vorbereitet seyn müsse.« Möglich ist aber auch die Einsicht des Verfassers, daß so kein dauerhafter Staat zu machen ist – schon deshalb nicht, weil seine Berufsrevolutionäre aus Frauenverachtung ihre Fortpflanzung versäumen.

Der unwürdige Gegenstand

Natürlich ist Meyerns utopischer Staat ein Männer-Staat. Frauen als politisch gleichberechtigte Wesen zu sehen, war ihm, wie seiner ganzen Epoche, kaum möglich. Während aber seine Zeitgenossen, weil sie die Frauen brauchten und liebten, ihnen andere Qualitäten zubilligten, die sie der Verehrung würdig machten, verachtete Meyern sie. Die Helden-Verehrung in »Dya-Na-Sore« ist Männer-Verehrung, die immer verbunden wird mit Schmähung der Frauen. Wie Ausbruch von Rassenhaß könnte einen dieser revolutionär maskierte, durch Homoerotisches verstärkte Männlichkeitswahn erschrecken, wenn er in seiner Unkontrolliertheit nicht so schrecklich komisch wirkte. Der Mann »ist die Krone der Schöpfung«, die Frau »ein unwichtiger Gegenstand« für seine Würde. »Sein Weg geht an ihr vorüber«. Denn während er geboren wurde, »um in der Fülle seiner Kraft, an Willen gros und gros an Thaten, weit über

Meer und Erde die unbegränzte Bahn der Ehre zu verfolgen«, ist sie ihrem Wesen nach nur »Furcht und Weichheit«, »ein schwankend unerträglich Ding, das sich spreizet und ächzet und durch seine kleinen Schreknisse mehr Ermüdung als Theilnehmung erregt«. Dyas Kurzformel lautet deshalb: »Mann und Weib – er soll herrschen – sie gehorchen.«

Arno Schmidt übertreibt ein wenig, wenn er vom »Land ohne Frauen« spricht. Im Gegensatz zu den »Ruinen am Bergsee«, wo tatsächlich keine Frau vorkommt, werden in »Dya-Na-Sore« schon einige erwähnt: Ehefrauen, Schwestern, Tänzerinnen, und eine davon wird sogar mit Namen und Charakter ausgezeichnet. Jedoch ist das eine besondere Perfidie. Denn die Ehre der Gestaltung wird dieser Frau nur zuteil, weil sie sich schämt, eine zu sein. Mit den Worten, sie sei zwar nur ein Weib und nicht berechtigt, mit Männern auch nur gleich zu *denken,* führt sie sich ein und muß dann alles das aussprechen, was Meyern an Frauen für männerverderbend hält. Als Belohnung für ihre Abtrünnigkeit vom eigenen Geschlecht darf sie am Schluß den Heldentod sterben und Terglud zu der späten Einsicht bringen, daß der »Einklang beider Geschlechter« notwendig sei. Daß das keine bleibende Einsicht des Autors ist, geht aus seinen späten Schriften hervor, in denen sich folgender Aphorismus findet: »Das Leben des Weibes ist ein eigenes, ... welches das des Mannes in sich verweben will und zum verlorenen machen würde. Sie greifen ins Leben ein als Reize, als Anlässe und sind als solche im Gang des Lebens zu behandeln.«

Im Vokabular des Romans heißt die Zuneigung zu Männern Freundschaft, die zu Frauen wird als Liebe bezeichnet. Freundschaft hat etwas Hohes, Heiliges, Hehres, Liebe dagegen ist das, dem der wahre Mann aus dem Wege geht. Meyerns Helden geben sich mit Frauen nicht ab. Nur einer verliert sich an sie und ist damit auch schon moralisch gerichtet: Hamor, der Verräter, der Verachtung allein deshalb verdient, weil er der Liebe fähig ist. Anstatt sich ihr wie »einer vorübergehenden Krankheit zu entziehen«, verfällt er ihr und läuft zum anderen Geschlecht über wie zum Klassenfeind.

Sieht man in den hinterlassenen Bruchstücken von Meyerns philosophischem Totalwerk unter der Kapitelüberschrift »Klassen« nach, wird man von folgender Definition überrascht:

»Klassen: sind die von der Natur selbst scharf geschiedenen Männer und Frauen. Männer gesellschaftlich betrachtet – Substanz, Kraft und Leben des Ganzen, durch welche Alles begonnen und vollbracht werden muß. Frauen – untergeordnet einem einzigen Zwecke; kriegerisch? nichts! ökonomisch? viel als verzehrende Hälfte, minder als hervorbringende, nur Mittel für Details der Erhaltung; bürgerlich? unfähig für Vieles; sittlich? ... ehrend, aber nicht entscheidend, was Ehre verdient.«

Neue Einsichten

Meyern hat nicht, wie Arno Schmidt behauptet, »sein mit 28 geschriebenes Buch bis in siebzigste gehätschelt« – er hat lediglich den Roman, den er mit 32 fertig hatte, mit 40 für die Neue Auflage von 1800 umgeschrieben. Seine Gründe für diese umfangreiche Arbeit waren, wie sich am Ergebnis ablesen läßt, künstlerischer und politischer Art. Die Komposition (die des ersten Bandes besonders) wollte er verbessern und der Zensur genüge tun – der äußeren und der inneren vielleicht zugleich. Nicht nur, daß die 1. Auflage des Buches in Wien verboten worden war, ist zu bedenken, sondern auch, daß der Verfasser sich geändert hatte. Besser hat er mit dieser Umarbeitung den Roman nicht gemacht, nur länger. Aus drei wurden fünf Bände, aus 1500 Seiten 2400.

Die einzige Veränderung, die sich günstig auswirkt, wurde schon erwähnt: Die völlige Neufassung des Anfangs, die die Brüder statt in die Wildnis in das Leben schickt, sie durch Berufe, Reisen, Kriege auf ihre Bestimmung besser vorbereitet und dem Leser die politischen Verhältnisse, die zu ändern sind, schon zeigt. Dann aber, vom zweiten Band der alten Fassung an, geht es weiter wie vorher, nur eben um 900 langweilige Seiten vermehrt, die vorwiegend aus Gedanken bestehen, die der nun in der Ich-Form redende Erzähler sich zu den Vorgängen macht.

Es erzählt jetzt der altgewordene Altai, einer der Brüder, aus dem Abstand vieler Jahre. Doch ist diese Formänderung so einschneidend nicht, wie sie erscheint, da sie nicht dazu benutzt wird, eine stärkere Geschlossenheit des Werks herzustellen. Da die alte (von der »Insel Felsenburg« und von andern Romanen vergangener Jahrzehnte übernommene) Mischform von Autor-Erzählung, pseudo-dramatischem Dialog und eingestreuten Ich-Berichten anderer Personen beibehalten wird, vergrößern sich mit dem erzählenden Ich nur die Lese-Schwierigkeiten. Denn der Ich-Erzähler läßt auch sieben andere Ich-Erzähler auftreten, die wiederum ich-sa-

gende Personen agieren lassen. Die schon in der ersten Fassung oft nicht klaren Perspektiven werden so noch mehr verwirrt.
Daß Meyern seine Personen nun besser ordnet, wichtige eher auftreten läßt, hilft wenig, da ihre Charakterisierung genau so primitiv oder nicht vorhanden ist wie vorher. Die von Arno Schmidt sehr treffend als »gezackt« bezeichnete, eigentümlich metrische Prosa (künstlerisch sicher das Interessanteste an Meyern) bewährt sich auch hier, wird aber dadurch, daß Beschreibungen noch häufiger durch theoretisierende Passagen und unerträglich lange Dialoge unterbrochen werden, arg verdünnt. Trotz kompositorischer Vorzüge fehlt der Bearbeitung also die Frische des Originals.
Zwischen der ersten und der zweiten Fassung lagen nur acht Jahre. Aber es waren die Jahre, die für Meyerns weiteres Leben entscheidend waren. Sie hatten, mit dem Ende der Französischen Revolution, das Ende seiner revolutionären Begeisterung gebracht und durch die napoleonische Bedrohung seinen militanten Nationalismus noch verstärkt. Sie hatten ihn Anschluß an den Adel finden lassen und ihn selbst zum Adligen gemacht. Als Kanonier Meyer, der mit illusionsvoller Zustimmung nach Frankreich blickte, hatte er den Original-Roman geschrieben, als Herr von Meyern, der in Frankreich den Feind der Nation sah, schrieb er ihn um. Das hätte größere Veränderungen hervorbringen können, als er sie tatsächlich vornahm. Daß er sie nicht für nötig hielt, zeigt noch einmal das Janusköpfige des Buches: Weit war es mit dem Revolutionären in ihm nicht her.
Schon in der ersten Fassung wird gesagt (wenn auch nicht gestaltet), daß ein fremdes Volk das eigene unter-

jocht. Dieser Zug wird jetzt verstärkt. Schon am Anfang des neuen ersten Bandes ist die Alibi-Funktion zu spüren: Besatzungssoldaten kommen vor, deren Hochmut Nationalstolz lodern läßt. Der König, den man stürzen will, ist deutlicher als Eroberer markiert. Revolution wird zum nationalen Befreiungskampf. Sorgfältig wird darauf geachtet, daß das Volk nie zuviel fordert und nie ohne weise Führung bleibt. Ängstlich wird das Wort König vermieden, wenn Schlechtes über ihn gesagt wird. Der Begriff Freiheit wird möglichst durch Unverfänglicheres ersetzt. Macht man sich die Mühe wörtlichen Vergleichs, kann man hier deutlich wie selten in der Literaturgeschichte den Zensor (den beamteten oder den inneren) am Werke sehen. Hier einige Proben davon:

1. Fassung	2. Fassung
»Gros ist der Triumph eines Helden. Der politische Triumph eines Volkes, das im Taumel seiner wiederkehrenden Rechte sich selbst vergrösert, ist himlisch.«	»Groß ist der Triumph eines Helden. Der Triumph eines Volkes das nie ganz entartete, das noch Tugenden rettete und in wiederkehrender Einsicht sich nun selbst erhöht – der größte«
»Freiheit hat noch nicht so ganz die Macht ihres Andenkens verloren.«	»Tugenden können noch hoffen, einst wiederzukehren, wo das Gefühl ihres Daseins sich so lebhaft erneut.«

»Viel ist gethan . . ., wenn er die Handlungen seiner Herscher nicht mehr mit der blinden Unterwerfung eines für Prüfung schauernden Sklaven aufnimmt.«	»Viel ist gewonnen . . ., wenn er öffentliche Vorgänge nicht mehr mit der blinden Unterwerfung einer der Prüfung entweichenden Gleichgültigkeit aufnimmt.«
»Das Volk ist schwach. Freiheit ist wie starkes Getränke.«	»Das Volk ist schwach, ein trotzig und verzagt Ding; den schäumenden Becher seiner neuen Wichtigkeit in der Hand, wie sollte sein taumelnder Sinn dem starken Getränke unbestimmter Hoffnungen widerstehen?«
». . . den Tirannen zu stürzen . . .«	». . . das Irrige zu stürzen . . .«
»Daß der Staat in der Vereinigung aller Bürger nach dem Verhältnisse ihrerwechselseitigen Sicherheit bestehe. Daß die Quelle aller Rechte beim Volke sei.«	»Daß der Staat in der Vereinigung Aller zur wechselseitigen Entwicklung aller Fähigkeiten rein menschlicher Naturen . . ., daß alle Gesetze daher genommen, jede Form ihrer Anwendung – nur Mittel seyn müsse zum Fortschritte der Menschheit.«

»Daß der König die Nazion durch eine öffentliche Bekanntmachung um Verzeihung bitten solle. Die Macht eines Königs, hies es, hört auf, wo seine Rechte aufhören.«	»Daß Ilwend die Nazion durch eine öffentliche Bekanntmachung über die Wiedergesetzlichkeit eines Dieners beruhigen solle. Dem Diener wurde verziehen . . .«
»Der Aberwiz eines Regenten hat Völker entzweiet.«	»Der Aberwitz eines Weibes hat Völker entzweyet.«

Mit Beispielen dieser Art ließe sich leicht ein Bändchen füllen. Es ist komisch und schrecklich zugleich, Zwang, Angst oder schlechtere Einsicht hier am Werke zu sehen. Bemerkenswert ist auch, wie krampfig manchmal der Ausdruck wird, wenn Begriffe nicht benutzt werden sollen, die benutzt werden müßten. Auch dieses Umschleichen des heißen Breis füllt natürlich die Bände mit Ballast.
Der Schlußabsatz der Erstfassung, der die Jünglinge unter den Lesern dazu auffordert, um die Erweckung der Wahrheit bemüht zu sein, bleibt auch in der zweiten Fassung erhalten, nur zart verändert. Da das Wort Erwekkung doch bedeutet, daß die Wahrheit unter gegenwärtigen Verhältnissen tot und vergessen ist, wird es durch das weniger aggressive Wirkung ersetzt. Aber auch das ist dem zur Legalität Bekehrten noch nicht schwach genug, und er hängt an den alten Schluß noch zweieinhalb Seiten an, in denen er erst, ohne direkt zu werden, an die Greuel der Revolution in Frankreich erinnert, um dann Hoffnungen auf Veränderungen überhaupt in ferne Zo-

nen zu verweisen. Der Traum aus Dyas vorrevolutionärer Phase wird nun fast wörtlich zum Ausdruck nachrevolutionärer Resignation: »Freylich ist es eine mißliche Sache, Hand an Übel zu legen, die von tausendfachem Eigennutze bewacht – nur den Kampf zerrüttender Leidenschaften wecken. Aber jenseits des Meeres, auf den Inseln der stillen Entfernung. wo in seinen Wäldern noch menschenleer ein Land die Ruhe des ersten Schöpfungstages zeigt, da öffnet sich eine Stätte, wo der Gute mit dem Guten in allem Genusse der Wahrheit und des Rechtes sich begegnen könnte, wo ein Volk sich gründen ließe, das in hoher Reinheit, losgerissen von den Unarten seines alten Stammes, die Flamme edlerer Menschheit bewahrte ... Nur eine im kleinen neu sich bildende Gesellschaft kann aus reiner Erkenntnis hervor gehen.« Während der Schluß der ersten Fassung zur Organisierung der Wahrheitsfreunde aufrief, verweist der letzte Satz der zweiten so vage wie möglich auf die individuelle Moral: »Aber was auch die Meinung eines jeden sey, wenn nur jeder das Gute und das Böse, das ihm nahe tritt, ergreift oder bekämpft, so wird die Summe des einzeln Geschehenen das Ganze seinem edlen Ziele zuführen.«

Zwei Wege

Jahn, der spätere deutschtümelnde Turnvater, hat Meyerns Roman in seiner Hallenser Studentenzeit (angeblich, ganz stilgerecht, in einer Höhle bei Burg Giebichenstein lebend) gelesen, sich von ihm zu vaterländischer

Begeisterung entflammen und zu seiner ersten Schrift »Über die Beförderung des Patriotismus im Preußischen Reiche« anregen lassen. In das Stammbuch eines Freundes schrieb er in dieser Zeit (1799) ein langes Zitat aus »Dya-Na-Sore« mit folgendem Nachsatz: »Diese Gedanken aus dem Meisterstück des achtzehnten Jahrhunderts enthalten das Glaubensbekenntnis Deines Freundes. So will er stets handeln, so wird er handeln ... Was Mann sein will, muß Mann ganz sein.« Auch später, in seinen Glanzzeiten, hat der unermüdliche Propagandist der Wehrertüchtigung seinem Anreger, dem er auch persönlich begegnete, stets die Treue gehalten. Als er den Deutschen »Dya-Na-Sore« empfahl, rühmte er an ihm »tiefen geschichtlichen Blick« und »aufflammende hohe Begeisterung«. Meyerns »Denkansprüche« schienen ihm »Steinschriften, von Trümmern gesammelt.« An anderer Stelle spricht er von Meyerns »hohem Volkssinn« und meinte wohl, da Meyern vom Volk nicht viel hält, seinen Nationalismus damit. Der Ausdruck »Meyern-Schüler«, den Arno Schmidt für Clausewitz benutzt, ist auch auf Jahn anwendbar. Nicht nur die Leibes-Übung als Kriegs-Vorübung fand Jahn in »Dya-Na-Sore«, sondern auch jene volksrechtlich-vaterländischen Denkanstöße, die dann zu Volkstums-Mythos und Nationalismus verkamen.

Anders lag die Sache bei Jean Paul. »Dya-Na-Sore« hat er schon 1791, gleich nach seinem Erscheinen, gelesen, sich Sätze daraus exzerpiert und auch noch Jahre später in der »Vorschule der Ästhetik« (im § 86) seiner gedacht. Bei der Planung des »Hesperus«, die 1792 begann, war Meyerns Roman ihm gegenwärtig und hat ihn, besonders bei der Erfindung der Fabel, beeinflußt. Da dieser Einfluß von der Jean-Paul-Forschung leicht übertrieben wird, ist man versucht, zu seiner Darstellung ein bekanntes Witz-Schema zu benutzen: Anfrage: Trifft es zu, daß die im vorzeitlichen Asien spielende Geschichte von den Brüdern, die vom revolutionär gesinnten Vater ausgesandt werden, um den Tyrannen zu stürzen, dieses auch tun, dann aber am trägen Volke scheitern, von Jean Paul für den »Hesperus« übernommen wurde? Antwort: Im Prinzip ja, nur spielt der »Hesperus«, erstens, nicht im vorzeitlichen Asien, sondern in der deutschen Gegenwart, sendet, zweitens, der Vater seine Söhne nicht aus, weil er die gar nicht kennt und sie von ihm ferngehalten werden, ist, drittens, der Vater nicht revolutionär gesinnt, weil er der Tyrann selbst ist, verhindert, viertens und letztens, die nicht stattfindende Revolution auch deren Scheitern; sonst aber liegen die Ähnlichkeiten auf der Hand.

Davon, daß Jean Paul »sich an das Handlungsgerüst von Meyerns ... Roman gehalten« habe, darf also wahrhaftig nicht die Rede sein, höchstens von Denk- oder Phantasieanstößen. Auch die Übernahme von Details ist nicht so offensichtlich, wie man glauben machen wollte. Bei der Beantwortung der viel wichtigeren Frage, ob Jean Paul von Meyern weltanschaulich beeinflußt wurde, ist man leider auf Vermutungen angewiesen. Die Notwendigkeit staatlicher und gesellschaftlicher Veränderungen betreffend, waren beide Autoren zu dieser Zeit sicher gleicher Meinung. Gelernt haben kann Jean Paul von Meyerns Idealgestalten, die bei ihm dann »hohe« Menschen hießen und nicht nur (goethisch) mit schönen Seelen und allseitiger Bildung ausgerüstet waren, sondern auch (meyernsch) nach politischen Taten dürsteten.

Gegen Meyerns Kriegslust aber, das ist sicher, war Jean Paul immun. Als in napoleonischer Zeit der »Dya-Na-Sore«-Autor sich zum Kriege rüstete, schrieb der »Hesperus«-Autor seine »Friedenspredigt« und die »Kriegserklärung gegen den Krieg«, in denen er alle Argumente der Kriegsbefürworter ruhig und witzig widerlegte. An »Dya-Na-Sore« dachte er dabei sicher nicht mehr, eher an Arndt und andere preußische Super-Patrioten, die sich, ob sie den Roman nun kannten oder nicht, als brave Schüler des Kriegs-Meyern erwiesen hatten. Denn während traurigerweise das Utopisch-Weltverbessernde an »Dya-Na-Sore« folgenlos geblieben war, hatte das Militaristische weitergewirkt – ganz im Sinne des Autors, der im Alter noch die mangelnde »Nationalartung« der deutschen Literatur beklagte und nur die des Krieges 1813–1815 gelten ließ. Der aggressive Nationalismus, der dann, mehr oder weniger ausgeprägt, als Staatsideologie das ganze 19. Jahrhundert beherrschte und bis 1933 weiterwirkte, hatte eine seiner kleinen feinen Wurzeln auch bei »Dya-Na-Sore«. Daran hat wohl – freilich zustimmend – auch Feuchtersleben gedacht, als er 1840 schrieb: »So viel ist gewiß, daß Gefühle und Erkenntnisse, die jetzt das jüngere Geschlecht gleichsam mit der Muttermilch einzusaugen glaubt, aus Quellen entsprangen, welche teils Dunkel deckt, teils wenigstens die nicht immer dankbare Nachwelt manchmal zu nennen vergißt. Unter solche Quellen gehören die Schriften Lessings, Herders – und Dya-Na-Sore.«

Lesefreuden mit Jean Paul

1

Kunstgenuß ist Ergebnis von Übung. Wie jede Sprache, muß auch die der Kunst gelernt werden. Scheinbar nur verstehen wir mühelos die mancher Kunstwerke: die haben wir unwillkürlich aufgenommen, wie die Muttersprache. Um andere zu verstehen, sind, wie beim Erlernen von Fremd- und Fachsprachen, Anstrengungen nötig. Empörte Bemerkungen wie: »Das kann ich nicht lesen!« oder »Das verstehe ich nicht!« sind keine Argumente, sondern Armutszeugnisse. Die leichtere oder schwerere Erschließbarkeit eines Kunstwerkes wird bestimmt durch die Schlüssel, die man hat und zu nutzen versteht. Schulen und Hochschulen können dem Kunstverständnis aber nur allgemeine Grundlagen legen. Im speziellen Bereich ist der Kunstgenießer immer Autodidakt.

Trotz der Relativität solcher Begriffe wie: Verständlichkeit, Breitenwirkung oder Volkstümlichkeit, haben diese doch ihren Sinn, wenn man sie auf den allgemeinen Bildungsstand und die Lesegewohnheiten einer bestimmten Gesellschaft bezieht. Nur dürfen Feststellungen dieser Art nicht als Werturteile mißbraucht werden. Daß Hölderlin oder Stendhal zu ihrer Zeit nicht so anerkannt wurden wie in späteren Zeiten, läßt keine Rückschlüsse auf die Qualität ihrer Werke zu. Joyce ist nicht besser oder schlechter als Gorki, weil er sich schwerer erschließt. Und wenn der ehemalige Erfolgsautor Jean Paul seit langem weithin als unlesbar gilt, sagt das nichts über den Wert seiner Bücher. Außerdem stimmt es nicht. Man muß ihn nur zu lesen verstehen.

2

So vielgestaltig wie Jean Pauls Werk ist das Echo, das es zu verschiedenen Zeiten fand. An der Wirkungsgeschichte seiner Werke ist der jeweilige Zeitgeist ablesbar.

Als der 1763 geborene Pastorensohn mit 19 Jahren zu veröffentlichen beginnt, nimmt niemand von der großen Produktivität Kenntnis. Die Zeit der aufklärerisch-didaktischen Satiren, die er schreibt, ist in Deutschland vorbei. Auch ist es mühevoll, seine mit gelehrtem Witz und vielen Gleichnissen überladenen Angriffe gegen die feudale Gesellschaft, ihre Lebensformen und ihre Ideologie zu entschlüsseln. Als er neun Jahre später aber zu erzählen beginnt, ist es mit seiner Anonymität vorbei. Mit einem Sprung ist er mit an der Spitze der deutschen Literatur. Karl Philipp Moritz, Herder, Wieland und andere stellen die Qualität seiner ersten beiden Romane über die Goethes. Der Ruhm, den der arme Autodidakt aus dem Fichtelgebirge auf seinem Siegeszug durch die gebildete Gesellschaft Leipzigs, Weimars und Berlins erntet, ist groß. Besonders der »Hesperus« (1795), ein Gegenwartsroman, der das bürgerliche Lebensgefühl in Deutschland in den Jahren der Französischen Revolution reflektiert, wird das gepriesenste Buch dieser Jahre. In seinen gefühlvollen, tugendhaften, auf gesellschaftliche Veränderung sinnenden Helden erkennen die Leser vielleicht nicht sich, aber doch einen Traum von sich.

Den Erfolg dieses Frühwerks kann Jean Paul nie wiederholen, weder mit seinem Monumentalwerk »Titan« und den Fragment gebliebenen »Flegeljahren«, noch mit dem Romanen der Spätzeit, dem »Fibel«, dem »Dr. Katzenberger«, dem »Komet«. Doch bleibt er bis zu seinem Tode (1825) auch mit seinen philosophischen, ästhetischen, pädagogischen und politischen Werken in der deutschen Literatur immer präsent, als einer der Größten nach Goethe überall anerkannt und gelesen.

Den wichtigsten Nachruf auf ihn hält Börne, und so wie er feiern die oppositionellen Literaten des Vormärz ihn: als Aufklärer, als Anwalt der Armen, als Mann des Fortschritts und der Geistesfreiheit. Das Biedermeier aber entdeckt einen anderen Jean Paul für sich: den Idylliker, der traurige deutsche Wirklichkeit durch Heiterkeit erträglich macht, den Naturschwärmer, den Dichter wehmütiger Resignation. Bis zur Jahrhundertmitte ist sein Einfluß bedeutend: Eichendorffs »Taugenichts« kommt von den »Flegeljahren« her, Stifter lernt bei ihm, auch Heine, Keller, Raabe, Vischer. Erst nach der Revolution von 1848 wird er so gut wie vergessen, in Literaturgeschichten als formlos, unkünstlerisch, unlesbar abgestempelt. Für Nietzsche ist er das »Verhängnis im Schlafrock«. Auch Thomas Mann, in manchem ihm verwandt, nimmt ihn nicht zur Kenntnis. Sonst entdeckt ihn das 20. Jahrhundert von verschiedenen Positionen her neu: Stefan George, der ihn »die größte dichterische Kraft der Deutschen« nennt, preist ihn als »Lyriker«;

Hofmannsthal rühmt die Musikalität seiner Sprache, Hermann Hesse, der mehrere seiner Romane neu herausgibt und den »Titan« bearbeitet, weist auf die Vieldimensionalität seiner Prosa hin, Karl Kraus und Walter Benjamin bekennen sich als seine Verehrer. Als Dichter des Kosmos, des Mythos, der Innerlichkeit, als Vorläufer des Surrealismus wird er interpretiert. Das umfangreichste Werk, das in unserer Zeit über ihn geschrieben wird, sieht ihn als Dichter der Revolution. Wie verschiedenartig der Einfluß ist, den er auf die deutschsprachige Literatur unserer Tage ausübt, deuten schon die Namen derer an, die sich als Jean-Paul-Kenner bekennen: Arno Schmidt, Günter Grass, Martin Walser, Franz Fühmann, Irmtraud Morgner, Helga Schütz, Fritz Rudolf Fries. Der antiklassische Erzähler in klassischer Zeit gilt heute manchem als Klassiker moderner Erzähltechnik.

Alle diese verschiedenartigen, zum Teil gegensätzlichen Ansichten sind aber Mißdeutungen oder Verfälschungen nur insoweit, als sie einen Teil Jean Pauls für den ganzen ausgeben. Denn er ist nicht dies oder das oder jenes, sondern alles zusammen: Idylliker und Satiriker, Humorist und Mann des Pathos, Realist und Träumer, Sentimentaler und Verstandesklarer, Kleine-Leute-Schilderer und Verkünder neuer gesellschaftlicher Ideale. Schon früh, 1800, in der ersten umfassenden Würdigung von Jean Pauls Werk, hat Friedrich Schlegel für diesen Tatbestand den treffenden Ausdruck gefunden, als er Jean Pauls Romane »eine Enzyklopädie des ganzen geistigen Lebens eines genialischen Individuums« nannte.

3

Man hat ihn wieder und wieder der Formlosigkeit beschuldigt und hätte doch besser sagen sollen: er erzählt nicht so, wie man es gewöhnt ist, nämlich dem Zwang einer Handlung folgend. Er bevorzugt eine Art des Erzählens, die er bei Hippel, bei Wieland, bei Sterne und anderen fand und die er weiterentwickelte zu einer Erzählform, die jedem Einfall, jeder Unterbrechung, jeder Abschweifung offen ist. Die strenge Linie klassischen Erzählens wird bei ihm zur Arabeske, der Handlungsfaden wird aufgelöst, zerfasert, verknotet. Es ist eine besonders epische Art des Erzählens, breit, tief, verschlungen, nie atemberaubend, immer von dem Bewußtsein bestimmt: Zeit und Raum ist genug, um alles zu sagen, was einem zu diesem oder jenem einfällt, was in dieser oder jener Hinsicht mehr oder weniger dazugehört.

Und seine Sprache entspricht seiner Komposition; sie ist perioden- und metaphernreich, meist melodiös, manchmal trocken, sie kann pathetisch sein und witzig, gefühlvoll bis zur Rührseligkeit und kalt; die Bilder sind oft treffend, doch manchmal so weit hergeholt, daß sie (trotz Fußnoten) zu unauflöslichen Rätseln werden. »Ob ich gleich nicht weiß«, notiert er sich nicht ohne Selbstgefälligkeit, »wer unter allen Autoren der Erde die meisten Gleichnisse macht, so freut es mich doch, daß ihn niemand übertrifft als ich.«

Vor dem Auseinanderfallen bewahrt wird diese offene Form durch den Erzähler, der immer gegenwärtig ist und alle Fäden in der Hand hält. Im »Quintus Fixlein« taucht sein Ich im zweiten Satz schon auf und begleitet dann kommentierend und ausschweifend das Geschehen – bis der Autor dann im 11. Zettelkasten in Person auf dem Schauplatz erscheint. Während die Handlung – besonders in den großen Romanen – durch Einschübe oder Dazwischenreden oft soweit entfernt wird, daß man manchmal Mühe hat, sich ihrer noch zu erinnern, bleibt der Autor immer ganz nah, immer in Kontakt mit dem Leser. Was da erzählt wird, verschwimmt oft hinter Unterbrechungen und Bildern, aber wer da erzählt, bleibt immer deutlich. Jean Paul hat seine Bücher einmal lange Briefe an Freunde genannt, und wirklich schreibt er so, wie man zu Vertrauten redet, bei denen man voraussetzen kann, daß alles, was man erfahren hat und erfindet, was man fühlt und denkt, sie auch interessiert. Mit nur leichter Übertreibung könnte man auf die Frage, wovon Jean Pauls Bücher handeln, die Antwort geben: von Jean Paul!

Dabei sind seine erzählenden Werke durchaus nicht handlungsarm. Im »Schulmeisterlein Wutz« und im »Fibel« werden ganze Lebensgeschichten erzählt, im »Hesperus« und im »Titan« Haupt- und Staatsaktionen mit Mord und Kindesentführung. Liebesgeschichten kommen überall vor. Die »Flegeljahre« werden mit einer verzwickten Erbschaftsangelegenheit eröffnet. Siebenkäs befreit sich durch Scheinsterben von Ehefesseln. Nikolaus Marggraf, Held des »Komet«, erfindet die Diamentenherstellung. Nur wird das alles nie schlankweg auf das Ende der Handlung zu erzählt, sondern auf verschlungenen Wegen, die manchmal an ihr vorbei, unter ihr hindurch, über sie hinweg führen. Die Innenwelt der Helden, Naturschwärmerei und Gesellschaftssatire, Träume, Visionen, moralische und philosophische Betrachtungen werden oft wichtiger als der Fluß der Handlung. Und weil vom Universum bis zum Sandkorn, von der Offenbarung bis zum Pastorengehalt den Autor alles gleichermaßen interessiert, entsteht der enzyklopädische Eindruck. Aus der Enge der deutschen Miniaturfürstentümer, in denen er seine Geschichte ansiedelt, blickt man hinaus in die Welt; aber es ist ein Blick wie durch ein Kaleidoskop: bunt, ornamental und bruchstückhaft. Mit Dschungeln, zerklüfteten Landschaften, verwilderten Parks sind seine Romane verglichen worden, mit dem Bild eines Zeitungsblatts hat man das Gemenge von scheinbar Unzusammengehörigem treffen wollen. Aber das stimmt nur, wenn man hinzufügt, daß jeder Baum dieser Wildnis von diesem einen gepflanzt, jede Zeitungsspalte von diesem einen »genialischen Individuum« geschrieben wurde – sicher nicht so planvoll, wie manche Interpreten es glauben machen wollen, aber doch mit einer Meisterschaft, die alles chaotisch Anmutende schließlich zum Ganzen formt. Jeder Versuch, die Worturwälder durch Ausholzen zu Parks umzuformen, wird zur Verfälschung. Mit den Leseschwierigkeiten schwände der Lesereiz. Fontane, der zu Jean Paul kein gutes Verhältnis hatte, ihm aber doch gerecht zu werden versuchte, hat (ein auf Berlin gemünztes Jean-Paul-Wort umwandelnd) über sein Werk gesagt: »Sahara – aber welche Oasen drin!« und damit auch ausgedrückt, daß man die Freude an den Oasen nicht haben kann, wenn die Wüste fehlt.

Aber was heißt hier Wüste? Die Strecken zwischen den Oasen sind oft schwer überwindbar, aber sinnlos nie. In den meisten Fällen sagen sie etwas aus über die Welt, über die erzählt wird, in jedem Fall aber etwas über das Weltbild Jean Pauls.

Jedes Literaturwerk ist eine Art Glaubensbekenntnis seines Verfassers. Welche Dinge er gestaltet, wie er sie sieht und beurteilt, zeigt direkt oder indirekt, welche Anschauung er von ihnen hat. Jean Paul neigt in dieser Hinsicht zu Direktheiten. Der Überzeugungskraft seiner Fabeln traut er wenig und kommt deshalb ohne Kommentare nicht aus. Neben die Romanwelt, die sich durch Handlung be- oder verurteilt, tritt immer die Be- oder Verurteilung durch den Verfasser. Das ist kein Mangel – das ist seine Methode. Anstelle von Klarheit tritt Fülle und Vielfalt. Beständig ist immer der Wechsel, besonders der zwischen Gefühl und Verstand, zwischen Wärme und Kälte. Jean Paul hat das selbst einmal mit einem Dampfbad verglichen, auf das der kalte Wasserguß folgt: das kräftigt und härtet ab. In dieser Technik ist er ein Virtuose, ein Enzyklopädist auch der Form. Aus der Enge der deutschen Wirklichkeit bricht er so aus ins Universale; so auch kann er seine Konfessionen unterbringen. Auf sentimentale Behaglichkeit folgt oft die Satire. Die idyllenartige Geschichte des Wutz hängt er an den Roman »Die unsichtbare Loge« an, in dem revolutionäre Stimmung herrscht. Den »Quintus Fixlein« veröffentlicht er deshalb zusammen mit ganz andersartigen Arbeiten, von denen der »Rektor Fälbel« die wichtigste ist: als der Gegenpol zum »Fixlein« nämlich. Wird hier ein Schulmeister mit wohlwollend-mitleidiger Ironie betrachtet, so dort satirisch. Es ist, als habe Jean Paul das Mißverständnis vorhergesehen, dem seine Erzählungen aus deutscher Kleinwelt später ausgesetzt waren. Denn daß die genaue, verständnisvolle Schilderung der erbärmlichen Zustände im feudalregierten Deutschland seiner Zeit eine Versöhnung mit ihnen bedeutet, ist ein

Mißverständnis, das nur aufrechterhalten werden kann, wenn man die bitteren Satiren, die Romane mit ihren Utopien von neuen Gesellschaftsformen und die sozialen, Fortschritt und Geistesfreiheit fordernden, politischen Schriften willentlich übersieht. Der Blick auf das Riesenwerk dieses von manischem Schreibfleiß Besessenen zeigt einen Schriftsteller, der (geistig von der Aufklärung, politisch von der Französischen Revolution bestimmt) immer daraufhin arbeitet, das Wohl des Menschen zu verbessern. Elend, Unterdrückung, Rechtlosigkeit, Adelswillkür, Nationalismus, Krieg und geistige Knebelung bekämpft er, bürgerliche Tugenden sind ihm heilig, Höflinge verhaßt, und auch sein unkirchliches Christentum folgt humanistischen Antrieben: In inneren Kämpfen hat er sich zu der Meinung durchgerungen, daß der Glaube an Gott und die Unsterblichkeit zum Glück des Menschen nötig sind.
Wie kaum ein anderer Schriftsteller seiner Zeit war er ganz auf Gegenwart eingeschworen. Weder die klassische Hinwendung zur Antike noch die romantische Flucht ins Mittelalter macht er mit. (Die »Geschichte meiner Vorrede zur zweiten Auflage des Quintus Fixlein« ist seine Absage an Klassik und Frühromantik). Er versucht immer wieder, das rückständige, zerrissene Deutschland mit seinen verschuldeten Zwergfürsten und hungernden Schulmeistern zu gestalten. Kein Wunder, daß auch sein Werk, weitab von klassischer Klarheit, Zerrissenheit aufweist und an Skurrilitäten nicht arm ist. Den Zuständen, die er bekämpft, bleibt er verhaftet.

4

Der auf Lesefreuden mit Jean Paul begierige Leser muß versuchen, alle durch Lektüre anderer Art antrainierten Vorurteile abzulegen. Er muß auf Überraschungen gefaßt sein. Sollte er gewußt haben, wie ein Roman und eine Erzählung gebaut zu sein haben, tut er gut daran, es zu vergessen. Er muß offen sein für das, was Jean Paul mit ihm vorhat. Die verschlungenen Pfade, auf die der Erzähler ihn führen wird, darf er nicht als Umwege betrachten. Er darf nicht auf ein Handlungsziel hin lesen; die Enttäuschung kann sonst groß sein: drei Romane blieben Fragment. Der Weg schon muß ihm Ziel sein.

Jedes Buch Jean Pauls fängt mit einer Vorrede an (manchmal sind es auch zwei oder drei), in der man wenig über das folgende Werk und viel über den Autor erfährt. Der Leser sollte sie nicht überschlagen, weil sie immer amüsant ist, oft den Charakter eines selbständigen Werkchens hat und weil er an ihr merkt, ob er überhaupt ein Jean-Paul-Leser werden kann oder nicht. Hat er nicht Zeit und Geduld genug für die Vorrede, bewältigt er das übrige auch nicht. Denn viel anders wird es nicht, obwohl die Anfänge, die oft kühn in eine Szene hineinspringen, es manchmal zu versprechen scheinen.

Sagt zum Beispiel der erste Satz des »Quintus Fixlein« in deutlichem Bilde, daß der Schulmeister Ferien hat, so führt doch der zweite (und längere) schon auf leichte Abwege, auf Feriengedanken nämlich, die nicht der Titelheld, sondern der Autor hat und komisch auszudrücken versteht: Er »möchte noch den Totenkopf des guten Mannes streicheln, der die Hundsferien erfand«. Weil also der Verfasser Ferien liebt und das sagen muß, erfährt der Leser erst im nächsten Absatz, was Fixlein in den seinen vorhat. Und doch bietet der Abweg mehr als Verfassermeinung und witzige Wendung: die Sach-Mitteilung nämlich, daß die Lehrer, um die es hier geht, »gekrümmt« leben und nur in den Ferien den aufrechten Gang des Menschen haben. Diese zwei ersten Sätze enthalten in Kleinformat schon viel von dem, was den Leser später erwartet: die oft treffenden, oft witzigen, manchmal weithergeholten, übergelehrten Vergleiche und Bilder, das Dazwischenreden, die Abschweifung. Kommt der Leser dann auf der nächsten Seite bis zu der Stelle, wo der Autor seinen Helden anredet und den Leser (nein, bezeichnenderweise die Leserin) in seine Geschichte einbezieht, so ist er schon eingeweiht in die wesentlichsten Schönheiten und Schwierigkeiten dieser Lektüre. Er hat Brosamen von Naturschilderungen gekostet, von denen ihm später noch ganze Bortkörbe voll geboten werden; er kennt Zeit und Ort der Handlung und ein wenig auch die Personen, die er später noch so genau kennenlernen wird wie ihre Lebensumstände, denen sie ihre kleinen Freuden nur abtrotzen können, weil sie sie in ihrer Erbärmlichkeit nicht durchschauen; er hat schon gelernt, die Information auch unter Bilderschmuck zu erkennen – und er hat seine Schwierigkeiten mit Fremdwörtern und ungewohnten Begriffen gehabt. Er weiß also schon, was Johann Peter Hebel meinte, als er Jean Pauls Schriften mit der Ananas verglich, die »auswendig lauter Diestel und Dorn« habe, in deren »süßes inneres Leben« einzudringen sich aber doch lohne. Er ahnt, daß er Ruhe braucht, manches mehrmals lesen muß, um zu begreifen, und er wird bald erfahren, daß er oft einer Art Verfremdung ausgesetzt werden wird, die ihn aus den schönsten Genüssen reißt und zum Nachdenken zwingt durch »Extraworte«, »Extrablätter«, »Extraseiten«, »Extrazeilen«, »Schalttage«, »Intelligenzblätter« oder »Beilagen«, die oft Wichtiges zum Zeitverständnis bieten, manchmal aber auch überschlagen werden dürfen.

Er darf überhaupt viel, der Leser, wenn er die Freundschaft, die ihm der Autor ständig anbietet, annimmt, der Subjektivität des Verfassers also die eigne konfrontiert, wohl oft mitlacht, mitweint, mitdenkt, manchmal aber auch sich weigert, Geschraubtheit Witz zu nennen, die Flut der geweinten Tränen durch eigne zu vermehren oder um Verständnis sich zu bemühen, wenn Spezialwissen auf abgelegenen Gebieten erforderlich wird, um Metaphernknäuel zu entwirren, in denen ein unverständliches Bild durch ein noch unverständlicheres erklärt werden soll. Er darf also denken: Dieses Einschiebsel hättest du dir ersparen können, Freund, ein Bild wäre genug gewesen, hier war der Wüstenweg etwas weit bis zur nächsten Oase! Statt müder Witze darf er des Autors Schrullen belächeln, ihm seine Eitelkeit vorwerfen, ihn auch (falls er ein Kenner der Literaturgeschichte ist) darauf hinweisen, daß hier ein Trick von Sterne, ein Motiv von Smolett, dort ein Gedankengang des verehrten Jean Jacques Rousseau benutzt wird. Das Vergnügen beeinträchtigt das nicht, die Vertrautheit kann es nur stärken. Die Gefahr, durch ständiges Hinaufblicken zum hehren Dichterfürsten Genickstarre zu bekommen, besteht bei dieser Lektüre nicht.

5

Um nun am Schluß in einen der vielen Jean-Paul-Töne zu fallen, möchte ich dem Leser gerne bekennen, was ich jetzt täte, wäre ich er. Den »Quintus Fixlein« würde ich mir besorgen. Nicht ins Regal, diesen Literatur-Gottesacker, wo die Bücher ruhen bis zum Jüngsten Tag, würde ich den stellen, sondern ihn auf den Nachttisch legen, zu den Neuerscheinungen, die noch zu lesen sind. Und wenn ich dann Freude einmal bitter nötig und Zeit dazu hätte, an einem Sonntag im November, der wie der Teufel immer mit Schmutz und Nebel kommt und geht, an einem regnerischen Urlaubstag, bei starkem Schneegestöber oder wenn die Grippe mich ins Bett treibt: dann würde ich mir ein gutes Abendbrot bereiten, den Ofen noch einmal heizen, den Fernsehapparat und das Radio ausschalten, Mitleid mit allen haben, die Partys oder Versammlungen besuchen müssen, und mir dieses Buch vornehmen – das übrigens beim zweiten Lesen, wie Kohl beim erneuten Aufwärmen, noch besser schmeckt. Zwei Lesezeichen (es können Zeitungsränder sein oder Fahrkarten, aber keine Wurstpellen – die machen häßliche Flecken – oder Bleistifte – die reißen den Buchblock auf), zwei Lesezeichen also würde ich mir bereitlegen: eins das zur Kennzeichnung der Seite dient, bis zu der ich gelangt bin, wenn ich telefonische Einladungen von Freunden absage oder wenn die gute-Nacht-sagenden Kinder stören oder ich mir ein Taschentuch holen muß, das andere aber, um mit einem Griff die Worterklärungen des Anhangs finden zu können, durch die ich (andere mögen wissender sein) manchen Satz erst richtig verstehe. Besonders viel Zeit würde ich mir für die Vorre-

den lassen, die beide ein Programm enthalten, eins fürs Leben die erste, eins für die Literatur die zweite, würde mich fragen, wo da im Spaß Ernst steckt, im Ernst Ironie, und würde besonders lange an der Stelle stocken, wo vom komischen und unvollkommenen Charakter Fixleins die Rede ist und vom Identifizierungsverlangen des Lesers, der einen ihm ähnlichen Buchhelden sucht, darunter aber immer einen überaus positiven versteht. Vielleicht würde ich in mir Leser selbst nachforschen, ob das richtig ist, sicher mir aber für das vergnügliche Wiederlesen der Erzählung merken, daß der Urheber des Fixlein diesen wohl mit Liebe, aber doch durchaus mit Abstand sieht und darstellt, obgleich der Held doch wiederum auch viel Persönliches von seinem Erzeuger mitbekommen hat. Und irgendwann unter dem Lesen und Lächeln würde in mir der Gedanke auftauchen, daß dieser Jean Paul, der seine Person mit soviel Selbstsicherheit in den Vordergrund rückt, sich diese subjektive Erzählweise auch leisten kann: nicht nur, weil er sie souverän beherrscht, sondern auch weil das so subjektiv Gebotene von objektivem Belang ist. Deshalb würde in mir auch die Lust auf anderes Jeanpaulsches wachsen, auf das »Schulmeisterlein Wutz«, das seine Familienähnlichkeit mit Fixlein nicht leugnen kann, auf den »Siebenkäs«, der die beiden durch Aktivität und Freiheitsdrang überragt, auf die »Flegeljahre«, die die schönste Ausprägung dieses Menschentyps bieten, dann aber auch auf den »Dr. Katzenberger« und, als die Hohe Schule des Jean-Paul-Lesens, auf den »Hesperus«, den »Titan« und den »Komet«.
Das alles also würde ich tun und denken und dabei dem seit 150 Jahren toten Verfasser danken – der übrigens mit bürgerlichem Namen Johann Paul Friedrich Richter hieß.

Dämmerungen für Deutschland
Jean Paul und die Politik

Das Reich existiert nicht mehr. Er hat sich nicht aufgelöst, es ist aufgelöst worden. Was vorher mal Deutschland war, ist geteilt. Obwohl die Elbe streckenweise nur Grenze ist, kann sie redensartlich als solche gelten. Ostelbien, das Kolonialland des Mittelalters, fiel wieder an östliche Einflüsse zurück. West-Elbien (ein Begriff, den es bezeichnenderweise nicht gibt) ist wieder wie zu Zeiten Karls des Großen, ein eindeutig westeuropäisches Land.

Hier und dort gibt es Besatzungstruppen, die mancherorts auch Verbündete heißen, aber das bleibt sich gleich. So lästig sie sind, arrangiert man sich doch mit ihnen und läßt sich, willig oder gezwungen, von ihnen bekehren: nicht religiös, aber innenpolitisch, ökonomisch, sozial. Außenpolitisch muß sowieso gehandelt werden, wie es die Siegermacht will. Die Grenze zwischen den Deutschen wird so zu einer der Wirtschaftsstrukturen, wobei zwischen West und Ost ein Gefälle besteht: rechtselbisch ist man ärmer und eingebundener, manche sagen geborgener dran; linkselbisch lebt man im Licht einer beginnenden Wirtschaftsliberalität (oder in deren Schatten), hier zählt das Gold, hier triumphiert die Technik – die Waffentechnik auch.

Gerüstet wird überall, teils offen, um den Gegner zu schrecken, teils geheim. Verträge, die Beschränkung der Bewaffnung vorsehen, werden durch Tricks umgangen.

Wie immer, wenn Krieg droht, wird nach außen Friedlichkeit demonstriert, während die Binnenpropaganda den künftigen Feind schon zu einem Monstrum macht, das nur zum Erschlagen taugt. Rettung scheinen Gipfelkonferenzen zu bringen, doch ist, da die Erwartung vorher so groß war, die Enttäuschung nach dem spektakulären Ereignis besonders tief. Das in Geheimklauseln enthaltene Wichtige erfährt man sowieso erst, wenn es nur noch den Historiker interessiert.

Die Rede ist hier, wie der Leser längst schon gemerkt haben wird, vom Jahre 1808. Um die Lage, wie sie damals sich darbot, vertrauter zu machen, wurde sie durch Weglassung etwas manipuliert. So wurde zum Beispiel verschwiegen, daß es sich bei der Besatzungsmacht hier und dort um nur eine, die französische, handelte und daß das Elbgrenzschema noch weniger stimmte als heut. Denn auch Sachsen und die thüringischen Kleinfürstentümer gehörten formal zum Westen und die zwei Mecklenburgs auch. Und doch ist das Gesamtbild nicht falsch. Denn auch innerhalb der napoleonischen Rheinbundstaaten nahm der Einfluß importierter Modernität nach Osten hin ab. Während die linksrheinischen Gebiete und das Königreich Westfalen ganz nach französischem Muster verwaltet wurden, also alle Privilegien abgeschafft und die Rechtsgleichheitsgesetze eingeführt wurden, ging in Sachsen und Mecklenburg alles noch seinen alten feudalistischen Gang. Wohl möglich, daß man im Rheinbund gern, wenn man sich selbst meinte, von Deutschland sprach: waren doch Preußen und Österreich, die nicht dazu gehörten, schon lange durch Erwerbungen außerdeutscher Gebiete nur in Teilen Mitglieder des alten Reichs.

Ein Ost-West-Gipfel-Treffen fand in diesem Jahr in Erfurt statt. Napoleon und der Zar versicherten sich hier, daß ihre ewige Freundschaft, die sie sich in Tilsit erst geschworen hatten, obwohl ein Jahr vergangen war, noch immer hielt. Die Stadt war prächtig ausgeschmückt, die Menge jubelte, und auf den Transparenten, die es damals auch schon gab, konnte man viel Lobendes über die beiden Herren Europas lesen. Zum Beispiel das:

»Gäb es *noch* einen Gottessohn,
So hieße er Napoleon!«

Einzig als Schmuck war auch ein ganzes Regiment von Rheinbundfürsten mitgekommen; in der französischen Tragödie abends füllten die deutschen Grafen, Herzöge und Könige bescheiden das Parkett.

Die beiden Kaiser feilschten miteinander um die Einflußsphären. Napoleon, der mit Spanien unvermutet ernste Schwierigkeiten hatte und deshalb im Osten Ruhe brauchte, gab den Zarenwünschen, die auf die Türkei und Finnland zielten, nach und handelte sich dafür das Versprechen ein, daß Rußland Preußen und auch Österreich ruhig halten würde, bis er jenseits der Pyrenäen Sieger sei. Am Rand der Konferenz, beim Morgenfrühstück, schrieb er sich auch noch in die deutsche Literaturgeschichte ein, indem er Goethe zur Audienz empfing, den Sechzigjährigen nach seinem Alter und nach seinen Kindern fragte, Gescheites über »Werthers Leiden« (das er angeblich siebenmal gelesen hatte) von sich gab und schließlich noch ein Wort für den Zitatenschatz von Büchmann sagte: Was soll uns heute Schicksal? Das Schicksal ist die Politik.

Mit Goethe (und wenig später, nach einer Jagd im Buchenwald am Ettersberg bei Weimar, mit dem alten Wieland auch) zu sprechen, war geschickte Politik. Nicht Goethe nur, die halbe Bildungswelt von Deutschland fühlte sich dadurch geehrt – die andere Hälfte aber, vorwiegend die in Preußen, war empört. Daß Goethe den ihm von Napoleon verliehenen Orden annahm und auch trug, verziehen ihm die Patrioten nie. »Ohne das Legionskreuz geht Goethe niemals, und von dem, durch den er es hat, pflegt er immer Mein Kaiser zu sagen«, schreibt Humboldt 1809 verärgert an seine Frau.

Ähnliche Sorgen machte man sich in Berlin auch um Jean Paul, der in Bayreuth, also auch im Rheinbund, lebte. Varnhagen, der ihn im Oktober 1808 besuchte, war erstaunt, ihn »tapfer« und sogar auch »deutsch bis in die kleinste Faser hinein« zu finden, »kurz, tausendmal besser als seine Friedenspredigt, über die wir uns in Berlin geärgert hatten«, – was verständlich ist, denn das nach der preußischen Niederlage ausbrechende Revanchegeschrei machte Jean Paul nicht mit. Mit ruhiger Stimme sozusagen hielt er seine »Friedenspredigt«, die im Frühjahr 1808 erschien, und auch die »Dämmerungen für Deutschland«, an denen er im gleichen Jahre schrieb, waren von Rachegefühlen frei. So wie er vorher Bücher über die Ästhetik, die Erziehung, die Zensur (die er in jeder Form verdammte) geschrieben hatte, schrieb er nun über die Lage der Nation: das heißt, nicht als Politiker oder als Philosoph, sondern als Dichter – was in seinem Fall bedeutet: unsystematisch, liebenswürdig, manchmal dunkel, weil sehr bilderreich, den Metaphern oftmals mehr vertrauend als den Argumenten, witzig und gefühlsbeladen und gedankenreich – nur muß man die Gedanken oft sich mühsam aus dem Wust der Bilder klauben – (was, Klammer auf zu einem *Extrablatt*, dazu geführt hat, daß politisch wirksamere Autoren sich solche rohen Gedankenedelsteine von Jean Paul entliehen und sie so glänzend schleiften, daß sie noch heute zu bewundern sind: Büchner beispielsweise, der sich aus dem »Hesperus«, der einer Diamantengrube, also einem Gemenge aus Geröll und Edelsteinen, gleicht, das Material zu seinem »Hessischen Landboten« holte, oder auch Heine, der aus dem Halbsatz der »Friedenspredigt«: »so wie die Franzosen die Herren des Landes sind, die Engländer die des größern Meeres, wir die der beide und alles umfassenden Luft sind ...« den Vers machte:

»Franzosen und Russen gehört das Land,
Das Meer gehört den Briten,
Wir aber besitzen im Luftreich des Traums
Die Herrschaft unbestritten,«

und damit den Jean-Paulschen Gedanken, der anders gemeint war – worauf wir noch zurückkommen werden – ins Satirische kehrte. Klammer zu.)

Verlorene Kriege regen mehr als Siege zur inneren Einkehr an; die Niederlage bringt, wenn auch für kurze Zeit oft nur, moralischen Gewinn. Während der Sieger sich in dem, was er ist, bestätigt fühlt, stellt der Verlierer (und sei es nur, um Schuldige zu finden) sich in Frage.

So war es damals auch. Kaum waren die Franzosen in Berlin, begann die Diskussion darüber, wie das möglich war. Die Publizistik und in bescheidenerem Maße auch die Dichtung, die aktuell-politisch war, hatten sich in Deutschland in dem Jahrzehnt zuvor, als Folge der Revolution in Frankreich, kräftig schon entwickelt, jetzt, nach den Niederlagen Österreichs (1805) und Preußens (1806 und 1807) traten sie in eine Blütephase ein. Die Meinungsvielfalt war dabei viel größer, als die Geschichte für den Schulgebrauch des 19. und 20. Jahrhunderts es uns überliefert hat; denn diese war deutsch-preußisch-national gesinnt und ließ natürlich gerne aus, was ihr in das Konzept nicht paßte – auch Jean Paul, der zwar tatsächlich deutsch bis in die kleinste Faser war, doch nicht deutsch-romantisch-nationalistisch, sondern deutsch-aufgeklärt.

Um das geistige Umfeld, in dem er schrieb, zu charakterisieren, seien hier drei Schriften der Zeit zur Erinnerung vorgestellt. Daß diese heute berühmter als die Jean-Paulschen sind, besagt nicht, daß sie damals auch wirksamer waren. Die erste davon erblickte erst Jahre nach ihrer Entstehung das Licht der Öffentlichkeit, die zweite erschien in Schweden und war nur wenigen Deutschen bekannt, und die Wirkung der dritten, die man früher hoch anschlug, wird heute manchmal bestritten – Jean Paul aber kannte sie und hat sie sogar rezensiert: mit der Achtung, die sie verdient, aber mit Vorbehalten.

Nummer 1, ein Gedicht, entstand 1809, dem Jahr, in dem die »Dämmerungen« erschienen. Es heißt »Germania an ihre Kinder« und ist von Heinrich von Kleist, dessen Problematik hier nicht interessieren soll, wohl aber der Zeitgeist, dem er Ausdruck gibt. Da werden die Deutschen (in Erinnerung an den Teutoburger Wald als »unbesiegtes Marsenblut«, als »Enkel der Kohortenstürmer«, als »Römerüberwinderbrut« bezeichnet) von Oder, Elbe, Donau und Rhein, von der Ost- und Nordsee (und überraschenderweise auch vom »duftgen Mittelmeer«) her zu den Waffen gerufen und dazu aufgefordert, wie »ein uferloses Meer/Über diese Franken her« zu fallen, um ihnen, in der 5. Strophe, folgendes Schicksal zu bereiten:

»Alles, was ihr Fuß betreten,
Färbt mit ihren Knochen weiß,
Welchen Rab und Fuchs verschmähten,
Gebet ihn den Fischen preis,
Dämmt den Rhein mit ihren Leichen ...«

worauf dann mit dem berüchtigten Vierzeiler der Chor einfällt:

»Eine Jagdlust, wie wenn Schützen
Auf der Spur dem Wolfe sitzen!
Schlagt ihn tot! Das Weltgericht
Fragt euch nach den Gründen nicht.«

Das ist die Moral, die der Urheber unseres zweiten Beispiels, von dem Kleist sie hat, verkündet: Das Gesetz der Politik hat »seinen Grund und sein Gericht« in sich selbst. »Dieses Gesetz darf sich nie in den Begriff des Bürgergesetzes und der Bürgerrechtlichkeit verlaufen, ohne dem Herrscher alle Kraft und Kühnheit und seinem Tun alle Hoheit und Majestät zu nehmen. Sein Kreis ist unendlich weiter« – nämlich als die Moral.

Der »Geist der Zeit«, Band 2, aus dem eben zitiert wurde, erschien 1809 und enthielt Aufsätze, die 1806–1808 geschrieben wurden, darunter eine »Friedensrede« von 1807, die nach dem Friedensschluß von Tilsit erneut zum Kriege hetzte, und ein »Letztes Wort an die Deutschen«, das aber ein solches beileibe nicht blieb. Was Kleist seiner reimenden Germania in den Mund legte, wurde hier im Ton des Propheten in Prosa verkündet – und Jean Paul gab dem »Maulhelden«, wie er den Verfasser, nämlich Ernst Moritz Arndt, später einmal nannte, die Antwort darauf.

Arndt, der früh, einer kritischen Darstellung der Leibeigenschaft wegen, und nach 1815 als Vertreter des Einheitsgedankens und als Fürstenverächter in Schwierigkeiten geriet, war ein zorniger, tapferer und ehrlicher Mann, aber ein Teil des deutschen Verhängnisses auch. Daß Nationalisten aller Schattierungen, bis hin zu den Nationalsozialisten, sich immer wieder auf ihn beriefen, hatte durchaus seinen Grund. Die Mystifizierung des Begriffs Volk und die Verachtung der Aufklärung waren bei ihm genauso zu finden wie die Verspottung der Humanität als Schwäche, die Hochschätzung des Fanatismus, die Verherrlichung des Krieges, der großdeutsche Traum (der sich bei ihm auch noch auf die Schweiz und Holland erstreckte) und der Rassendünkel. Der Satz: »Von jeher lag der Keim des Großen und Guten im germanischen Volke, wie in einigen Völkerschaften der Keim des Gemeinen und Schlechten liegt«, stammt nicht von Adolf Hitler. »Freies Aug, fester Arm, kühnes Wort, freudiges Leben und frischen Tod, das will ich an Männern!« steht nicht im »Zarathustra«. »Es gibt tausend Dinge, die besser sind als das Leben«, sagte kein rüstungsbegeisterter Politiker unserer Tage: Das alles steht im »Geist der Zeit«, 2. Band.

In Fichtes »Reden an die deutsche Nation« (um zum letzten Beispiel zu kommen) wurde nicht, wie immer wieder behauptet wird, das Volk ans Gewehr gerufen: der durch die deutschen Niederlagen vom Weltbürger zum Nationalisten gewordene Philosoph, der ganz auf Kultur und Bildung setzte, lehnte den bewaffneten Kampf gegen die Besatzung sogar ausdrücklich ab. Er wollte Deutschland nicht durch Feldherrn, sondern durch Pädagogen retten und erträumte sich deshalb (fern von jeder politischen Realität) einen ständelosen, also das ganze Volk umfassenden, auf Zwangserziehung gegründeten, spartanisch-autoritären Staat. Da er von dem Wunder der Fernseh-Nation, die ohne Zwang jeden Abend zur Zentralschulung sich sammelt, noch nichts ahnte, glaubte er, um der Nationalerziehung willen, alle Kinder in Heimschulen sperren zu müssen, doch gab er das Ziel absoluter Manipulation uns schon vor: »Willst du etwas über den Menschen vermögen, so mußt du ihn also machen, daß er gar nicht anders wollen könne, als du willst, daß er wolle«, sagte er und hoffte, daß nach einem Vierteljahrhundert, wenn die erste Generation die Schulung durchlaufen hatte, sein Staat – vorausgesetzt, daß er ein deutscher war – schon erblühte.

Daß einzig die Deutschen zu solcher Idealleistung fähig sind, begründete er so abstrus, daß man es lächerlich finden könnte, hätte das Ergebnis, zu dem er kam, nicht Schule gemacht: Unter den Germanen (andere kommen als Anwärter für den ersten Platz nicht in Frage) sind die Deutschen (zu denen er großzügig auch die skandinavischen Völker schlägt) die einzigen, die ihre ursprünglichen Wohnsitze nie verließen und ihre ursprüngliche Sprache, im Unterschied zu allen andern, nie mit der lateinischen vermischten, weshalb sie sprachlich, und das heißt auch geistig, noch lebendig sind. Das tote Römisch nämlich, dem die anderen Sprachen sich unterwarfen, tötet jedes schöpferische Denken ab, so daß Kultur und Politik des Auslands stets mechanisch, nachempfindend und gemütlos bleiben müssen, und nur das Urvolk, Stammvolk auch genannt, das deutsche, wahren Fortschritts fähig blieb.

Was daraus folgt, wird dann am Schluß der Reden, die in Berlin im Winter 1807/8 als Universitäts-Kolleg tatsächlich auch gehalten wurden, deutlich ausgesprochen: »Ist

in dem, was in diesen Reden dargelegt worden, Wahrheit, so seid unter allen neuern Völkern ihr es, in denen der Keim der menschlichen Vervollkommnung am entschiedensten liegt und denen der Fortschritt in der Entwicklung desselben aufgetragen ist. Geht ihr in dieser eurer Wesenheit zu Grunde, so geht mit euch zugleich alle Hoffnung des gesamten Menschengeschlechts auf Rettung aus der Tiefe seiner Übel zu Grunde ... Wenn ihr versinkt, so versinkt die Menschheit mit, ohne Hoffnung einer möglichen Wiederherstellung,« –
worauf Jean Paul in seiner Rezension, in der er alles Inhaltliche tadelte, jedoch (wahrscheinlich weil der Zensor sich an Fichtes Text vergriffen hatte) das Ganze, der tapferen Haltung wegen, lobt, die Antwort gibt: »Es wäre ebenso schlimm für die Erde, wenn es lauter Deutsche, als wenn es keine gäbe, und kein Volk ersetzt das andere.« Aber Jean Paul wurde ja, vor allem als politisch Urteilender, vergessen, und von Fichte blieb nicht das, wie auch immer geartete, Demokratische im Gedächtnis der Nation, sondern die Selbsterhebung deutschen Wesens, an dem die Welt genesen sollte – (was nicht etwa ein Zitat von Fichte ist, sondern ein viel späteres von Emanuel Geibel, der nicht nur »Der Mai ist gekommen, die Bäume schlagen aus« gedichtet hat, sondern 1861 auch das Gedicht »Deutschlands Beruf«, in dem er den (natürlich von Franzosen und Russen ausgehenden) Unfrieden in Europa beklagt, die Deutschen anfangs fragt:

»Oder wollt ihr mit den Waffen
Endlich Rast und Frieden schaffen?«

dazu ein starkes Herz Europas mit einem mächtigen Kaiser an der Spitze für nötig hält, um mit der siebenten Strophe dann so zu schließen:

»Macht und Freiheit, Recht und Sitte,
Klarer Geist und scharfer Hieb,
Zügeln dann aus starker Mitte
Jeder Selbstsucht wilden Trieb.
Und es mag am deutschen Wesen
Einmal noch die Welt genesen –«

was dann wiederum 50 Jahre später Kaiser Wilhelm II. so gut gefiel, daß er es als Dichterwort in seine Reden flocht und sich damit lächerlich machte.)

Ein Symptom von Schwäche ist diese Selbstbeweihräucherung und Großmannssucht bei Staaten oder Völkern (wie wir auch heute an den Starken und den Superstarken sehen) nicht unbedingt, doch bei den Deutschen damals (1808) war es das. Weil man geschlagen war, durfte man sich nicht geschlagen geben; den Zuspruch, dessen man bedurfte, gab man sich in überreichem Maße selbst. Kraftlos am Boden liegend, redete man sich Kräfte ein, die um so riesenhafter wurden, je nötiger das Mutzusprechen war. Besonders bei den Preußen, die sich noch bis Oktober 1806 (von Friedrichs Nachruhm zehrend) unbesiegbar dünkten und die nun unter der Besatzung mehr als andere litten, war der Bedarf an neuem Selbstvertrauen groß. Man suchte nach Beweisen eigner Kraft und fand sie bei dem zweiten Friedrich und bei Luther, bei den Staufern, den Germanen, im rechtschaffenen, biederen deutschen Wesen, in der deutschen Einheit und nicht zuletzt in der (an die besiegten, teilweise auch aufgelösten Einzelstaaten nie gebundenen) deutschen Kunst. Aus dem Zusammenbruch des Kleinen rettete man sich in das Größere, in das Nationale, und da der Druck, unter dem die Wandlung stattfand, groß war, wurde gleich eine Übersteigerung daraus.

Das Hoffnungmachen und die Besinnung auf das Nationale findet sich auch bei Jean Paul. Was ihn von den Vorhergenannten unterscheidet, ist (neben Witz und Mangel an System) die seinem Denken innewohnende Humanität. Das nationale Elend bringt ihn nicht dazu, die aufgeklärten Positionen zu verlassen; seine Vernunft, die (das ist kein Widerspruch) religiös verwurzelt und gefühlvoll ist, hält allem Fanatismus und Irrationalismus stand. Während die anderen sich ereifern, denkt er ruhig, wenn auch manchmal sehr verschlungen, nach. Die »Friedenspredigt« predigt wirklich Frieden und nicht Haß; und die »Dämmerungen«, die zwar die Konturen einiger Gedanken sehr verschwimmen lassen, lichten sich in anderen Passagen doch zu hellem Morgenlicht.
Zum Beispiel im Kapitel 3, der »Kriegs-Erklärung gegen den Krieg«, das für mich das Hauptstück dieses Buches ist – weshalb ich auch, statt den nie gänzlich glückenden Versuch zu machen, das Ungeordnete, Zwielichtige und Widersprüchliche zu ordnen, den Geist des Ganzen aus diesem Kern heraus verständlich machen will.
»Ich sagte oft«, so beginnt Jean Paul die »Kriegserklärung« (und ich führe das hier an, um klarzumachen, wieviel Geduld man mit ihm haben muß): »Ich sagte oft, seitdem ich die seltsame Tatsache gelesen: ich wünschte, niemand trommelt hienieden weiter als in Bamberg der Professor Stephan aus seinem Ohre mit dem Hammer heraus, gesetzt auch, man hörte das wenigste. Aber leider ist der Bellona kaum das jetzt lebende Europa breit genug zur Sturmtrommel, und sie häutet Weltteil nach Weltteil ab, um die Haut über die Regimentstrommel zu spannen.«
Wenn man nun weiß, daß die Bellona, die hier die Trom-

mel rührt, die Kriegsgöttin der Römer ist und daß der Bamberger Professor Stephan, wie eine der vom Autor so geliebten Noten am Fuß der Seite sagt, »willkürlich mit dem Gehörknöchelchen, der Hammer genannt, so an sein Ohrentrommelfell schlagen kann, daß es auch andere vernehmen«, wie in »Voigts Physikalischem Magazin, Bd. 9, 6. Stück, S. 541« steht, so ist schon deutlich, was Jean Paul hier meint: Der Krieg, den er nicht mag, tobt leider nicht nur in Europa, sondern überall und macht die Länder arm.

Er sagt: *der* Krieg – nicht der Napoleons oder Englands, der des Kreml oder eines bösen Feinds: er meint den Krieg als solchen, und manchmal scheint es so, als nähme er ihn als Verhängnis, als Naturereignis hin, so wenn er anfangs sagt: »Gegen den Krieg (zu) schreiben ist allerdings so viel, als . . . harte Winter scharf (zu) rügen oder die Erbsünde«, oder wenn er die Menschheitsgeschichte, die vorwiegend Kriegsgeschichte ist, ein perpetuum mobile des Teufels nennt. Aber der Schein trügt; Jean Pauls Manie, Gedanken in Metaphern auszudrücken, führt hier irre. Denn daß die Kriege Menschenwerk und im Prinzip vermeidbar sind, weiß er genau. Vier Jahre vorher, in der »Levana«, seiner Erziehungslehre, hat er das schon ausgesprochen, und die »Friedenspredigt« und die »Dämmerungen« gehen ganz von der Erkenntnis aus, daß die Herrschenden die Kriege machen, die Beherrschten sie erleiden und nicht einzusehen ist, daß diese Ungerechtigkeit sich niemals ändern läßt. Der Krieg wird immer *gegen* das Volk, nie *für* es, obgleich *von* ihm geführt. Immer haben die Vielen die Kriegslast zu tragen und bekommen vom Fruchtkorb des Friedens, den sich die Wenigen teilen, nichts ab. Immer werden Leben und Gut der Menge in der Mord-Lotterie eingesetzt, und stets kommen für sie nur die Nieten heraus.

Diese, man kann fast sagen, subversive Sicht auf Staat und Krieg zeigt Jean Paul Friedrich Richter als den Mann der kleinen Leute (Anwalt der Armen wird ihn Börne später bei der Totenehrung nennen); sie zeigt ihn aber auch als einen, der im Aufklärungsdenken fest verwurzelt ist. Politisch ist dies Denken weltbürgerlich bestimmt. Zwar hat er, als Verehrer Herders, Nationales schätzen gelernt, doch gelten ihm dabei alle Nationen gleich, und Nationalstaatlichkeit ist ihm kein Dogma. Die Frage: »Was ist des Deutschen Vaterland?« wie Arndt mit der Behauptung: »Soweit die deutsche Zunge klingt!« zu beantworten, läge ihm fern. Ihm ist *die* Regierung die beste, die sozial die gerechteste und geistig die freieste ist. Dem alten Reich weint er nicht nach; Friedrich dem Einzigen, der kaum Deutsch sprach und wenn dann schlecht, gehört der letzten segensreichen Friedensjahrzehnte wegen seine mit Vorbehalten gemischte Verehrung, und über Napoleon macht er sich zeitweilig Illusionen, weil der mit dem Code civil die Bauern, die Gewerke, die Juden befreite – und die Untertanen der Zwergstaaten von ihren Kleindespoten auch. Der Gedanke, daß Deutsche Deutsche töten könnten (wie es dann, was immer vergessen wird, in den Befreiungskriegen geschieht) ist ihm nicht schrecklicher als das Morden anderer Nationen: jeder Krieg ist ihm Bürger- oder auch Bruderkrieg.

»Ich bin weder einseitig noch eingebildet genug, um mich mit aller Meinung für eine Partei zu entscheiden«, heißt es in den Vorarbeiten zur »Friedenspredigt«, und mit den Parteien sind die rheinbündisch-napoleonische und die preußisch-patriotische gemeint. Seine Partei ist die radikale des Friedens, und die ist beiden Seiten suspekt. Er aber will sich den »teilweisen Wahrheiten von allen Seiten« niemals verschließen, wie er (1806) in einem Brief an Jacobi erklärt, und darf deshalb sein Ich nicht zum »Tempel, Altar oder gar Repräsentanten der himmlischen Wahrheit« machen wollen – schon deshalb nicht, weil der an aufklärerischem Zweifel Geschulte weiß, wie sehr die Lage, in der sich jemand sozial und politisch befindet, mit sein Urteil bestimmt. Zwei Unparteiische, die sich grundsätzlich einig sind, so erklärt er 1808 dem Buchhändler Perthes die uns heute gewohnte und doch manchmal verstörende Sache, werden zu ganz verschiedenen Lagebeurteilungen kommen, wenn der eine in Frankfurt am Main, dem Sitz der Rheinbundsregierung, der andere in der damals noch freien Hansestadt Hamburg lebt.

Wie politische Ansicht die Sicht auf Tatsachen bestimmen kann, zeigt ein besonders augenfälliges Beispiel aus dem Umfeld Jean Pauls. Es geht dabei um die Besatzungsplage, die damals, da die Soldaten, woher sie auch kamen, Quartiere brauchten, fast jeden betraf. Die Greuel, die die Franzosen (die nach Ernst Moritz Arndt allesamt »wollüstig, räuberisch und grausam« waren) unter dem Satan Napoleon in Deutschland verübten, sind in jedem historischen Werk, jedem Schulgeschichtsbuch, jeder Ortschronik nachzulesen und können daher als bekannt vorausgesetzt werden; weniger publik aber ist, wie der Philosoph Hegel, der damals in Nürnberg lebte, die Sache sah. Was für Goethe »Mein Kaiser« war, war für ihn mehr, nämlich die »Weltseele«

zu Pferde, und wenn die später aus Deutschland vertrieben wurde, benutzte er das amtliche Wort Befreiung nur mit böser Ironie. Die preußischen Freiheitskrieger von 1813 waren folglich für ihn die »Befreiungsbestien«, die ärger als »Baschkiren und Tschuwaschen« hausten, und die Alliierten der Preußen, die Russen, die zwar, wie er zugeben muß, dreimal soviel wie die Franzosen für ihre Quartiere bezahlten, waren, des Stehlens und Branntweinsaufens wegen, auch dreimal so lästig – und trotzdem nahmen (nach Hegels Briefen) die Hausbesitzer doch lieber drei von ihnen zu sich ins Quartier als einen einzigen Deutschen, der freiwillig zu den antinapoleonischen Truppen gegangen war.
Daß Jean Paul sich bemüht, die Brille, durch die er die kriegsbedrohte Welt sieht, sich weder von dieser noch jener Macht einfärben zu lassen, scheint mir eine für Friedensfreunde beispielgebende Haltung zu sein. Er predigt Liebe statt Haß, aber nicht Liebesblindheit; denn er will fähig bleiben, auch auf der eignen Seite die Schatten der Bedrohung zu sehen. Der Forderung der Aufklärung: auch Politik muß moralisch sein! kann er nur dienen, wenn er sich geistig dem Machtsog entzieht.
Der Grundsatz vom Primat der Moral über die Politik, vom Bürgertum im 18. Jahrhundert aufgestellt, um die Willkürherrschaft des Absolutismus zu kontrollieren, von der antiaufklärerischen Romantik wieder in Frage gestellt (siehe obiges Zitat von Arndt, der den Herrscher vergöttlicht, die Moral als philisterhaft denunziert), ist für Jean Paul politisches Denken so selbstverständlich, daß alles, was in seinen Werken politisch ist, sich darauf bezieht. Schiller (nach Nietzsche der Moraltrompeter von Säckingen), den Jean Paul nicht mochte, ist ihm (den

Nietzsche das Verhängnis im Schlafrock nannte) in dieser Hinsicht doch verwandt. Was für Schiller die moralische Anstalt ist, ist für Jean Paul die Kanzel, auf der der Autor, als der »Stadtpfarrer des Universums«, steht und Moral predigt: den Fürsten sowohl als auch uns kleinen Leuten. Und wir sitzen in dem weiten Kirchenschiff der Welt und lauschen seiner Predigt, manchmal gespannt, oft interessiert, wir lachen über seine Witze (und ab und zu auch über ihn), wir stöhnen, wenn das künstliche Gewebe der Metaphern nicht mehr auflösbar erscheint, wir möchten manchmal wie seine Kunstfigur, der Schmelzle »Ich bin auch da, Herr Pfarrer!« rufen, wir gähnen, schlafen auch wohl ein, wenn über die Geschlechtsenthaltsamkeit (unter französischer Besatzung für die deutschen Frauen wohl ein besonderes Problem) gepredigt wird – und schrecken plötzlich auf, wenn das, was jeden Pazifisten (und insbesondere die Christen unter ihnen) heimlich quält, zur Sprache kommt: die von den Kirchenvätern bis zu Lenin immer wieder scheingelöste Problematik vom Gerechten Krieg.
Die Antwort, die der Friedensprediger uns auf diese Frage gibt, befriedigt nicht, und war doch wohl die einzig richtige, die es gab, bevor Atombewaffnung einen Schlußstrich unter diese Problematik zog. Er antwortet: Ja, aber ..., bezieht das Ja, ganz theoretisch, auf den konstruierten Fall, daß die Tartaren eine freie Republik, die Schweiz, versklaven wollen, und wendet sich dann schnell dem Aber und das heißt der Praxis zu: dem immer präventiv genannten Angriff, der die beste Defensive ist, und der, da er dem Angegriffenen nun das Recht auf Notwehr gibt, es damit selber hat und das Gerechte oder Ungerechte undurchschaubar macht.

»Wir erbärmlichen Menschen! Unsere Laster organisieren einander notwendiger ... als unsere Tugenden ...« klagt der Prediger und versinkt in Verzweiflung über die Menschheit – aus der er sich aber im nächsten Satz (den ich, weil er für Jean Paul so bezeichnend ist, zitieren will) wieder reißt. »Hinter der Brust- und Kopfwehr, wie die eines Kants ist, der den ewigen Frieden verfocht, den er jetzt selber genießt [Kant war 1804 gestorben], darf man schon behaupten, daß die Menschheit bei dem letzten [also dem Frieden], wenn nicht der Gott der Liebe zugleich der Gott des Mordes sein soll, einmal ankommen muß.«
Mit dem für Jean Paul Bezeichnenden meine ich hier nun nicht, daß er dem Spiel mit der Doppelbedeutung des Begriffs Ewiger Frieden (das Kant in der Vorrede zu seiner berühmten Schrift schon, aber besser, spielte) nicht widerstehen kann, sondern seine Art von Beweis. Mit Kant im Kopf und Gott im Herzen kann er behaupten: es muß Friede werden, denn sonst hätte ja Kant unrecht und Gott wäre nicht Gott. In ähnlicher Art ging er auch früher schon, als religiöse Zweifel ihn quälten, vor. In der »Rede des toten Christus vom Weltgebäude herab, daß kein Gott sei« wird die Existenz Gottes damit bewiesen, daß eine gottlose Welt unerträglich sei, und auch in dem geschichtsphilosophischen »Dämmerungs«-Kapitel, das »Über den Gott in der Geschichte und im Leben« heißt, dient die Hoffnung (auch Gott genannt) ihm zum Beweis, daß der Fortschritt zum Guten hin eintreten wird. Der Friede muß kommen, weil sonst die »Menschheit zur Unmenschheit« würde, ruft der predigende Poet beschwörend seinen Zuhörern zu und zieht, obwohl er die Welt voll Tod und Teufel sieht, sich selbst am eige-

nen Schopf der Hoffnung (oder auch der Gläubigkeit) aus dem Sumpf tatenloser Resignation heraus. »Verzweiflung,« heißt es in den »Dämmerungen«, »ist der einzige echte Atheismus«.

»Ich habe eine Idee, sagt Sokrates, und daran setz ich mein Lebens-Wohl und mein Leben selber, denn fremdes *darf* ich nicht. – Ich habe eine Idee, sagt der Eroberer, und daran setz ich die Völker, Dörfer und Städte und erfülle meine und feindliche Landeskinder mit Blutdurst . . .« – Das Staatsgefährdende an Jean Pauls Gedanken ist, daß sie sich auf das Rechtsempfinden und auf das Wohl des Individuums beziehen, daß er nicht bereit ist, dem Staat moralisches Recht über Leben und Tod des Einzelnen einzuräumen. Er polemisiert gegen Schellings Behauptung, daß der Eroberer fast göttliche Rechte habe, indem er auf das gleichgeartete Recht des Straßenräubers verweist. Als Unglück empfindet er es, daß bisher immer »zwei den Krieg beschlossen und Millionen ihn ausführen und ausstehen« mußten, »indes es besser, wenn auch nicht gut gewesen wäre, daß Millionen beschlossen hätten und zwei gestritten«. Aber den naheliegenden Schritt, die Millionen, die weder töten, noch getötet werden wollen, zur Verweigerung aufzurufen, macht er nicht. Während Ernst Moritz Arndt, der sich als Volkstribun sieht und damit im modernen Sinne politischer ist, sehr wohl auf den Fanatismus der Massen setzt, kommt Jean Paul nicht der Gedanke, daß seine Vision von den Millionen, die über Krieg und Frieden entscheiden können, von den Millionen selbst herbeigeführt werden kann. Wenn Fichte vorschlägt, das Gesamtvolk zur Schulung zu zwingen, setzt Jean Paul die Erziehung der Kronprinzenerzieher dagegen – was ganz im Geist des 18. Jahrhunderts ist, aber vielleicht doch nicht unrealistisch. Denn nach seiner Beobachtung lieben die Deutschen, im Gegensatz zu den Franzosen, ihr Vaterland nur im Umweg über die Liebe zu Fürstenhäusern – was ganz Heines späterer Charakterisierung der Befreiungskriege entspricht, die besagt: patriotisch entflammt wurden die Deutschen erst, als ihre Herren es ihnen befahlen.

Nur der Bildung traut Jean Paul Änderungen zu. In dieser Hinsicht macht er sich, wie die gesamte Aufklärung, Illusionen. Die Vernunft wird siegen, wenn die, die Politik machen oder beeinflussen, vernünftig sind – nicht zuletzt die dichtenden und geschichtsschreibenden Autoren, die dann nicht mehr (was ausführlich von ihm widerlegt wird) behaupten werden, daß der Friede die Völker verweichlicht, daß Feldherren wichtiger sind als Gelehrte und der Mut vor dem Feind höher zu schätzen ist als der vor dem Thron. Denn daß die kriegs- und heldenverherrlichenden Literaten Mitschuld an Kriegen tragen, ist Jean Paul, dessen Glauben an die Macht der Bücher nicht zu erschüttern ist, klar.

(Einzugestehen, daß er fünf Jahre später dann selbst von der nationalen Welle erfaßt wird und zum Kriegslob durch Verklärung des Heldentods beitragen wird, fällt dem Jean-Paul-Verehrer nicht leicht. Zwar ist der, eigentlich zum Trost für Mütter bestimmte, Aufsatz »Die Schönheit des Sterbens in der Blüte des Lebens« von 1813 nur fünf Seiten lang und mißraten und der angehängte »Traum von einem Schlachtfelde«, der in surrealistischen Bildern das Grauen des Krieges beschreibt, doppelt so umfangreich und erschütternd – aber zu entschuldigen ist die Verklärung des Sterbens im Krieg durch nichts, es sei denn, die

Süße, die er dem Vorgang zuschreibt, erfährt der Dichter, was selten geschieht, an sich selbst.)
Außer auf Gott und auf die Vernunft gründet Jean Pauls Hoffnung auf Frieden sich auch auf den technischen, besonders den waffentechnischen Fortschritt, und die Erfindung, die er zum Anlaß seiner erstaunlich genauen Vorausschau nimmt, erinnert mich immer an einen ganz anders gearteten Autor, der den Lesern sicher vertrauter ist als Jean Paul: Karl May. Man erinnere sich: Das Greenhorn, das später Old Shatterhand heißen wird, gerät in St. Louis in das Haus Mr. Henrys, des Büchsenmachers, der zu seiner Unüberwindlichkeit beiträgt, indem er ihm ein Gewehr, das 25mal hintereinander schießen kann, schenkt. Bei ihm, weiß der Erfinder, ist sein Stutzen in guten Händen, überall anderswo aber kann er das Unglück der Menschheit, speziell der Indianer, sein. Statt also mit Serien-Produktion Geld zu scheffeln, stellt der verantwortungsvolle Mann sie ein und hält die Erfindung geheim. Soweit das Märchen aus dem sächsischen Wilden Westen, anders, in Teilen realistischer, geht es zu bei Jean Paul.
Selbstlosigkeit von Waffenproduzenten kalkuliert er nicht ein; vielmehr ist seine Prophetie unausgesprochen auf ihre Selbstsucht gegründet. »Der Mechanikus Henri in Paris ...« (Hier merkt man, wie der Gedankensprung vom unpopulärsten unserer großen Autoren zum Volksschriftsteller entstand!) »Der Mechanikus Henri in Paris erfand ... Flinten, welche nach *einer* Ladung 14 Schüsse hintereinander geben; – welche Zeit wird hier dem Morden erspart und dem Leben genommen! – Und wer bürgt unter den unermeßlichen Entwicklungen der Chemie und Physik dagegen, daß nicht endlich eine Mordma-

schine erfunden werde, welche ... mit *einem* Schusse eine Schlacht liefert und schließt, so daß der Feind nur den zweiten tut, und so gegen Abend der Feldzug abgetan ist?« – was doch heißt, daß genau dort, bis wohin Jean Paul damals dachte, wir uns jetzt befinden, so daß seine Schlußfolgerung aus der von ihm so richtig prophezeiten Lage uns unsere nächste Zukunft benennt. Wie könnten wir aufatmen, glaubten wir ihm! Denn: »Der Krieg kommt endlich selber am Kriege um; seine Vervollkommnung wird seine Vernichtung ... Das Gift zerfrißt sein Gefäß ... Die stehenden Heere treiben einander zu gegenseitigen Vergrößerungen so weit hinauf, bis die Staatskörper unter der Strafe des Gewehrtragens erliegen und gemeinschaftlich ihre schwere Rüstung ausziehen ...« Und dann wird es »auf der kleinen Erde« nur noch *einen* Staat geben, und der »häßliche Widerstreit« zwischen Landesliebe und Menschenliebe, zwischen Moral und Politik wird zuende sein.
Ach, wie gern würden wir dieser Jean-Paulschen Verkündigung glauben, und, ach, wie wenig können wir es! Denn das, was er als Zukunft beschrieb und was wir als unsere Gegenwart nahmen, ist sie so ganz doch nicht. Setzt Jean Paul doch in seinem durch nichts zu erschütternden Optimismus nicht nur technisierte, sondern auch gesittete Völker und Herrscher voraus. Sein Glauben an das letztendlich Gute in der Geschichte (das ja auch Glauben im religiösen Sinne war), hatte immer den Gesamtfortschritt im Auge; die drohende Möglichkeit eines Auseinanderklaffens von technisch-wissenschaftlicher Perfektion und ethischer Primitivität sah er nicht. Ein Phänomen wie die Naziherrschaft in Deutschland, wo ein hochzivilisiertes Volk sich durch Irrationales

Geist und Gewissen verdunkeln ließ, dabei aber in der Technik (vor allem in der des Tötens, aber nicht nur in dieser) voran kam, ahnte er genau so wenig voraus, wie eine Menschheit, die Verfügungsgewalt über die Erde ausübt, aber nicht über sich selbst, und die damit das Licht des Fortschritts (eine Metapher, die, auch bei Jean Paul, immer wieder erscheint) verdunkelt oder gar auslöscht, indem sie im Fortschreiten nicht einhalten kann, auch nicht am Rande des eigenen Grabs.

Hoffnungen, die sich als irrig erweisen, pflegt man Illusionen zu nennen, und an ihnen war die Aufklärung tatsächlich reich. Doch ist bei der Anwendung dieses Begriffs stets Vorsicht geboten. Daß eine Hoffnung sich nicht erfüllte, heißt nicht, daß sie sich nicht noch erfüllen könnte, und wer fähig ist, dieses Noch-Nicht anstelle des Nicht zu denken, für den ist Hoffnung nicht Illusion, sondern Resignations-Abwehr, also innere Kraft – und noch mehr: nämlich der Maßstab, der an das, was ist und geschieht, gelegt werden kann, um es an dem, was sein soll, dem Humanen, zu messen.

Was wir hier, Jean Paul nachredend, Hoffnung nennen, was aber auch Ideal oder Utopie heißen könnte, ist, obwohl dem Faktischen oft entgegengesetzt, durchaus etwas Reales – und etwas Notwendiges auch. Denn nur das Wissen um das, was sein sollte, kann das, was ist, im doppelten Sinne richten, das heißt: es kann zu Gericht sitzen und es kann auch die Richtung zeigen, die richtige. So gesehen, heißt: die Hoffnung verlieren, tatsächlich alles verlieren. Wenn keiner mehr da ist, der dem Politiker, der anhand von Fakten beweist, daß in einer hungernden und waffenstarrenden Welt die Milch zu Viehfutter verarbeitet und die Massenvernichtungswaffen vermehrt werden müssen, sagen kann, daß damit Unrecht geschieht, ist der Weg zum guten Ende tatsächlich verbaut. Schlimm wäre es deshalb, Kants Mahnung »Zum ewigen Frieden« und Jean Pauls »Kriegserklärung gegen den Krieg« wirkten nicht in all den Zeiten, die sie scheinbar widerlegen, unterirdisch weiter, sondern würden, mit dem Etikett Illusionär versehen, endgültig zu den Akten gelegt.

Wirkliche Illusionen hat sich Jean Paul über vieles gemacht: über Napoleon zeitweilig, über die Lernfähigkeit der Fürsten, über die Folgen der Buchdruckerkunst und über die Macht der Bildung und Bücher; die Bedeutung, die der Nationalismus im 19. Jahrhundert haben sollte, hat er für zu gering gehalten und die der Intellektuellen für zu groß. Ob aber in den Gedanken, die er sich 1808 über das Fortbestehen der deutschen Nation gemacht hat, Richtiges war, läßt sich noch nicht entscheiden. Denn die deutsche Machtlosigkeit und Zerrissenheit (die er übrigens nur wenig beklagte) war ja einige Jahre später vorbei, sein Ausgangspunkt also in unserer Zeit erst wieder gegeben, und nun wird sich zeigen, ob das, was er für das Verbindende hielt, tatsächlich auch hält: die Kultur. Die Luft nämlich (in dem Satz, den ich oben zitierte), die alle Macht (die den andern gehört) umgibt (und die dem Heineschen Spott zum Luftreich des Traumes wurde), war für Jean Paul das Bild für den deutschen Geist: für die Musik, die Philosophie, die Literatur. Darin, nicht in politischer oder gar militärischer Macht, sah er, um mit Geibel zu sprechen, »Deutschlands Beruf«. Darin sah er auch seine Chance: In der Kultur sollte Deutschland seine Identität finden und auch erhalten; aufnehmend und gebend sollte Europas Mitte zum

Mittler werden, zu eignem Nutzen sowohl als auch zu dem der Welt. Nicht nur weil hier die Not zu Tugend gemacht wurde, lag dieser Gedanke nahe: War doch das große Jahrzehnt der deutschen Literatur, das gerade zu Ende war, auch das der ärgsten Ohnmacht des Reichs. Schiller hat in dem unausgeführten Gedicht »Deutsche Größe« ähnliches sagen wollen; Jean Paul sagt es nicht nur mit seinem Luft-Bild, sondern mit anderen auch und gegen Schluß der »Dämmerungen« so: »Ist das vaterländische Feuer erloschen ..., so holet es ... von der Sonne wieder, dem himmlischen Musengott.«
Man hat den politischen Schriften Jean Pauls Ungenauigkeit und Widersprüchlichkeit im Aktuell-Politischen vorgeworfen, mit Recht; man hat sie, dies Manko entschuldigend, metapolitisch, also über den Anlaß hinausweisend, genannt und damit durchaus was von dem, das sie auszeichnet, getroffen. Ob Jean Paul im Jahre 1808 pro- oder anti-napoleonisch, ob er monarchistisch oder republikanisch dachte, erfährt man aus ihnen nicht, wohl aber die Richtung, in die er zielte: auf eine humane Welt. Diese Zurückhaltung im aktuellen Bekennen mag in einer Zeit, in der die Zensur hier und dort rege war, zu einem Teil Vorsicht gewesen sein (heißt es doch schon im Vorwort zur »Friedenspredigt«: »Wer indes alles glaubt, was er sagt, der sagt darum nicht alles, was er glaubt.«), zum anderen Teil aber war es Vorsatz, um zu zeigen, daß das Aktuelle doch immer das Sekundäre ist und man *vor* der Entscheidung für das eine oder das andere wissen muß, wohin man will. Und das wußte Jean Paul genau. »Wer soll denn siegen? Deutschland, Frankreich, Europa?« fragt er und antwortet darauf: »Nur die Menschheit, und darauf arbeite alles hin!«

Statt das Elend der Aufklärung zu beklagen, sollten wir uns auf ihre ursprünglichen Ziele besinnen. Und nicht nur Schriftsteller sollten von einer Haltung lernen, die sich bei Jean Paul, wenn er über Sinn oder Unsinn von Friedenspredigten nachdenkt, so artikuliert: »Bliebe auch die Menschheit ... ewig auf dem Schlachtfeld und Kriegsfuß stehen, und hälfe keine Friedenspredigt zum ewigen Frieden: so würd ich sie gleichwohl halten ...«

Die Geschwister Tieck

Die Frauen

Die Frauen, die Ludwig Tiecks Leben dienend, liebend oder auch störend begleiteten, hießen: Anna Sophie Tieck, Sophie Tieck, Amalie Tieck, Dorothea Tieck, Agnes Tieck und Henriette Gräfin Finck von Finckenstein. Die erste, Tochter eines Dorfschmieds aus Jeserig bei Brandenburg und Frau eines Berliner Seilermeisters, war seine Mutter, die zweite, eine romantische Dichterin, die weniger durch ihre Werke als durch einen Eheskandal Berühmtheit erlangte, seine Schwester, die dritte, die beim Vorlesen Tieckscher Werke einzuschlafen pflegte, seine Frau, die vierte, deren Namen auf Titelblättern deutscher Shakespeare-Ausgaben zu finden ist, seine Tochter, die sechste 45 Jahre lang seine Geliebte – über die aber wenig bekannt ist, da die fünfte, die Agnes, die als Tiecks Tochter galt, es aber nicht war, die Familienehre dadurch zu retten glaubte, daß sie aus dem Nachlaß ihres angeblichen Vaters alles verbrannte, was sich auf sein Verhältnis zur Gräfin bezog.
Die Mutter starb, als Tieck schon berühmt und verheiratet war; die Schwester, immer bestrebt, andere an sich zu fesseln, ging, als ihr das beim Bruder Ludwig nicht gelang, ihren eignen Weg, der den seinen allerdings immerfort kreuzte; Agnes verheiratete sich. Dem Dichter treu bis zum Tod blieben nicht nur Amalie und Hen-

riette, sondern auch Dorothea, die Tochter, die er für seine Zwecke sorgfältig gebildet hatte, die ihr Leben, für ihn arbeitend und ihn verehrend, an seiner Seite verbrachte und mit 42 Jahren an den Masern starb.

Die Schwester

Sophies Unglück war, in Zeiten einer sich auflösenden Sozialordnung eine Frau zu sein. Für ihren Ausbruch in die Unsicherheit war sie nicht gerüstet; denn die Bildung, die der aufgeklärte Seilermeister Tieck seinen Söhnen zukommen ließ, wurde ihr verweigert. Während Ludwig, der ältere Bruder, das Gymnasium und die Universität besuchte und Friedrich, der jüngere, zum Bildhauer ausgebildet wurde, saß sie, die nicht weniger talentiert war, strickend und kochend zu Hause. Zwar lernte sie von den Brüdern, aber für die Künstlerkreise, in die sie durch diese geriet, genügte das nicht, und da ihre äußeren Reize nicht groß genug waren, um den inneren Mangel zu kompensieren, mußte sie sich stets unterlegen und zurückgesetzt fühlen, was ihrem Charakter nicht gut bekam. Das Bewußtsein, ihren starken Ehrgeiz nicht aus eignen Kräften befriedigen zu können, trieb sie dazu, sich die Gefühle, die andere für sie hatten, nutzbar zu machen. Wenn ihr Liebe und Freundschaft versagt blieben, spekulierte sie auf das Mitleid, und setzte so selbst ihre Krankheiten als Erfolgsmittel ein. Die schöne Souveränität anderer Frauen der Romantik (die stets aus gebildeten Kreisen stammten) sucht man bei ihr vergebens. In allen ihren Briefen wird geklagt, gebettelt oder gefordert. Immer fühlt sie sich bedroht, unglücklich, elend. Immer wird sie gehetzt: von ständigem Geldmangel, von der Angst, von den Männern alleingelassen und in die Verhältnisse, aus denen sie kam, zurückgeworfen zu werden, – und vom Willen zum Aufstieg. Ihre Reisen durch halb Europa sind Fluchten und Glücksjagden zugleich. Obwohl die Seilerstochter aus Berlin als Baronin und Gutsherrin endete, war es eine erfolglose Jagd.

Der erste Mann, an den Sophie sich klammert, ist ihr Bruder Ludwig. Die Liebe, die die Eltern, denen starke Autorität das beste Erziehungsmittel scheint, für sie nicht fühlen oder zumindest nicht zeigen, findet sie bei ihm. Sie nimmt an seinen ersten literarischen Versuchen teil und läßt sich selbst zu solchen anregen. An seiner Seite erforscht sie ihre Heimatstadt. Alle Bekannten, die sie hat, kennt sie durch ihn, doch weiß sie nichts mit ihnen anzufangen, wenn er nicht bei ihr ist. Sie vermißt ihn also sehr, wenn er mit 18 Jahren die Stadt verläßt, um erst in Halle, dann in Erlangen und Göttingen zu studieren. Die Briefe, die sie ihm schreibt, sind Liebesbriefe, die schon, wie alle späteren an andere Männer, auch Angst-, Droh- und Bettelbriefe sind. Sie mißtraut der Beständigkeit seiner Liebe, stellt sich vor, daß er ihre Briefe ungelesen beiseite legt, wirft ihm vor, daß er heiter sein kann, während sie leidet. Sein Versprechen, nach dem Studium mit ihr in Berlin zusammenzuleben, will sie ständig erneuert haben, andernfalls droht sie mit Krankheit oder Tod. »Als du abreistest,« schreibt sie in ihrer abenteuerlichen Rechtschreibung, die fast ohne Interpunktion auskommt, »verlor ich mit dir jede Gesellschaft mir blieb selbst nicht einmal ein Geschöpf mit dem ich hätte lustig sein können viel weniger das jemand einen kleinen Grad von Freundschaft für mich gehabt hätte. Ich wahr also ganz mir selbst gelaßen ich hatte keine Freude als einen Brief von dir. Ich zählte ängstlich jeden Tag bis zu deiner Ankunft ...«

Aber auch Unkontrolliertheiten, wie sie sie später manchmal passieren läßt, kommen jetzt schon vor. So steht in dem eben zitierten Brief (vom Oktober 1793), in Klagen über ihre Einsamkeit eingebettet, plötzlich der Satz: »Bernhardi besucht mich jetzt oft ich liebe ihn sehr er ist mein Freund er schreibt mir Briefe liest mir seine Schriften vor kurz wir bringen manchen Abend angenehm mit einander zu ...«

Bevor sie diesen Herrn Bernhardi, der Ludwigs Gymnasiallehrer ist, heiratet, unglücklich mit ihm wird, ihn verläßt und jahrelang einen Scheidungsprozeß gegen ihn führt, in den viele Dichter und Denker der Berliner Romantik verwickelt werden, wohnt und arbeitet sie tatsächlich mit dem Bruder in Berlin zusammen – nicht bei den Eltern im engen, dunklen Haus Roßstraße 1, direkt am Köllnischen Fischmarkt, wo sie beide geboren und aufgewachsen sind, sondern draußen im Norden, vor dem Rosenthaler Tor, auf dem ehemals Sparrschen, dann Millardschen, später Wollankschen Weinberg, an den heute der Weinbergsweg noch erinnert, wo aber auch schon zu jener Zeit lange kein Wein mehr wächst, sondern neben einem vielbesuchten Ausflugslokal von Gärten umgebene Landhäuser stehen. Mit dem Wagemut junger Leute werfen sie sich auf die Schriftstellerei; und da Ludwigs Produktivität groß ist, kann die Schwester, die wenig beitragen kann, mit davon leben – solange sie ihn an ihrer Seite zu halten vermag.

Die Schmerzen, Mißverständnisse und Streitereien, von

denen in späteren Briefen die Rede ist, und die Eifersucht, mit der die Schwester jeden selbständigen Schritt des Bruders verfolgt, machen Varnhagens Behauptung glaubhaft: Ludwig habe Sophie zu der Heirat überredet. Schwer wird ihm das, da Sophie ohne männliche Hilfe nicht existieren kann, nicht gefallen sein. 1799 wird sie Madame Bernhardi; 1801 sind schon die zwei Männer ständig bei ihr zu Gast, die das Schicksal ihres weiteren Lebens bestimmen werden: der Dichter und Kritiker August Wilhelm Schlegel, der von Jena gekommen ist, um vor bildungshungrigen Berlinern Vorlesungen über Kunst und Literatur zu halten, und der Baron von Knorring aus Estland, dem Bernhardi, um sein mageres Gehalt aufzubessern, Privatunterricht in Griechisch erteilt.

Die Ehe, die Sophie, nachdem sie ihr entronnen ist, als Hölle und Sklaverei bezeichnet, bietet, wenn die Schuld an ihrem Scheitern im Prozeß aufgerechnet wird, das für solche Fälle übliche Bild: Beide Ehepartner bezichtigen einander der Lieblosigkeit; das nie ausreichende Geld hat (nach ihm) sie verschwendet, (nach ihr) er vertrunken; sie hat die Ehe gebrochen, er dagegen die Frau vernachlässigt und Bordelle besucht; sie hat, statt ihm Strümpfe zu stricken, diese teuer gekauft, er aber hat ihr das Strikken befohlen, obwohl es der Arzt ihr verbot; statt durch Schriftstellerei nebenbei Geld zu verdienen, hat er die schriftstellernde Gattin dauernd gestört; sie hat die Kinder vernachlässigt, er hätte sie auch verhungern lassen, hätte die Frau sich nicht anderswo Geld besorgt: bei Schlegel vor allem, der von 1801 bis 1804 als Untermieter bei den Bernhardis wohnt.

Natürlich steht Sophies Ehebruch im Mittelpunkt des

Prozesses, und Freunde, die diesen durch Eid bestätigen oder bestreiten, gibt es auch. Ohne zu sagen, was er im Schlafzimmer Frau Bernhardis zu suchen hatte, sagt (nach Varnhagen) Fichte zum Beispiel aus, daß er dort bei unerwartetem Eintreten »den älteren Schlegel in sonderbarster Verfassung angetroffen« habe – eine Beschuldigung, die zur Folge hat, daß der Kritiker dem Philosophen einen sprachlich geschliffenen, vornehm gebändigten Beleidigungsbrief schreibt, dessen Entrüstung über die angebliche Falschaussage so echt wirkt, daß man die Lüge, die er insgesamt darstellt, nicht glaubte, gäbe es nicht die Klage-Briefe Sophies, die sie ihm, vom Ehemann unbemerkt, schreibt, wenn Schlegel Berlin kurzzeitig verläßt, um in Jena nach seiner Frau Caroline zu sehen, die schon bereit ist, sich Schellings wegen von ihm zu lösen.

Der Scheidungsprozeß findet aber erst Jahre später statt, wenn die Franzosen schon in Berlin sind, Sophie aber nicht mehr. 1804, kurz nachdem Schlegel der Madame de Staël in die Schweiz gefolgt ist, hat auch Madame Bernhardi mit ihren zwei Söhnen die Stadt verlassen. Mit Billigung ihres Mannes sucht sie in Liebenstein und in Weimar Erholung, kehrt aber, trotz aller Proteste Bernhardis, nie nach Berlin zurück: Die (nicht unbegründete) Angst, daß Bernhardi ihr mit Polizeigewalt die Kinder entreißen könnte, hält sie von Preußen fern. Von Knorring begleitet, vom Bruder Friedrich und vom Freund Schlegel aus der Ferne finanziell unterstützt, hält sie sich in Dresden, Teplitz und München auf und ist im Sommer 1805 in Rom, wo sie zwei Jahre bleibt, in der Hoffnung auf päpstlichen Schutz für ihre Kinder katholisch wird, ihre Brüder nachkommen läßt, in höchsten

Kreisen verkehrt und in einem Palazzo wohnt. Sie hat (genau wie Ludwig, der völlig mittellos ankommt und große Ansprüche hat) die Fähigkeit, mit fremdem Geld auf großem Fuße zu leben, ohne sich viel Gedanken darüber zu machen, wie das Geborgte zurückgezahlt werden kann. Gläubiger, die nicht zu begütigen sind, werden an Knorring verwiesen. Der hat zwar mehr Geld als die Geschwister, aber doch nicht genug, um die drei aushalten zu können, weil der Vater in Estland, der die Brautwahl des Sohnes nicht billigt, schlecht zahlt. Immer wenn in den kommenden fünf Jahren von Geld die Rede ist, ist von Knorring die Rede, der die rettende große Summe erwartet; aber die kommt nie. Wenn Knorrings Vater nicht schuld daran ist, ist es ein betrügerischer Verwalter oder die Bank oder die Kriegslage, die den Rubel (Estland gehört zu Rußland) fast wertlos macht. Wenn Bruder Friedrich dann mit seiner Bildhauerei nichts verdient, ist letzte Rettung immer wieder Schlegel. Obwohl Sophies Bitten oft Forderungen gleichen (»... damit nicht Knorring wieder alles allein bezahlen muß«), ist seine Güte, trotz eigner Knappheit, unendlich. Anzunehmen ist, daß er Sophies zweiten Sohn, Felix Theodor, für seinen hält.

Aber nicht nur mit Geld hilft Schlegel ihr. Jede Gedichtzeile, die sie schreibt, geht durch seine korrigierenden Hände. Er sucht Verleger für sie, tritt mit seinem erfolgfördernden Namen als ihr Herausgeber auf. Für ein Stück über »Rudolpf von Hapsburg«, das sie der Erzherzogin von Österreich, mit der sie in Rom verkehrt, schreiben will, soll er ihr den Stoff aufbereiten. Und als dann böse Zungen der deutschen Künstlerkolonie in Rom das Gerücht verbreiten, sie sei gar keine vornehme

Dame, sondern käme aus den »Hefen des Pöbels«, fordert sie Schlegel auf, Aufsätze für italienische Zeitungen zu schreiben, aus denen hervorgehe, daß sie »eine bekante deutsche Poetin« sei, die sich der »Gesundheit wegen in Italien aufhielte, und daß gewiß jeder von den Deutschen welcher sich für die schöne Litteratur interessire, wünschen müsse, daß mir das milde Clima heilsam wäre, weil man viele vortreffliche Werke alsdan von mir erwarten dürfte ... Vorzüglich muß darin liegen daß mich ganz Deutschland kent, so schlagen Sie auf einmal alle diese niedrige Klätschereien nieder ...« – was wichtig für sie ist, damit nicht auch die letzten Kreditquellen sich ihr verstopfen.

Aber größer als die Sorge ums Geld ist die Angst um die Kinder. Um die vor allem geht es in dem Berliner Prozeß. Bernhardi hat Sophie des Kindesraubs angeklagt, und da er das Gesetz auf seiner Seite hat, muß sie den Zugriff preußischer Behörden auch im Ausland befürchten. Die Angst treibt sie von Ort zu Ort: von Rom nach Florenz, von dort nach München und Wien. Als sie hier von dem nahen Ende des Prozesses und den Bemühungen Bernhardis, sich der Kinder zu bemächtigen, erfährt, flieht sie sofort nach München zurück, wo aber das, was sie seit Jahren befürchtet hat, sie wirklich ereilt.

An einem Dezembermorgen des Jahres 1808 (Knorring ist gerade wieder auf Reisen, um Geld zu besorgen, aber Ludwig ist da) dringt unerwartet, während sie noch im Bett liegt, Bernhardi mit dem Münchner Polizeidirektor bei ihr ein und fordert die Kinder zurück. Als sie sich weigert und Ludwigs Bittgänge bei der Bayerischen Regierung erfolglos bleiben, wird das Haus von Polizei umstellt. Sophies Flehen rührt Bernhardi. Er läßt sich mit

ihr auf Verhandlungen ein. Tagelang streiten sie sich und beschuldigen einander, dann kommt es zu einem Vergleich. Während Felix Theodor bei der Mutter bleibt, reist Bernhardi am Weihnachtstag mit dem neunjährigen Wilhelm, dem älteren Sohn, ab. Die Aufregungen machen Schwester und Bruder krank. Ihr Zusammenleben auf Pump (in einer prächtigen Wohnung mit vier Bedienten) wird unerträglich, weil jeder den andern tyrannisieren will. Wenn der gichtgeplagte Bruder anderthalb Jahre später München verläßt, ist die Haßliebe, die die beiden immer wieder zueinander trieb, endgültig zur Abneigung geworden. Ihre Verbindung reißt bald ganz ab. Wenn einer in Briefen an Dritte den andern erwähnt, weiß er nur Schlechtes zu sagen.
Als Knorrings Vater nach langem Zögern doch seine Einwilligung zur Heirat gibt, wird Sophie 1810 endlich Baronin. Ihr Wunsch, in Rom ein Haus zu kaufen und dort zu wohnen, scheint in Erfüllung zu gehen. Da aber erkrankt ihr Schwiegervater, und der Sohn muß, für Monate nur, nach Estland, um die Verwaltung der Ländereien zu ordnen – aber es werden Jahre daraus. Bis 1812 wartet Sophie noch in München; als aber im Frühjahr Napoleon seine halbe Million Soldaten an die russische Grenze führt und der drohende Krieg eine endgültige Trennung befürchten läßt, macht sie sich im April hastig zu ihrem Mann auf den Weg, im eignen Reisewagen, dem auf den Stationen Postpferde vorgespannt werden. Außer Sophie und ihrem Sohn Felix Theodor sind an der Reise noch eine Zofe, ein Diener und ein polnischer Kohlenbrenner, der auf dem Gut Arrokül gebraucht wird, beteiligt.
Erst geht es über Regensburg nach Prag, dann müssen

sie, weil die kurze Strecke über Breslau und Warschau durch Truppenbewegungen blockiert wird, den Umweg über Galizien machen. Ungehindert überschreiten sie mit dem russischen Paß der Baronin bei Brody die Grenze, kommen dann aber schwer nur voran, da Postpferde hier ausschließlich Militärs zur Verfügung stehen. Ein russischer Kutscher, der für Österreich bestimmte Waren, die der Kontinentalsperre wegen in baltischen Häfen entladen werden, nach Brody fährt, nimmt sie schließlich auf seinem leeren Wagen über Pinsk, Lipno und Wilna nach Riga mit. Kurz vor Kriegsausbruch erreichen sie Dorpat, wo Knorring die neue Gutsherrin erwartet. Ein Ziel hat Sophie nun erreicht, aber eins, das sie nie wünschte. Ihre Klagen über seelische und körperliche Leiden setzen sich fort. Waren die Ursachen dafür sonst die Aufregungen und die Schlechtigkeit der Menschen, sind es nun das rauhe Klima und die Langeweile.
»Niemals war es die Absicht meiner Mutter gewesen, ihr eigentliches Leben in Estland zu verbringen oder dort heimisch zu werden,« schreibt der Sohn in seinen Erinnerungen. »Nach Deutschland und Italien, in ihre Welt, in die literarischen Kreise wollte sie ... sobald als möglich zurück. Man war nur hier um das Vermögen zu ordnen.« Das aber gelingt nie. Ein langer Winter nach dem andern vergeht in dem erzwungenen Abseits, unter durchaus nicht komfortablen Umständen. Da Knorring, noch immer der fehlenden Gelder wegen, viel unterwegs ist, ist sie am Abend oft ganz auf den Sohn angewiesen, der mit ihr Schach spielen und ihren Erinnerungen lauschen muß. Mit Erstaunen nimmt Felix Theodor, der sich später nur Theodor nennt, als er älter wird, wahr,

daß seine Mutter, die unter den Adligen als gelehrt gilt, weil sie glänzend zu reden versteht, nie systematisch gelernt, nur gut zugehört hat und selbst auf poetischem Gebiet, wo sie sich für kompetent hält, eigentlich unwissend ist. Auch die Langeweile des »geistigen Sibiriens«, in dem zu leben sie gezwungen ist, benutzt sie nicht zu Studien oder zur Verarbeitung ihrer Erlebnisse: Sie baut sich nur eine Phantasiewelt voll Glanz und Schönheit auf, in der sie gelebt haben will. Die Vorbereitung Theodors auf ein Leben in Deutschlands geistigen Kreisen besteht darin, daß ihm beigebracht wird, wie paradiesisch das ist.

Einmal noch (sie ist 45 Jahre alt) kann auch sie noch das Paradies betreten. Als Bernhardi, der beide Söhne im Testament bedacht hat, 1820 stirbt und Theodor seine Studien beginnen soll, nimmt Herr von Knorring, dem sich die Verwaltung seiner verschuldeten Güter immer mehr verwirrt, das zum Anlaß, seiner inzwischen wohlbeleibten Frau die Freude eines Aufenthalts in Deutschland zu machen. Mit Dienerschaft, im eignen Wagen, der, um Wohlhabenheit vorzutäuschen, von neun Pferden gezogen wird, fahren sie über Warschau und Breslau nach Dresden, wo das Wiedersehen mit den Brüdern enttäuschend ausfällt, und dann durch Franken nach Heidelberg, wo Theodor studieren soll und Sophie ihren älteren Sohn, Wilhelm, zum erstenmal nach zehn Jahren wiedersieht – und entsetzt von ihm ist. Daß »dies Geschöpf« mit seiner »verwahrloßten Gestalt« und seiner »verschrobenen Seele« mit ihr etwas gemeinsam habe, kommt ihr vor wie ein »ängstlicher Traum«. Als Wilhelm (der später übrigens Schriftsteller wird) nach Bonn geht, wo August Wilhelm Schlegel Professor ist, schreibt die Mutter dem Sohn, »mit soviel Schonung als möglich«, daß sie nichts mehr mit ihm zu tun haben wolle, dem alten Freund aber dies: »Ich bin überzeugt, daß Sie ihm raten werden meine Ruhe zu schonen und nicht durch übereilte Schritte sich selbst zu schaden. Sie können nicht denken wie unglaublich schmerzlich es mir sein würde wenn er auf den unglücklichen Gedanken käme mich hier besuchen zu wollen.«

Erst sieht es so aus, als sei der Aufenthalt in Deutschland auf Dauer geplant; nach kurzer Zeit aber ist das Geld schon alle. In höchster Not werden die Pferde verkauft, dann muß, mit größeren Summen als er hat, wieder Bruder Friedrich helfen, und schließlich geht es nach Estland zurück. Dort warten zwar auch nur Schulden, aber man kann ohne Sorge um das tägliche Brot leben. »Wir können nicht hoffen,« schreibt sie im Mai 1822, kurz vor der Abreise, an Schlegel, »vor künftigen Frühling wieder hier zu sein, und ich bin gezwungen wieder einen Winter in dieser rauhen Gegend getrent von allem was mir Freude machen könnte hinzubringen«; dann aber wollen sie endlich einen »gemeinschaftlichen Lebensplan verabreden«. Noch im Januar nächsten Jahres ist von einer Reise nach Bonn die Rede und in einem Brief an den Bruder Friedrich vom Jahre 1826 von einer nach Berlin. Aber es kommt nie dazu. 1833 stirbt Sophie in Estland – »in Bekümmernissen«, wie der Bruder Friedrich an Schlegel schreibt.

Schriftstellerisch hat sie in den letzten heimwehkranken Jahren mehr gearbeitet als zuvor: Ihr nachgelassener Roman »Evremont« hat weit über tausend Seiten. Darin träumte sie sich, sentimental, aber ohne romantische Wunder, in deutsche Zustände zur Zeit der Befreiungskriege zurück. Auffallend ist, daß die weibliche Hauptgestalt, die sonst edel allen Bösen verzeiht, den Bruder, der das Unglück ihrer Jugend verschuldet hat, über dessen Tod hinaus mit unversöhnlichem Haß verfolgt. Ob Sophies Bruder Ludwig, der drei Jahre nach ihrem Tod den Roman herausgab, das bemerkt hat, sagt er in seiner Vorrede nicht.

Ludwig

Das Friedrichwerdersche Gymnasium, das Ludwig, der älteste der Geschwister, zehn Jahre lang besucht, und das sowohl durch die gediegene Bildung, die es ihm vermittelt, als durch die Freundschaften, die zu schließen es ihm ermöglicht, für ihn bedeutsam wird, ist eine ausgesprochen aufklärerische Anstalt. Gedike, ihr Leiter, ein Freund Nicolais, legt Wert darauf, daß hier eine Bildung vermittelt wird, die nicht nur künftigen Gelehrten, sondern Angehörigen aller Stände zugute kommt. So wird dem Handwerkersohn Tieck, dem Beamtensohn Wakkenroder und dem Adligen Wilhelm von Burgsdorff nicht nur wie auf älteren Gymnasien Griechisch, Latein, Französisch und Philosophie gelehrt, sondern auch Geschichte, Geographie, Mathematik, Anatomie und Physik. Die etwa 200 Schüler sind in fünf Klassen geteilt, doch ist dieses System insofern durchlässig gehalten, als es den Schülern erlaubt ist, in den Fächern, in denen sie besonders stark oder schwach sind, die Klassen zu wechseln, also höher oder tiefer zu gehen. Der Wahn, in Zensuren und Prüfungen das pädagogische Heil zu sehen, ist dagegen nicht weniger stark als heute. Ist die eine Prüfung vorbei, fängt die Angst vor der nächsten schon an.

Weit hat es Ludwig zur Schule nicht. Aus dem elterlichen Haus in der Roßstraße tretend braucht er nur den Köllnischen Fischmarkt zu überschreiten, durch Brüderstraße und Spreegasse den Schleusengraben zu erreichen, diesen auf der Jungfernbrücke zu überqueren, die Unterwasserstraße bis zu deren Ende nach rechts zu gehen, sich links zu halten – und schon ist er auf dem Werderschen Markt, wo gegenüber der turm-, glocken- und uhrlosen Werderschen Kirche (aber noch nicht der Schinkelschen) das Werdersche Rathaus steht, das Turm, Glocken und Uhr besitzt und unter diesen, im Obergeschoß, das Gymnasium beherbergt, in dem vormittags von acht bis elf oder zwölf und nachmittags von zwei bis vier oder fünf unterrichtet wird, während unten im Parterre die Gerichte tagen.

Auch andere Berliner Straßen werden für den Gymnasiasten wichtig: die vornehme Burgstraße, hinter Schloß und Spree, wo der Freund Wackenroder wohnt; die Behrenstraße, wo in einem Hinterhaus das Döbbelinsche Theater als erstes in Berlin deutsche Schauspiele aufführt; und die Friedrichstraße, wo das gastfreie Haus des Königlichen Kapellmeisters Johann Friedrich Reichardt (der der Stiefvater des Schulfreundes Wilhelm Hensler ist) bis 1790 einen Anziehungspunkt für künstlerisch interessierte Bürger der Stadt darstellt. Hier werden die Tieck-Geschwister mit der Musik vertraut und wirken an Liebhaberaufführungen mit; hier kommen sie mit Kreisen in Berührung, die Handwerkerkindern sonst verschlossen sind; hier lernt Ludwig Amalie, eine

Schwägerin Reichardts, kennen, die später seine Frau wird.

Wenn der belesene und schauspielernde Gymnasiast 1792 das Abitur (das seit vier Jahren in Preußen Vorbedingung für ein Universitätsstudium ist) ablegt und Berlin (das noch keine Universität hat) verläßt, um anderswo angeblich Theologie zu studieren, sind die Grundlagen für seinen späteren Lebensweg schon gelegt; mit Wackenroder, mit dem zusammen er als Begründer der Berliner Romantik in die Literaturgeschichte eingehen wird, ist er schon verbunden; Amalie, die ihm die hilfreiche Tochter Dorothea gebären wird, kennt er bereits; Burgsdorff, der ihm einen komfortablen Wohnsitz verschaffen und die Bekanntschaft mit der geliebten (und vermögenden) Henriette vermitteln wird, steht schon bereit; und geschrieben ist auch schon viel: Gedichte und Stücke, die nie oder erst spät veröffentlicht werden, und Teile von Trivialromanen, zu denen seine Lehrer Rambach und Bernhardi ihn anstifteten. Daß er schreiben kann, und zwar flink, weiß er schon, wenn er sein Studium beginnt; wenn er es ohne Abschluß beendet, steht sein Entschluß, als Schriftsteller zu leben, fest.

In den nächsten sieben Jahren, seiner zweiten Berliner Zeit (an seinem Lebensende wird es noch eine dritte geben), schreibt und veröffentlicht er viel, darunter auch Gutes. Seine Erzählungen, Romane, Aufsätze, Märchen, Theaterstücke und Gedichte, die in schneller Folge entstehen, spiegeln die Tendenzen der Zeit: den Übergang von der Aufklärung, die ihn erzog, zur Romantik, deren schulemachender Poet er (mit Novalis zusammen) wird. Seine frühe Belesenheit und sein vielseitiges, farbenreiches aber nicht tiefes Schreibtalent bringen ihn dazu, die Literaturentwicklung der letzten Jahrzehnte individuell nachzuvollziehen. In den »Straußfeder«-Geschichten versucht er sich an moralischer Aufklärungsliteratur; im »William Lovell« bietet er seinen Sturm- und Drang-Roman; die Nachfolge des empfindsamen Lawrence Sterne tritt er im »Peter Lebrecht« an. In dieser Zeit aber schon und kurz danach, während er sich von der Schwester löst, sein Malchen heiratet, in den Salons der Rahel Levin und der Henriette Herz verkehrt, die Schlegels und Schleiermacher kennenlernt, einige Monate auch im frühromantischen Zentrum Jena verbringt, entstehen in Vers und Prosa diejenigen Dichtungen, die es rechtfertigen, daß sich der Begriff des Romantikers mit seinem Namen für immer verknüpft. Zum Teil ist das Literatur, die, nur aus Literatur, nicht aus Erlebnis entstanden, den Streit der hadernden Kunstparteiungen nicht überlebt und nur noch historisch oder formal interessant bleibt (wie zum Beispiel der »Zerbino« oder der »Gestiefelte Kater«); es entsteht in dieser Zeit aber auch das, was bis heute immer wieder gedruckt und gelesen und nachgeahmt wird und Tiecks Namen lebendig erhält; die wunderbaren, unheimlichen, vieldeutigen Märchenerzählungen (wie der »Blonde Eckbert« und der »Runenberg«), in denen Traum und Bewußtsein sich ineinander verschränken und in Idyllen sich Abgründe auftun. Der Krisenstimmung einer Generation, die die Hoffnungen der Aufklärung nach der Französischen Revolution schon zerstört findet und dem beginnenden Kapitalismus mit Bangen entgegensieht, gibt Tieck hier Gestalt. Der Eindruck von Unechtem, Nicht-Erlebtem, von Glätte und Künstlichkeit, der sich sonst bei Tieck-

Lektüre leicht einstellt, fehlt hier. Diese aus Angstträumen und Melancholie gewobenen Kunstmärchen, die in einer Zeit entstehen, in der in Preußen (durch den Baseler Frieden von 1795) zwar noch Frieden herrscht, ringsumher aber Kriege toben, sind lebendiger und in tieferem Sinne auch realistischer als die späteren Novellen Tiecks, die in breiter Behäbigkeit zwar Realität abbilden, diese aber nicht lebendig machen können.
Wenn die Brüder Schlegel Berlin wieder verlassen, löst der frühromantische Kreis sich auf, die Romantik aber lebt, vorwiegend durch andere, weiter. Ein verschöntes Mittelalter als nach hinten verlegte Utopie, die altdeutsche Kunst, die »Waldeinsamkeit« (eine Wortschöpfung Tiecks), das Raunen und Rauschen aus der Tiefe der Natur und der Seelen, das Vage, Ahnungsvolle, Märchenhafte, Dunkle, das Witz, Spiel und Ironie mehr verwirren als erhellen, die Vergottung der Kunst, die als Sinn und Ziel menschlichen Lebens erscheint: das alles wird von Arnim und Brentano, von Fouqué, Hoffmann, Eichendorff und anderen übernommen und, bis hin zur Verkitschung und zum Klischee, über Jahrzehnte weitergeführt. Tieck aber, der noch nicht 30 Jahre alt ist, zieht sich bald davon zurück; erst räumlich, indem er kurzzeitig in Dresden und dann in einem märkischen Dorf seinen Wohnsitz nimmt, und dann literarisch: Seine romantische Produktion versiegt langsam, fast schweigt er als Dichter ganz, tritt vorwiegend als Übersetzer und Herausgeber auf. Shakespeare (der ihn sein ganzes Leben hindurch begleitet), Cervantes, die Minnesänger, die Nibelungen beschäftigen ihn; er gibt den Nachlaß des frühverstorbenen Novalis heraus. Es ist als ob ein Erwachsen-Gewordener die Gegenstände kindli-

chen Spiels zu solchen ernsthafter Arbeit macht. Eine Ehekrise stellt sich ein. Krankheiten quälen ihn. Er weicht den häuslichen Problemen aus, indem er viel reist – oft Sophie hinterher. Noch kann er die Liebe der Schwester, die sich bei längerem Zusammensein in Haß verwandelt, nicht missen. Bezeichnenderweise erscheint das Inzest-Motiv in seinen Werken auch: spielerisch-harmlos im »Peter Lebrecht« erst, dann tragisch-unheimlich im »Blonden Eckbert«.

Im Herbst 1802 setzt er sich mit Frau und Tochter auf dem Lande fest, hält sich aber in den nächsten elf unruhigen Jahren selten lange dort auf. Er trifft Sophie in Dresden und Wien, lebt ein Jahr in Rom mit ihr zusammen, hält sich fast zwei Jahre in München auf, monatelang in Prag, oft in Berlin. Daß Malchen, die Frau (die während seiner Italienreise vom Freund Burgsdorff ein Kind bekommt) gegen die Schwägerin Intrigen spinnt, um den Mann zurückzubekommen, weiß man aus Sophies Briefen: vom Verhalten der Geliebten, der Gräfin Henriette, weiß man nichts, als daß sie ihm treu bleibt und sich mit der Rolle der Nebenfrau ihr Leben lang begnügt.

Das Dorf, in dessen prächtigem Herrensitz die Tochter Dorothea aufwächst und die Tochter Agnes geboren wird, heißt Ziebingen (heute Cibinka), liegt östlich der Oder in der Neumark, nicht weit von Frankfurt entfernt, und gehört dem Schulfreund Burgsdorff, der in den kurzen Pausen zwischen ausgedehnten Reisen im nur vier Kilometer entfernten Barock-Schloß Sandow residiert. Er ist aber, wenn er die Familie Tieck zu sich holt, gerade dabei, Ziebingen zu veräußern. Schon wird das Gut von einem Onkel Burgsdorffs, der es 1807 in seinen Besitz bringen wird, bewirtschaftet. Die Tiecks, die siebzehn

Jahre lang das Gastrecht in Anspruch nehmen, sind in den ersten Jahren also doppelt verpflichtet. Doch bringt das anscheinend keine Probleme. Denn Neffe und Onkel sind kunstliebende Leute, die sich dem berühmten Dichter gegenüber gern als Mäzene erweisen.

Der Verfall der alten, bis zu König Friedrichs Tod noch unwandelbar scheinenden Sozialordnung, der alle drei Tieck-Kinder aus der zunftgeschützten Handwerkerwelt in die ungesicherte Künstlerexistenz trieb, hat auch den adligen Schulfreund Burgsdorff bindungslos gemacht. Statt als Offizier oder Beamter zu dienen oder seine Güter zu bewirtschaften, treibt er sich, ohne selbst je kunstausübend zu sein, in Künstlerkreisen umher. Er verkehrt in den Berliner Salons, hat in allen geistigen Zentren Deutschlands Freunde, reist (nicht nur mit Tieck) viel umher und hat eine bekannte Liebesaffäre mit Wilhelm von Humboldts Frau Caroline. Er fängt auch mit den Töchtern des schon erwähnten Onkels Liebesgeschichten an, doch werden die ihm, da er sich weder für die eine noch die andere noch die dritte entscheiden kann, untersagt.

Der Onkel, Friedrich Ludwig Karl Graf Finck von Finckenstein, ist einer der bekannten Konservativen dieser Umbruchszeit. Sein Vater war Minister Friedrichs II., er selbst Regierungspräsident der Neumark, bis im Verlauf des Müller-Arnoldschen Prozesses der König ihn entließ. Die Muße, die der fünfunddreißigjährige Pensionär jetzt hat, widmet er der Kunst und später auch der Politik. Er übersetzt die bukolischen Gedichte von Theokrit, Bion und Moschos, gibt eine kritische Ausgabe von Ewald von Kleists »Frühling« heraus, verschönert seinen Gutspark – und organisiert 1811 mit Friedrich August

Ludwig von der Marwitz zusammen die Opposition des märkischen Adels gegen die preußischen Reformen, wofür ihn der Staatskanzler Hardenberg kurzzeitig inhaftiert. Das Bestreben des Grafen, intelligente Männer um sich zu sammeln und das bescheidene Schloß Madlitz (heute Alt-Madlitz, nicht weit von Fürstenwalde) zu einem Treffpunkt der Schöngeister zu machen, wird von einer Schar von Töchtern unterstützt, die Kunst nicht nur lieben, sondern auch ausüben: sie singen nämlich, und zwar so wie der »Chor der Himmlischen«, wie Tieck in der späten Novelle »Die Sommerreise« schwärmt. Er bescheinigt darin (mit voller Namensnennung) der gräflichen Familie »echte Humanität und Urbanität«, weiß vom Grafen, der altdeutsche Gesänge kennt und »das erhabene Epos der Nibelungen fast auswendig« weiß, zu berichten, daß er »mit malerischem Sinn für Natur in Madlitz einen der schönsten Gärten angelegt« hat, der »einfach und ohne Prätension die Herrlichkeit der Bäume und Pflanzen zeigt und an hundert anmutigen Plätzen zum poetischen Sinnen und phantasiereichen Träumen einladet«, nennt die Töchter, von denen er nur drei erwähnt (in Wirklichkeit waren es – neben vier Söhnen – sechs) schön und edel und rühmt an der graziösen Ältesten, die, »wäre sie nicht als Gräfin geboren . . . den Namen auch der berühmtesten Sängerinnen verdunkeln« würde, vor allem die Stimme: den »reinsten, vollsten und auch höchsten Sopran«.
Als Tieck 1834 diese erinnerungsträchtigen Zeilen schreibt, ist die schöne Sängerin schon dreißig Jahre lang seine Geliebte. Daß sie nicht seine Frau wird, hat vielleicht auch mit dem Konservativismus des Grafen zu tun, der bürgerliche Intellektuelle zwar als Gesprächs-

partner, nicht aber als Familienangehörige schätzt. Sein ältester Sohn Karl, der die berühmte Rahel Levin liebt, gibt der Familie wegen seine Heiratspläne auf; die zweitälteste Tochter, Caroline, wird nie die Frau des Architekten Hans Christian Genelli, der Ziebingen im klassischen Stil umbaut und sich bis an sein Lebensende in Madlitz aufhält, sondern lebt in freier Gemeinschaft mit ihm zusammen; und die drittälteste Tochter darf den romantischen Dichter Wilhelm Schütz erst heiraten, wenn dessen Vater ein Gut gekauft und den Adelstitel erworben hat – was sechs Jahre dauerte.

Leider geben weder Briefe noch Werke Aufschluß über die Konflikte, die das Leben auf den Adelssitzen begleitet haben müssen. Wenn Tieck in der madlitz-ähnlichen Rahmenhandlung des »Phantasus« und in den späten Novellen Erlebnisse dieser Zeit verwendet, werden sie zur Idylle verschönt oder dienen nur zur Staffage. Selbst wenn er Probleme, die ihn einmal stark berührt haben müssen, zum Thema macht (wie in der »Ahnenprobe« das der standesungemäßen Heirat), weicht er ihnen durch Trivialkonstruktionen der Handlung aus. Die Konfliktscheu des alternden Tieck, die ihn über eigne Seelenqualen schweigen und in den geistig-politischen Kämpfen der Restauration und des Vormärz die unverbindliche Mitte halten läßt, bringen das Hauptübel der späten Prosawerke hervor: die behäbige Langeweile.

Nach dem Tod des Grafen siedelt Tieck 1819 mit seinen zwei Töchtern und seinen zwei Frauen nach Dresden über. Der berühmte, von vielen auch überschätzte Dichter hat nicht nur die Absicht, dort ein geselliges und repräsentatives Leben zu führen – er hat auch die Mittel dazu. Denn Gräfin Henriette hat aus den Erbschaftsauseinandersetzungen der Finckenstein-Kinder ein Vermögen von 25 000 Talern retten können und ist bereit, das einem aufwendigen Lebensstil zu opfern. Trotzdem hören auch in den seßhaften Dresdner Jahrzehnten, die für den verdienstvollen Herausgeber, den Übersetzer und Novellenschreiber sehr fruchtbar sind, die Klagen des mangelnden Geldes wegen nicht auf. Ein langes Schriftstellerleben hindurch lebt Tieck auf größerem Fuß als sein Geldbeutel erlaubt. Mit seiner Pumperei machen Freunde böse Erfahrungen, und Caroline Schelling, die ihn in diesem Zusammenhang einen »anmutigen, würdigen Lumpen« nennt, teilt 1810 ein Gedicht mit, das man auf ihn gemacht hat:

»Wie ein blinder Passagier
Fahr ich auf des Lebens Posten,
Einer Freundschaft ohne Kosten
Rühmt sich keiner je mit mir.«

Seine Briefe an wechselnde Verleger (von Nicolai über Reimer bis Brockhaus) bestehen zu großen Teilen aus Bitten um Vorschuß und aus Entschuldigungen dafür, daß er die im Voraus bezahlten Arbeiten noch nicht geliefert hat. Die Pump-Geschichten des jungen Mannes hören sich, besonders in Briefen Bettina Brentanos aus seiner Münchener Zeit, noch ganz lustig an, peinlich aber wird es, wenn der elegant und komfortabel lebende Greis um Erbarmen flehen muß, weil er seine kostbare Bibliothek, die schon dem Verleger Brockhaus gehört, noch einmal verkauft hat.

Geld vor allem ist es auch, das ihn 1841, nach Amalies und Dorotheas Tod, nach Berlin zurücklockt. Eine Pension von 1000 Talern, einen Sekretär, einen Diener und eine Sommerwohnung im Park von Sanssouci hat Friedrich Wilhelm IV., der »Romantiker auf dem Thron«, dem »König der Romantik« zur Verfügung gestellt. Dort und in seiner großartigen Stadtwohnung in Berlin, Friedrichstraße 208, verlebt Tieck seine letzten elf Jahre, erst mit Henriette zusammen, nach deren Tod ganz allein. Zum Bruder Friedrich hat er wenig Kontakt; der, so beklagt er sich, habe kein Vertrauen zu ihm. In den letzten Lebensjahren taucht auch manchmal der Sohn der Schwester bei ihm auf: Felix Theodor von Bernhardi, nun auch schon fünfzig Jahre alt. Der Historiker, dem schon in der Jugend in Estland die Vergangenheitsschwärmereien der Mutter den Geschmack an allem Romantischen verdorben haben, findet jetzt ähnliche Haltungen, die er für unseriös hält, beim Onkel wieder; die Vorherrschaft des Gefühls, die Vorliebe für Wunder und Traum, die Unfähigkeit, historisch zu denken. Bezeichnend scheint dem (freilich voreingenommenen) Neffen, daß Onkel Ludwig, wenn er ausdrücken will, daß er über etwas nachgedacht habe, sagt: Er habe darüber auch schon phantasiert. »Ja,« notiert er ins Tagebuch, »weiter als bis zum Phantasieren ... haben es die Romantiker nie gebracht.« Da der Onkel auch an allen Geistesgrößen, die der Neffe schätzt, herummäkelt, die Wissenschaftlichkeit eines Jakob Grimm Pedanterie nennt, historische Sicht auf die heilige Kunst als Profanierung ansieht und sich in diesem Zusammenhang zu der Behauptung versteigt: »An dem Streben, sich von der Bedeutung der Dinge Rechenschaft zu geben, ist Goethe zugrunde gegangen«, kommt der Tagebuchschreiber zu dem Schluß, daß die Romantikergeneration aus ihrer Jugendlichkeit nie herausgefunden, nie Licht, Klarheit, Ernst und Reife erlangt habe.

Bestätigt wird dem Neffen dieses Pauschalurteil, wenn das Gespräch die Seelenunsterblichkeitsfrage berührt und Onkel Ludwig eine verblüffend klare Antwort darauf weiß. So wie des Neffen Mutter, die Seilerstochter aus der Roßstraße, am Ende ihres Lebens, um innere Sicherheit zu gewinnen (wie ihr nachgelassener Roman vermuten läßt), zu einer der adelsstolzesten Baronessen des Baltikums hat werden müssen, so hat der Berliner Handwerkersohn Ludwig, der als Greis dem Königsthron nahesteht und, wie manche meinen, den nach Goethes Tod verwaisten Dichterfürstenthron beanspruchen kann, sich ein seinem Lebensstil entsprechendes Selbstbewußtsein anerzogen, das über den Tod hinausreicht. Zur Unsterblichkeit, so beantwortet er also die Frage, gelangen nur die Seelen der Menschen, die konsequent an der Ausbildung ihrer Individualität gearbeitet haben; die der dummen, unbedeutenden Individuen aber fallen »als mißlungene Schöpfungen wieder in das allgemeine Naturleben« zurück.

Der Kleine

Im Gegensatz zu Ludwig gelang Friedrich die Lösung von der Schwester nie. Vom Älteren dazu gedrängt, gab er als alter Mann zu, daß sie sein Unglück gewesen sei. Sie habe, schrieb er im August 1846, sein »Leben gehemmt, viele Verbindungen gestört«, seinen »Gewinn verringert und aufgezehrt« und ihm das nie gedankt. »Sie erschrak, als sie an meiner Hand einen kleinen Ring sah, welchen mir eine Dame in Carrara geschenkt und den sie für einen Verlobungsring hielt, erschrak also, daß ich auch von einigen Stunden Glück hätte träumen können, die ihr entzogen wären«.

Diese Geständnisse legt Friedrich dreizehn Jahre nach Sophies Tod ab. Zu ihren Lebzeiten liebte und verteidigte er sie immer; ihre Familie empfand er als seine, und stets unterstützte er sie. Als Caroline von Humboldt darüber staunte, daß er, um die Schwester wiederzusehen, die weite Reise von Italien nach Estland machen wollte, schrieb er ihr (im Februar 1815): Liebe könne bei ihm nie enden; das Alter (er sei nun fast vierzig) habe zwar seine Urteile verändert, aber seine Gefühle nicht, sie seien nach wie vor »kindisch«. »Tue ich daran Unrecht?« Ludwigs Egoismus war ihm nie beizubringen. Das Glück der Kinderzeit, das Sophie, wenn sie Hilfe brauchte, beschwor, konnte er nicht vergessen. Es scheint das einzige Glück seines Lebens gewesen zu sein.

Die frühe Theater- und Literaturbegeisterung der Geschwister macht Friedrich mit. Zu den von Ludwig geschriebenen Stücken entwirft er die Dekorationen. Da er auf dem Gymnasium versagt, gibt ihn der Vater, der offensichtlich einen Blick für seine Begabung hat, mit dreizehn Jahren zum Bildhauer Sigismund Bettkober in die Lehre. Fünf Jahre harrt er in dessen Werkstatt in der Fischerstraße, also gleich um die Ecke, wo, nach Sophies Meinung, »alle entsezlich dum« sind, aus, dann wechselt er in das Atelier von Schadow über. Da er ein Preisausschreiben Friedrich Wilhelms II. zur Verherrlichung des Baseler Friedens gewinnt, wird ihm ein Stipendium für einen dreijährigen Rom-Aufenthalt bewilligt.

Der 1795 von Preußen und Frankreich in Basel unterzeichnete Vertrag, der dem großen Jahrzehnt der deutschen Literatur den Frieden sichert, wird in dem preisgekrönten Basrelief Friedrichs durch einen Amor versinnbildlicht, der Mars eine Flöte reicht, während im Helm des Kriegsgottes ein Taubenpaar nistet. Aber dieses Friedenssymbol gilt nur für Norddeutschland, dessen Neutralität man in Basel vereinbart hatte, nicht für Italien und Österreich, wo Napoleon in den kommenden Jahren die Reihe seiner siegreichen Schlachten beginnt. Friedrichs Rom-Reise scheitert daran. Sie stockt in Wien und lenkt dann um nach Paris, wo er drei Jahre bei Louis David, dem führenden Klassizisten Europas, sozusagen die Meisterschule besucht.

Wie auch bei späteren Auslandsaufenthalten, wird die räumliche Entfernung von den Geschwistern zu keiner inneren, weil die Freundeskreise, in denen Friedrich sich bewegt, die sind, die sich ihm durch Ludwig und Sophie erschlossen haben, und weil er sich zeitlebens für Literatur interessiert. (Er liest, statt zu arbeiten, wirft man ihm später oft vor.) Nach Paris reist er mit Ludwigs Freund Burgsdorff und mit dem Ehepaar Humboldt zusammen, die Jahre davor in Berlin hat er mit Bernhardi, mit Wackenroder, den Brüdern Schlegel verbracht, hat bei der Rahel verkehrt. Durch die Porträtmedaillons, die er von ihr und von Wackenroder, durch das Doppelbildnis, das er von seinen Geschwistern anfertigt, wird die Gemeinsamkeit dieser frühen Jahre dokumentiert.

Außer der Schwester scheint für den jungen Mann keine Frau wichtig zu sein. Wenn er, von Paris kommend, durch Wilhelm von Humboldt an Goethe vermittelt, fast vier Jahre am Neubau des Weimarer Schlosses mitarbeitet, eilt er, sobald seine Zeit es erlaubt, nach Berlin, um

die Schwester zu sehen. Nach dem Tod der Eltern (die beide innerhalb einer Woche sterben) bleibt er so lange bei ihr, daß man in Weimar schon annimmt, er käme nicht mehr. In Todesangst gerät er um sie, als Felix Theodor geboren werden soll und er keine Nachricht von ihr hat. »Mein letztes Kleinod auf Erden ist meine Schwester«, schreibt er im Oktober 1802 an August Wilhelm Schlegel. »Ich weiß nicht ... ob ich nicht gezwungen wäre, mein Leben gewaltsam zu zerreißen, wenn sie stirbt«. Alles Geld, das er verdient, schickt er sofort nach Berlin; für die eignen Bedürfnisse, die äußerst gering sind, muß er borgen.
Daß der Kleine zu Hause die abgelegte Kleidung des Älteren zu tragen hatte, geht aus den Briefen des Studenten Ludwigs an die Schwester hervor. Der Rock, mit dem er nach Jena kommt, könnte einer aus dieser Zeit noch sein, so »abgeschabt« ist er, wie Caroline Schlegel feststellt, daß »einen kein Härchen mehr reibt, wenn man darüberhin fährt, (unter uns, ich habe es probiert, wie ich hinter ihm stand, derweil er Schelling zeichnete)«. Aber das ist nicht abfällig gemeint, im Gegenteil: sie, die Sophie aus leichtverständlichen Gründen nicht mag und Ludwig »Nücken und Tücken« nachsagt, findet den Bildhauer »liebenswürdig genug – wenn auch nicht imposant«. Seine Abreise beschreibt sie so: »Von uns weg ging er zu Fuß – ich lag auf dem Sofa in großen Leiden, gab ihm aber Schelling und Julchen bis über die Mühlen im Tale hinaus mit, die mir dann ein lebendiges Tableau davon mitbrachten, wie er ... mit einem Stabe, in der Tasche nichts als eine Rolle Papier, die lang herausguckte, die Heerstraße hinaufgewandelt ist, ganz dünn, dünn, und die blonden Haare ihm ins Gesicht flatternd.

Einige Silbertaler habe ich ihm doch noch mitgegeben, für Schellings Bild, zwei Carolin. Er wollte durchaus nicht mehr, denn er sagte, er hätte jeden Tag noch überdem einen Taler hier erspart und viel dabei gelernt, weil es doch sein erstes großes Bild ist.«

Liebenswürdig findet ihn Goethe nicht. Er schätzt seine Arbeit, bittet ihn oft in sein Haus und zieht ihn dem älteren, viel berühmteren Schadow stets vor, mag aber seine Unerzogenheit nicht, die er (in einem Brief an Humboldt) »selbstisch« und »ohnbehost«, also sansculottisch, nennt. Goethe hält das für einen Ausdruck von Jugendlichkeit; doch verliert sich diese manchmal recht grobe Art, die Meinung zu sagen, bei Friedrich nie und trägt ihm Mißhelligkeiten ein, unter denen er dann leidet. Er selbst nennt diese Ehrlichkeit »rigoristisch«, beklagt sie, kann und will sie aber so wenig ändern wie seine rigorose Hilfsbereitschaft der Schwester gegenüber. Nicht aus Dummheit, aus Prinzip opfert er sich auf.

1805 bietet sich ihm zum zweitenmal die Gelegenheit einer Rom-Reise, und diesmal wird sie, wenn auch enttäuschende, Wirklichkeit. Durch Fürsprache des Weimarer Herzogs Carl August hat ihm die Preußische Akademie der Künste ein zweijähriges Reisestipendium ausgesetzt, das, so knapp es auch ist, für ihn allein sicher ausreichte, nicht aber für Schwester und Bruder mit; für deren Lebensführung kann es nur einen kleinen Beitrag leisten. Verdienen kann Friedrich auch kaum etwas in Rom, da es dort Künstler, die bekannter sind als er, genug gibt und der Gesellschaftsbetrieb, in den er gezogen wird, ihm die Arbeitszeit raubt. Zwar redet Sophie sich ein, daß es gut für ihn sei, durch sie mit den Spitzen der

Stadt, bis hinauf zum päpstlichen Hof, bekannt zu werden; aber als sie im Herbst 1807 abreist, hat er weder Aufträge bekommen, noch kann er angefangene Arbeiten beenden, weil er kein Geld hat, um Marmor und Farben zu kaufen, und weil kein Bekannter ihm borgt, da alle Sophie schon geborgt haben. In seiner »Existenz als Bildhauer« sei er in diesen zwei römischen Jahren »so gut wie tot« gewesen, schreibt er im Oktober 1807 an Schlegel; er habe nichts dazugelernt und lebe nun in solcher Armut wie noch nie. Nicht einmal das Reisegeld kann er aufbringen, als Madame de Staël ihn auf Schlegels Veranlassung in die Schweiz einlädt. Erst nach dreijährigem Aufenthalt kann er Rom verlassen, um ein armseliges, unstetes Wanderleben zu beginnen, das ihn nach Coppet und Zürich, nach München (wo er wieder mit den Geschwistern zusammentrifft), nach Bern, Stuttgart und Salzburg führt, bis er schließlich 1812 in den Marmorbrüchen von Carrara zur Ruhe kommt. Sieben sinn- und freudlose Jahre verbringt er in den dortigen Bildhauerwerkstätten, um einen Großauftrag zu erfüllen, den er einging, um Sophie, die inzwischen längst Baronin ist, unterstützen zu können.
1809 schon hat er den Auftrag des bayerischen Kronprinzen (des späteren Königs Ludwig I.) angenommen, für einen geplanten Ruhmestempel fünfundzwanzig Marmorbüsten von Männern der deutschen Geschichte anzufertigen. Es ist ein in mehrfacher Hinsicht sinnloser Auftrag für ihn: Er bringt finanziell nicht viel ein, er fordert ihn künstlerisch nicht, da die vorgeschriebene heroische Einheitlichkeit (Büsten ohne Gewandung) Individualisierung kaum zuläßt, und er trägt zu seinem Ansehen nichts bei, da die »Walhalla« (nahe Regens-

burg, an der Donau) mit ihren insgesamt 102 Büsten erst 1842, wenn er schon alt ist, eingeweiht wird.
Einziger Gewinn dieser Jahre der »Einsamkeit in den Kalkbergen« wird die Bekanntschaft mit Christian Daniel Rauch. Schon in Rom, im Hause Wilhelm von Humboldts, hatten sie einander kurz gesehen; jetzt kommt Rauch für ein Jahr nach Carrara, um an der Marmorausführung des Monuments für die 1810 gestorbene Königin Luise zu arbeiten, und die beiden fast gleichaltrigen Bildhauer schließen eine Freundschaft, die bald zur Arbeitsgemeinschaft wird. Schon in die Arbeit am Luisen-Mausoleum für den Charlottenburger Schloßpark bezieht Rauch Tieck ein, indem er ihm die Ausführung eines Kandelabers überträgt; und wenn er 1816 wieder nach Carrara kommt, wird schon über die Einrichtung einer von Schinkel geplanten gemeinsamen Werkstatt in Berlin geredet.
Die Absicht, die italienische Verbannung zu verlassen, klingt in Friedrichs Briefen seit 1815 schon an. Aber wenn da auch zu lesen ist: »Ich verbrauche für mich selbst wenig; aber es ist zu hart, das Elend um sich herum zu sehen und an Ersparen zu denken,« wird verständlich, warum er nie das Reisegeld hat. Erst am 4. April 1819 bricht er auf, ist am 24. in Weimar bei Goethe zu Tisch, erreicht am 29. Berlin, das er siebzehn Jahre vorher verlassen hat, und bezieht am 30. das sogenannte Lagerhaus in der Klosterstraße 75–76, neben dem Grauen Kloster, wo ursprünglich mal die Kurfürsten residierten, sich später Tuch-Manufakturen befanden und wo jetzt, ein Stockwerk über dem Rauchs, sein Atelier eingerichtet ist. Für den Dreiundvierzigjährigen beginnt jetzt erst die Phase kontinuierlicher Arbeit: an

Schinkels Schauspielhaus erst, wo die Reliefs der Giebelfelder und die Plastiken auf Dach und Treppenwangen sein Werk sind; an den Rossebändigern des Alten Museums dann, an den Reliefs der Eisentüren der Friedrichwerderschen Kirche, am plastischen Schmuck des Scharnhorst-Grabmals auf dem Invalidenkirchhof und an anderem mehr. Es ist also vor allem das weniger beachtete Dekorative, womit er beauftragt wird. Während er weiterhin Büsten schafft, ein Denkmal Friedrich Wilhelms II. in Neuruppin und eins für Blücher in Breslau machen darf, gehen die Aufträge alles Monumentalen für Berlin an Rauch, bis hin zum großen Friedrich-Denkmal Unter den Linden. Trotz aller Ehren und Auszeichnungen, die er empfängt, läßt ihn das resignieren. Bald beschäftigt er sich mehr mit Literatur und Geschichte als mit seiner Kunst; die läßt er, wie vor ihm Schadow (nach dessen Witzwort) »in Rauch aufgehen«. Die Freundschaft leidet darunter kaum. Manchmal lenkt Rauch Aufträge zu ihm um – aber zur Behebung von Friedrichs Finanznöten reicht das nicht aus. Denn der Museums-Direktor und Akademie-Vizepräsident Professor Tieck hat sich, um erst seine Schwester, die Frau Baronin, dann deren Witwer und deren Sohn unterstützen zu können, in so große Schulden gestürzt, daß er sein Lebensende in einem ärmlichen Zimmer verbringen muß, in dem nur ein Tisch, ein Stuhl und ein Bett stehen. Am 12. Mai 1851 vermerkt Rauch den Tod des »treuen lieben Freundes« in seinem Tagebuch; auf die selbstgestellte Frage, wie es geschehen konnte, daß Elend und Kummer am Ende dieses Lebens standen, weiß er keine Antwort zu geben.
Die Tatsache, daß drei Wochen später die Einweihung des Rauchschen Friedrich-Denkmals Unter den Linden

mit großem Pomp gefeiert wird, während zur gleichen Zeit in aller Stille die genientragenden Raubtiere Tiecks am Schauspielhaus enthüllt werden, gibt nur eine Teil-Antwort. Ergänzt wird sie durch einen Mitbeteiligten, Sophies Sohn Felix Theodor, der in seinem Tagebuch die gleiche Frage stellt, sie aber nicht offen läßt. »Er ist trotz des redlichsten Strebens, mühevoller Arbeit bei sehr bescheidenen Wünschen und Ansprüchen nicht dahin gekommen, auch nur im hohen Alter eine angemessene, ruhige und sorgenfreie Existenz zu haben,« schreibt er. »Und warum? Weil es ihm an der hienieden nun einmal nötigen Selbstsucht fehlte.«

Einmal übrigens hat Friedrich, nach eigner Aussage, Selbstsüchtigkeit versucht: Er hat geheiratet, mit siebzig Jahren eine junge Frau, und dem Bruder gestanden, das nur aus Berechnung getan zu haben, in der Hoffnung nämlich, daß der reiche Schwiegervater seine Schulden bezahlen würde – was aber nicht geschah. Diese Selbstbeschuldigung muß man bezweifeln. Wahrscheinlicher ist, daß der Greis sich wahrmachen wollte, was sein Leben lang Traum geblieben war: nicht mehr allein sein zu müssen.

Was es mit der Dame in Carrara, deren Ring die Eifersucht der Schwester erregte, für eine Bewandtnis hatte, ist nicht bekannt. Überhaupt kommen Frauen in Friedrichs Briefen nicht vor, nur Klagen darüber, daß Armut ihm Heirat verbiete und er sich »armseligen Genuß«, den Furcht vor Ansteckung trübe, erkaufen müsse. »Sie,« schreibt er mit vierzig Jahren an den ebenfalls unverheirateten Rauch, »sind wenigstens glücklich gewesen, Frauen gewinnen zu können, wozu ich noch jetzt zu ungeschickt bin.«

Fouqué
oder Romantik im Harnisch

Schon im ersten Satz des Vorwortes zu Fouqués Roman »Alethes von Lindenstein« sind alle Stichworte enthalten, die man braucht, um den Umkreis der Weltsicht des Verfassers abstecken zu können: Trübe Zeit, Gott, Vaterland, gesetzlicher Sinn, echte Taten.
Das ist bezeichnend für ihn: Er zeigt sofort die Fahne, auf die er schwor, verkündet seine unwandelbaren Prinzipien. Das hat ihm mit Recht den guten Ruf eines ehrlichen, gesinnungstreuen Mannes eingebracht. Daß sein Ruf als Schriftsteller, mit gleichem Recht, nicht so gut ist, liegt daran, daß er Prinzipien höher schätzte als Erfahrung, daß er zwar stets seine Fahne sah, nicht aber die Wirklichkeit, über der er sie flattern ließ.

Trübe Zeit

Die ersten drei Bücher des »Alethes« wurden im Herbst 1807 geschrieben und spiegeln, wenn auch vage und wirr, in historischem Gewand, die Zeit ihrer Entstehung wider: den Nachkrieg, die Besatzung, die Bestrebungen »für Deutschlands Freiheit und Ehre«.
Es war ein Jahr her, daß die preußische Armee bei Jena und Auerstedt von Napoleon geschlagen worden war, wenige Wochen erst seit dem Friedensschluß von Tilsit,

durch den Preußens Rolle als Großmacht beendet schien. Es hatte über die Hälfte seines Gebietes verloren. Französische Besatzungstruppen waren im Land. Der König residierte behelfsmäßig im fernen Memel. Fouqué, dem der preußische Staat, die preußische Armee und der preußische König heilig waren, mußte diese Zeit also wahrhaftig trüb erscheinen – politisch gesehen allerdings nur; denn literarisch wurde sie zu einer Glanzzeit für ihn.
Die Preußen-Verehrung war dem Nachkommen eines alten normannischen Adelsgeschlechts, das seines Glaubens wegen nach der Aufhebung des Edikts von Nantes aus Frankreich vertrieben worden war und in Preußen Asyl gefunden hatte, sozusagen vererbt worden. Sein Vater war preußischer Leutnant gewesen, sein Großvater preußischer General, einer seiner Taufpaten Friedrich II., König von Preußen. Ehrfürchtig trauernd hatte der neunjährige Knabe an der »Heldenleiche« Friedrichs gestanden. Dem Erwachsenen noch war der König im Traum erschienen. »Werde er nur halbwegs ein Kerl, wie sein Großvater war. Dann ist er was Rechts«, hatte er gesagt, und der alte Fouqué, der das erzählt, kommentiert das so: »Ich erwachte freudeschauernd. Ob es wohl mehr als Traum gewesen sein könnte?«
Auch von den Nachfolgern Friedrichs waren die Fouqués nicht vergessen worden. Man hatte sie zu Hoffesten geladen. Manchmal war die königliche Familie zu Besuch gekommen, und der Knabe hatte mit den Prinzen spielen dürfen. Bei Krankheiten hatte sich der Leibarzt des Königs um ihn gekümmert.
Dem Großvater nacheifern zu wollen, lag also nahe. Der

Siebzehnjährige wurde Soldat. Er blieb es acht Jahre, und als er die Armee verließ, hatte er nicht etwa genug von ihr: Er diente ihr nun dichtend weiter.

»Wohl that'st Du, Freund, entfremdet äußerm Glanze,
Vom Staat verlieh'ne Waffen abzulegen.
Doch angeerbt bleibt treu dir Sporn und Degen.
Du schwingst im Lied nun alter Ritter Lanze.«

Das Sonett, in dem Fouqués Berufswechsel so treffend kommentiert wurde, stammt von August Wilhelm Schlegel und war ein Glückwunsch zu Foqués zweiter Hochzeit, die wenige Wochen nach seinem Abschied vom Militär auf dem Gut seiner Frau in Nennhausen in der Mark, wenige Kilometer östlich von Rathenow (Havel), gefeiert wurde. Die Frau, der es gelang, Fouqués erste Ehe zu trennen und aus dem dichtenden Kavallerie-Leutnant einen dichtenden Zivilisten zu machen, hieß Caroline von Rochow, geborene von Briest, und scheint tatsächlich, wie Arno Schmidt annimmt, in der Gräfin Yolande des »Alethes« teilweise porträtiert worden zu sein. Caroline war wie Yolande Witwe, jung, schön und reich, mit starker Wirkung auf Männer, lebenserfahren, gewandt, dem weichherzigen Träumer überlegen. Ihre Sinnlichkeit hatte ihn, wie die Yolandes, sicher erschreckt: weil sie in seinen Augen sündhaft war, und weil er ihr erlag. Mehrfach hat der kleingewachsene, immer zur Realitätsflucht neigende Dichter diesen starken und bösen Typ zu gestalten versucht. Im »Alwin« heißt sie Mathilde, im »Todesbund« Diona und Hortensia in »Abfall und Buße«. In der »Undine« taucht sie unter dem Namen Bertalda auf, und in der Erzählung »Ixion« ist sie die (wiederum verwitwete) praktisch denkende

Frau, die ihren dichtenden Geliebten durch den Eifer, mit dem sie ihn aus Traumregionen in die Wirklichkeit zu holen bestrebt ist, in den Wahnsinn treibt.
Die Schuld Yolandes besteht auch darin, den heroischen Jüngling Alethes von seinen (auch dem Autor unklaren) staatspolitischen Aufgaben abbringen zu wollen. Damit reagierte der damals dreißigjährige Fouqué wohl die Wehmut über das Ende seiner Offiziers-Karriere ab. Den Abschied vom Militär scheint Caroline zur Bedingung für die Heirat gemacht zu haben. »Ohne ein fortan ländlicher Stille frei geweihtes Leben, in behaglicher Wohlhabenheit wirkend, ließ sich der aufblühende Liebesbund nicht begründen,« heißt es in der 1840 erschienenen »Lebensgeschichte des Barons Fouqué«, in der die schon 1831 gestorbene Caroline durch Erinnerung vergoldet wird.
In der frühen Autobiographie (von 1828), in der die noch lebende Gattin so gut wie gar nicht vorkommt, folgen bezeichnenderweise der Mitteilung, daß »seine um selbige Zeit (1803) geschlossene Eheverbindung« ihn »veranlaßte, den Abschied aus Königlichem Kriegsdienst zu nehmen«, folgende Sätze: »Wird ein schon erwachsener Baum verpflanzt, so kommt eben nicht überviel darauf an, ob dabei von seinen Wurzeln und Aesten ein Paar Zollbreit mehr abgestoßen werden oder minder. Überhaupt sind meist alle Schnellbeglückte von sehr nachgiebiger Natur; – wenigstens eine Zeitlang.« Bestätigt wird das von Chamisso, der wenige Monate, bevor der »Alethes« begonnen wurde, von Fouqué zu berichten weiß: »Er glaubt fest an Preußen, stand auch früher bei den Kürassieren im Felde; nun hat er das schwere, freiwillige Opfer gebracht, die Zeichen abzulegen, weint aber ent-

setzliche Thränen, wenn er dessen gedenkt; denn nur nach Waffenthaten steht sein Sinn, und Sehnen nach ihnen verzehrt ihn, ohne daß ihn retteten die Liebestöne.«

Aber auch Liebestöne vermochten nicht, ihn zu retten. Caroline, ein »leidenschaftlich, heftig Gemüt«, das sich »leicht verliert«, war mit ihrem seelisch und körperlich schwachen Mann sicher nicht sehr zufrieden. »So habe ich,« gestand sie der Rahel, »Verbindungen geschlossen, zerrissen, neue geknüpft, mich selbst wie mein Herz veräußert, mich und andere getäuscht, wie stets die Leidenschaft tut, Menschen, edle Menschen verlockt und niemand, mich am wenigsten, beglückt.« Nimmt man hinzu, daß Rahel, die Beichtmutter für alle, etwa zur selben Zeit vom Mann Fouqué von einem »Feenbild« namens Louise erfuhr, von einem »reinen, lieben, verstehenden Engel«, der ihm »gütige Göttin« und Muse war, eine »helle Sonne, die das Graue, erstickend-Tönende verscheucht«, so kann wohl als sicher gelten, daß auch die erste Ehe-Zeit eine trübe war. Statt des Glückes aber kam nun der Ruhm.

An Carolinens Seite machte der angehende Dichter erste Bekanntschaften mit den Poeten Berlins. Als August Wilhelm Schlegel im September 1802 Tieck brieflich meldete, daß ein Leutnant Fouqué bei ihm gewesen sei, vergaß er nicht zu erwähnen, daß er in Caroline von Rochows Begleitung gekommen war. Ludwig Hülsen, Fouqués ehemaliger Hauslehrer, hatte ihn brieflich angekündigt und schon vorher Gedichte von ihm an Friedrich Schlegel geschickt. Begeistert war August Wilhelm von diesen nicht, aber da ihm der Dichter gefiel, ermunterte er ihn, leitete ihn jahrelang an und gab sein erstes Buch,

»Die dramatischen Spiele«, heraus. Und Fouqué war ein dankbarer und gelehriger Schüler. Er unterwarf sich dem Lehrer, wie es in der frühen Autobiographie heißt, »so unbedingt, daß es wol gar dem Meister und seinen Freunden wie Schwäche und Willenlosigkeit vorkommen mochte«. Seine poetischen Arbeiten »glichen um diese Periode den Schul-Exercitien auf ein Haar ... Lobte der Meister, so fühlte er sich entzückt. Tadelte der Meister, so fand er es in der Ordnung.« Auf die provenzalische und die nordische Dichtung, auf das Nibelungenlied und die Minnesänger wies Schlegel ihn hin und gab damit die Richtung an, in der Fouqué im wesentlichen bleiben sollte. Als Troubadour, als dichtender Ritter sah der versemachende Kavallerieoffizier sich selbst:

»Und fragt dann eine wohl nach mir,
So sprich: Er ist ein treuer Ritter,
Und dient den Fraun mit Schwert und Zither
Bei Tanz und Mahl, Fest und Turnier.«

Nicht lange nachdem die ersten Teile des »Alethes« geschrieben worden waren, begann die Zeit der großen Erfolge für Fouqué. Jean Paul (der es später besser wußte) lobte ihn in Rezensionen sehr: den ersten Roman »Alwin« (1808), die Schauspiel-Trilogie »Held des Nordens« (1810), das Schauspiel »Eginhard und Emma« (1811). »Wer viele Lorbeerzweige auf seinem Kopfe trägt, der nehme einige davon und flechte eine Siegeskrone für den Fremden, aus welchem dieses rein-deutsche Gedicht entsprungen ist.« Und das taten die Zeitgenossen dann auch, weil sie mit Jean Paul der Meinung waren, daß in dieser trüben Zeit der flügellahmen deutschen Psyche durch die alten Götter und Helden wieder Flugkraft eingehaucht werden konnte. Zwischen 1810 und 1815 war die große Zeit Fouqués. Als Herausgeber von Anthologien, Jahrbüchern, Zeitschriften, als hilfsbereiter Förderer anderer Autoren (so bedeutende wie Chamisso und Eichendorff darunter), als Briefschreiber, Übersetzer war er rege, vor allem aber waren seine Romane und Erzählungen sehr beliebt. Alles was ihm Erfolg einbrachte und was (wie die »Undine« und das »Galgenmännlein«) teilweise heute noch lebendig ist, entstand in dieser Zeit, so umfangreiche Romane wie der dreibändige »Zauberring« und der zweibändige »Thiodolf« darunter.

Fouqué schrieb sehr schnell; was er schrieb, konnte schnell gelesen werden, doch ging auch das Vergessen schnell. Eine Zeitlang hielt man, weil er der Zeitströmung entsprach, den zweitrangigen Autor Fouqué für einen erstrangigen. Denn man brauchte Helden und fand sie bei ihm. Als man sie nicht mehr brauchte, sah man, daß seine nur kostümierte Puppen waren, und der Spott, mit dem man den Autor bedachte, fiel besonders grausam aus, weil er den Lesern selbst hätte gelten müssen: Sie hatten, weil Stoff und Tendenz ihnen gefiel, bunte Oberflächlichkeit für hohe Kunst gehalten. Den kurzen Ruhm mußte Fouqué mit langer Verachtung bezahlen. Die Literaturgeschichtsschreibung überbot sich fortan (soweit sie ihn überhaupt beachtete) in Geringschätzung seines Werks. Die Folge davon war, daß Arno Schmidt, sein erster Biograph, mit Lob nicht geizte und dabei immer übers Ziel hinaus schoß. »Einer der größten und interessantesten deutschen Dichter überhaupt« ist Fouqué sicher nicht und der »Alethes« nicht »eines der Meisterwerke der Romantik überhaupt.« Aber wichtig sind sie schon, der Autor und sein Werk. Man kann lernen an ihnen: wie schnell Romantik trivial werden kann, wie Tendenz kunstfeindlich wird, wenn sie an Stelle von Wirklichkeit tritt, und wie auf dem dunklen Hintergrund einer trüben Zeit auch schwache Sterne leuchtkräftig werden können.

Gott

Die Preußen, die 1813 zu den Besiegern Napoleons gehörten, ähnelten kaum noch denen der friderizianischen Zeit. Die Soldaten trugen andere Uniformen, wurden nicht mehr geprügelt und konnten auch als Nicht-Adlige in Offiziersstellen aufsteigen. Die Bauern waren keine Erbuntertänigen mehr, auch die Städter mußten jetzt Wehrdienste leisten, und wenn man Vaterland sagte, meinte man nicht nur Preußen, sondern auch Deutschland damit. In vieler Hinsicht glich Preußen mehr dem Feind, dem bürgerlichen Frankreich, als seinem Bundesgenossen Rußland, das noch ein Menschenalter weit von der Aufhebung der Leibeigenschaft entfernt war. Zwischen 1806 und 1813 hatte man durch die Reformen, die entweder durchgeführt oder doch begonnen worden waren, in großen Teilen den Vorsprung Frankreichs ohne Revolution nachgeholt. Typisch preußisch war dabei, daß militärische Zwecke am Anfang der Veränderungen standen. So wie im 18. Jahrhundert zum Nutzen der Armee eine gutfunktionierende Bürokratie und eine allgemeine Schulpflicht eingeführt worden waren, erwuchs jetzt aus der Erkenntnis, daß begeisterte Patrioten besser kämpfen als dressierte Sklaven, die Reform. Man schuf damit die Basis, das Vaterland lieben zu können. Die romantische Bewegung lieferte dazu die Ideologie. Politisch gesehen hieß Romantik aber: Nationalismus und Religion. Als 1799 Schleiermacher, der Theologe der Romantik, sein Buch »Über die Religion« veröffentlichte, war ihm, wie er eingangs feststellte, klar, daß es schwer sein würde, Gehör oder gar Beifall für diesen »so ganz vernachlässigten Gegenstand« zu finden. Das Leben der Gebildeten, hieß es da, sei fern von allem, was der Religion auch nur ähnlich wäre. Die Kirchen besuche keiner von ihnen, und in den »geschmackvollen Wohnungen« gäbe es »keine anderen Hausgötter als die Sprüche der Weisen und die Gesänge der Dichter«. Politik, Kunst und Wissenschaft füllen die Gemüter so vollständig aus, daß für Gott kein Gefühl mehr übrig sei. »Es ist Euch gelungen, das irdische Leben so reich und so vielseitig zu machen, daß Ihr der Ewigkeit nicht mehr bedürfet«.

Es war das Bild des Gebildeten des Zeitalters der Aufklärung, das Schleiermacher da zeichnete – das aber (auch durch ihn) bald so allgemein nicht mehr stimmte. Zehn Jahre später redete, schrieb und schwärmte alle Welt von Religion – nur nicht von der, die Schleiermacher gemeint hatte: die des Innern, die ihren Zweck in sich selbst und keinerlei Nutzen für Staat, Recht und Moral hat. Der Glaube, von dem da mystisch geschwärmt wurde, empfand sich zwar dem als gefühlskalt und utilitaristisch geschmähten rationalistischen des 18. Jahrhunderts entgegengesetzt, erwies sich aber gerade deshalb als äußerst nützlich. Der wandernden religiösen Erweckerin Julie von Krüdener gelang es, den Zaren zur Gründung der »Heiligen Allianz« anzustiften; Ernst Moritz Arndts »deutscher Kriegs- und Wehrmann« war fröhlich auch noch im Tode, weil er »die Zuversicht eines besseren Daseins« hatte; und wo »Gott selbst« den deutschen Heeren voranschritt und die Fahne »mit Sieg und Wonne segnete«, da war der Orden der Zeit natürlich das christliche Kreuz, das eiserne; ein Symbol für politische Brauchbarkeit von Religion – das sie, laut Schleiermacher, erniedrigt. »Für so etwas steigt sie Euch noch nicht vom Himmel herab.«

Fouqué, noch im Preußen Friedrichs, Nicolais und der rationalistischen Theologen geboren, wuchs als junger Mann in die neureligiöse Bewegung hinein und kam nie wieder aus ihr heraus. Er, der alles Andersartige, ihm Fremde, das um ihn her geschrieben wurde, wohlwollend ansah, der Fichte liebte, Kleist zu schätzen wußte und erstaunlicherweise sogar für dessen Selbstmord verständnisvolle Worte fand, wurde immer böse, wenn er auf »die Periode einer sogenannten Aufklärung«, auf den »mißverstandenen Begriff einer sogenannten Toleranz« oder auf die »sogenannte Vernunft-Religion« zu sprechen kam. Anders als Arndt, der kühn wie er war, in seine Verdammung der Aufklärung (die die »französische Umkehrung und Verwirrung« gebar) den gekrönten Philosophen Friedrich gleich mit einbezog, klammerte der stets hohenzollerntreue Fouqué den König aus seinen Schmähungen aus und hielt sich (mit bei ihm ungewohnt starken Worten) dafür an Voltaire: »Von allem Abscheulichen, wovon mir je in der Menschenwelt Kunde zugekommen ist, gilt mir Voltaire unbedingt für das Allerabscheulichste.« Schon der Begriff Aufklärung ärgerte ihn – wohl weil das Auf an Hinauf (in den Himmel nämlich) erinnerte, und er schlug immer wieder dafür den Terminus Abklärung vor. Alles was er verach-

tete: Vernunft, Verstand, Gefühlskälte, Lauheit, Ehrfurchtslosigkeit, Neuerungssucht, warf er der Aufklärung vor. »Für alle außerweltlichen Beziehungen« mache sie die Herzen kalt. In ihre »Wohn- und Stallgebäude« drang kein »höheres göttliches Licht,« und der in ihr »vorherrschende Wahn von Autonomie« des Ich wußte nichts von göttlicher Gnade.
Die wortreichen Attacken gegen die Aufklärung und die ständige Hervorkehrung von Religiosität lassen Glaubensgefährdung vermuten. Der durch die romantische Bewegung künstlich aufgesetzten Frömmigkeit mußte sich der im nüchternsten Protestantismus Aufgewachsene immer wieder versichern. Noch der Dreiundsechzigjährige bekannte, daß sich »Nachschwingungen« dieser Nüchternheit in ihm regten. Und da er bei Anwandlungen dieser Art immer wieder rufen mußte: »Bis hierher und nicht weiter!«, ist sein Lebenswerk voll von christlichen Bekenntnissen, die nicht erst heute aufgesetzt wirken, sondern schon Fouqués Freunde verschreckten – die in Briefen zum Beispiel Folgendes lesen mußten: »An einem Tage, wo ich zum Tische des Herrn gegangen bin, tief durchdrungen von seiner überschwenglichen Gnade und meiner Unreinheit und Unwürdigkeit, schreibe ich Ihnen ...« Oder: »Mir ist das christliche Bekenntnis eine unerläßliche Pflicht, der ich wohl bei weitem noch nicht kühn und rücksichtslos genug Folge leiste, aber der ich doch möglichst nachstrebe, und die ich als Schriftsteller besser noch wie als Mensch erfülle.« Die Rahel, die sich brieflich mit Fouqué gut verstand, war entsetzt darüber, wie er auch in ihrem Salon Frömmigkeit ausstellte. Er rügte Goethe, weil der von Göttern statt von Gott sprach, führte sogar den Magne-

tismus als Gottesbeweis an, redete immerfort »befangen und eigensinnig« von seinem Christentum und »veralberte« dabei sich selbst. »Das muß ihm Herr Jesus verzeihen: denn er denkt es im Ernst zu meinen.«
Wenn Arno Schmidt, vom »Zauberring« (in dem tatsächlich viel gezaubert wird) ausgehend, die kühne Behauptung wagt, Fouqué sei »gar kein Christ«, sei vielmehr »von Natur aus, im Unterbewußtsein ein guter Heide« gewesen, so legt er dabei Maßstäbe des Christseins an, vor denen die Kirche in ihrer langen Geschichte nie hätte bestehen können, am wenigsten aber im Mittelalter, das nicht nur den Stoff des »Zauberrings« lieferte, sondern auch dem romantischen Denken als vorbildlich erschien, mitsamt seinen »dämonischen« Zügen, die unleugbar heidnischen Ursprungs waren. Bei den meisten Romantikern (ob sie nun konvertierten oder nicht) und den anderen Christlich-Erweckten dieser Zeit war der Schritt vom Aufklärungs-Protestantismus weg einer zum Katholizismus hin, wobei sowohl die Schönheit des Rituals den Ausschlag gab als auch der Wunderglaube und das Heidnische, das dort stärker bewahrt war. Julie von Krüdener, die »Lady der Heiligen Allianz«, die trotz enger Beziehungen zur evangelischen Brüdergemeinde betonte, daß sie keiner der Konfessionen der »erstarrten Christenheit« angehörte, betete doch auch die Jungfrau Maria an; Kleist stellte in der »Heiligen Cäcilie« das Bekehrungswunder als tatsächlich geschehen dar; auch Goethe huldigte dem Zug der Zeit, als er die sonst viel Anstoß erregenden »Wahlverwandtschaften« mit Wunderheilung und Heiligsprechung enden ließ; und bei Fouqué war es stets selbstverständlich, daß rechte Frömmigkeit heilte und schützte

und Berge versetzen konnte und daß der Bruch von Klostergelübden (ganz unprotestantisch) sündhaft war und Strafen des Himmels nach sich zog.
Einen Übertritt zum Katholizismus, wie andere Romantiker ihn vollzogen, hatte Fouqué zwar erwogen, aber nicht ausgeführt. Im Rückblick sprach er davon, daß er zur Zeit des Entstehens seiner ersten Dichtungen »eher zum Für als zum Wider in Betreff des Katholizismus gestimmt war«. Die »Herrlichkeiten des katholischen Kirchendienstes« zogen ihn an und »die Legendenwunder, allzumal im edelsten Glanze dargestellt durch die Dichtungen der neuromantischen Schule, der ich angehörte mit Seel' und Leib«. Mit Caroline gemeinsam wollte er »eintreten in die Gemeinschaft der alten Kirche«. Schon träumte er vom Bau katholischer »Andachtsstätten« im Park von Nennhausen, aber dann »stemmte sich glücklicherweise mannigfach die Außenwelt dagegen« – die sich sicher in Caroline und ihrem Vater, Herrn von Briest, dem Besitzer von Nennhausen verkörperte. Also begnügte er sich damit, auf die »Laulichkeit ... modernprotestantischer Prediger« zu schimpfen, erbaute sich mit anderen Zeitgenossen an der Mystik Jacob Böhmes (ohne wie Friedrich Schlegel, Schelling oder Franz von Baader zu philosophischen Fragestellungen vordringen zu können) und hielt sich dabei für einen bibelgläubigen Christen im »allerstrengsten Sinne«. Daß er sich auch mit Gespenster- und Geistererscheinungen (die bei Friedrichs Nachfolger ja auch im preußischen Königsschloß rege waren), mit Somnambulismus, Prophetie und Magnetismus beschäftigte, gehörte (obwohl ganz modern-romantisch) zu seinem aufs Mittelalter gerichteten Weltbild dazu.

Gar nicht mittelalterlich-katholisch war aber Fouqués Prüderie, die mit zunehmendem Alter immer starrer wurde. Zwar gibt er im »Alwin« dem Helden gleich vier Bräute (was der in diesem Punkt empfindliche Jean Paul auch prompt kritisierte) und läßt den sagenhaften Ahnherrn im »Zauberring« in allen Gegenden Europas Helden zeugen, doch geht es dabei immer so zu wie bei den jungen Offizieren in Fouqués Regiment, die nur »dem edlen Frauendienst sittig ergeben« waren. Sinnlichkeit, wenn es sie überhaupt gibt, ist bei ihm immer an böse Frauen gebunden, im »Todesbund« an Diona, im »Alethes« an Yolande. Wenn am Ende des zweiten Buches des »Alethes« im Ardennengebirge die holde Gestalt der ränkevollen Geliebten auf dunklem Bette ruht, errötend ihr Gesicht an des Helden Brust legt und sein wird mit all ihrem unendlichen Reiz, so stellt das in erotischer Hinsicht den Höhepunkt von Fouqués Gestaltungsmöglichkeit dar. Die wahre Herzensbraut, die gute helle Emilie (die dann mitsamt dem sie umgebenden Wasser, viel lebensechter und schöner als Undine, wiederkehrte) vermag solch sündige Reize nicht auszuüben.

Der Schlußteil des »Alethes«, den Arno Schmidt »zahm« und »trübmilde« nennt, wurde erst 1816, also neun Jahre nach den ersten drei Teilen geschrieben, und man findet tatsächlich, wie der Verfasser selbst befürchtete, »einen andern Geist« darin: den fortgeschrittener Frömmelei nämlich. Fouqué machte in der Vorrede zum Roman und in der späten Autobiographie die politisch-kriegerischen Ereignisse für die Unterbrechung an der Arbeit verantwortlich. Arno Schmidt aber glaubt, daß Fouqué »erschöpft vor den eigenen Abgründen« und erschreckt von seiner Rücksichtslosigkeit Caroline gegenüber nicht weiterschrieb.

1816, so heißt es bei Fouqué »ward in stets ernsthafterer Gewissenhaftigkeit ein dort vorhandener sündlicher Flecken hinausgetilgt und das phantastisch wunderliche Räthselgeflecht aufgelöst in einen – ich darf es nach manch treulichem Ringen sagen – reinen Schluß-Akkord«. Daß dieses »nach Gottes wunderbarer und herrlicher Leitung« geschah und nicht nach der der Lebenserfahrung, ist dem Schluß wahrhaftig anzumerken. »O welch Genuß ward uns«, schrieb Heinrich Voß, der Sohn des Homer-Nachdichters, an den Verfasser, »der versöhnende Schluß wirkt herrlich auf das Gemüth«. Arno Schmidt aber, der Fouqué ja gern als »guten Heiden« sehen will, ist natürlich über das vierte Buch verärgert, ringt sich aber doch zu dem Urteil »wenigstens nicht allzu störend« durch.

Hier wie bei vielen anderen Äußerungen des Nicht-Christen Schmidt über den Christen Fouqué ist wohl der Wunsch der Vater des Gedankens. Indem er ihn zum Heiden macht oder vorschlägt, den Frömmler vom Dichter zu trennen, versucht er, ihn für sich zu retten. Angesichts des »Alethes«-Schlusses muß man bezweifeln, daß das möglich ist.

Vaterland

In der »Lebensgeschichte« weist Fouqué auf den autobiographischen Gehalt des »Alethes« hin. Seine damalige, zwischen »Kampfeslust und Heerdeshuld« schwankende Stimmung sei in dem Roman gestaltet, besonders deutlich in Bertholds Lied, in dem es der an den Herd gefesselte Kriegsmann Gott anheimstellt, ihn bei Frau und Kind zu lassen oder in die ersehnte Schlacht zu schicken

»Du siehst in dies mein Herze,
Kennst seine Lust und Noth:
Mild winkt der Heimath Kerze,
Kühn ruft glorwürd'ger Tod.«

Bezeichnend für Fouqué (nicht nur in diesem Roman) ist dabei, daß vom Zweck und vom Ziel des Kampfes wenig die Rede ist, daß die Sehnsucht der Helden immer den Waffen und der Schlacht als solchen gilt. Man muß der bösen Yolande ja recht geben, wenn sie die paar vaterländischen Phrasen, die der Autor seinem Helden mitgibt, »hochtönende Worte« nennt, hinter der Alethes seine Kriegslust verstecke – man soll die Frau aber dafür, so will es Fouqué, verachten. Gar zu sehr enthüllt sie schon im ersten Kapitel ihren üblen Charakter, wenn sie den Degen, den sie Alethes von der Hüfte gürtet, aufs Sofa wirft und ihn eine »schlimme Geräthschaft« nennt.

Daß das Vaterländische im »Alethes« nicht recht zum Zuge kommt, liegt unter anderem auch an der historischen Ansiedlung des Stoffes, die in vieler Hinsicht unglücklich ist, am meisten in der, daß Fouqué sie nicht zu nutzen versteht. Er hat keine Vorstellung von der Zeit, durch die er Alethes reiten läßt. Ein Abbild wirklicher Geschichtlichkeit entsteht zwar auch nicht, wenn er zu den Rittern oder den alten Germanen zurückgeht, doch ist sein Traum vom Mittelalter intensiv genug, um so etwas wie eine geschlossene Welt entstehen zu lassen. Mit der politischen Situation nach dem 30jährigen Krieg aber weiß er nicht viel mehr anzufangen, als daß er seinen wahnsinnigen Einsiedler aus den Ardennen schließlich zum Grafen Thurn werden läßt, zu jenem Mann also, der 1618 an der Spitze der böhmischen Protestanten stand, die mit ihrem Aufruhr den 30jährigen Krieg einleiteten (und der übrigens schon acht Jahre vor Ende des Krieges starb).

Nicht nur im schwierigen Bereich des 30jährigen Krieges hatte Fouqué mit dem Begriff des Vaterlandes Schwierigkeiten. Seine Haltung war immer die des Adligen, der sich als Angehöriger der Kriegerkaste verstand und (dem ursprünglichen Lehnsverhältnis entsprechend) nicht dem Land, sondern dem König verantwortlich war, in seinem Fall dem preußischen also. Zwar folgte er dem Zug der Zeit soweit, daß das Deutsche ihm wichtig wurde, er von Deutschland, deutschen Brüdern und deutschem Vaterland sprach und dichtete, aber wenn es ihm ernst war, stand nicht das Land, sondern der König an erster Stelle, denn mit den »Demagogen«, die einen deutschen Einheitsstaat forderten, hatte er nichts zu tun. Die wenigen in diese Richtung zielenden Begriffe im »Alethes« sind deshalb sehr vorsichtig formuliert: »deutsche Freiheit und Ehre«, »Selbständigkeit der deutschen Lande«, »eignes politisches Leben der ganzen Nation«, »Erweckung des Entschlafenen«, »Entfaltung der heiligsten Knospen zu freudiger Blüthe«, »Heraufbeschwörung unvergänglicher Lichter«, »Freiheit und Recht«. Alles was dabei deutlich wird, ist eine allgemein anti-kaiserliche Haltung, eine protestantische, die man auch eine preußische nennen könnte.

Als Fouqué zwei Jahre nach Erscheinen des »Alethes« ein politisches »Glaubensbekenntnis« veröffentlichte, begann das mit den Worten: »Fürchtet Gott! Ehret den König!« und erst zwei Seiten weiter war von den »lieben

deutschen Männern« und »unserm Deutschland« die Rede. Er war in dieser Zeit in einer schwierigen Situation. Sein inneres Verhältnis zu Deutschland war immer nur eins zu dem des Mittelalters gewesen. Vor und während der Befreiungskriege hatten seine Träume von mittelalterlicher deutscher Größe das Nationalgefühl mit erwachen lassen. Nach 1815 dann träumte die ungebärdige Jugend seinen Traum in einer Weise weiter, die ihn entsetzen mußte: das mittelalterliche Kaisertum geriet in Zusammenhang mit Forderungen nach Einheit und Verfassung. An Fouqué bewies sich nun, was (bis heute) politische Praxis immerfort beweist: Das vielberufene Nationale entlarvt sich schnell als leere Phrase, wenn es Sozialinteressen widerspricht. Der Baron überwältigte nicht nur, wie Varnhagen sagte, den Dichter: Er überwältigte auch den Deutschen.
Einen Vorteil hatte das: Chauvinistische Haßgesänge gegen die Franzosen, wie sie bei Arndt, Kleist, Körner und anderen vorkamen, hat Fouqué nie angestimmt. Neben seinem gering ausgebildeten Nationalismus und seiner französischen Herkunft hatte das auch mit seiner Auffassung von Ritterlichkeit zu tun.

Gesetzlicher Sinn

Im Jahr des Tilsiter Friedens, der trüben Zeit, in der die Hauptteile des »Alethes« geschrieben wurden, kam ein Abgesandter einer der damals entstehenden anti-französischen Geheimbünde zu Fouqué, um sich seiner Mitwirkung bei einer eventuellen Erhebung gegen die Besatzungsmacht zu versichern. Fouqué, den die Aussicht auf eine Revanche für Jena und Auerstedt natürlich entflammte, sagte unter Bedingungen zu, bat aber um »einen sichern Zufluchtsort für Weib und Kind, wann nun der blutige Reigen anhebt«.

Dieser Szene aus dem Leben entspricht ziemlich genau die im vierten Kapitel des zweiten Buches im Roman, in der Alethes den Freund Berthold aufsucht, um ihn für den Kampf gegen die Fremden zu gewinnen. Ausgelassen sind in der fiktiven Handlung nur die Bedingungen, die in der realen dem Verschwörer von Fouqué gestellt wurden. Sie lauteten, erstens: »Kein Meuchelmord des Feindes oder sonst Überfall und Überwältigung desselben unter gastlichem Dach, misbrauchend sein Vertrauen«, und zweitens: »Das feierliche Ehrenwort eines jeden Vorgesetzten: Alles was geschehe und geschehen solle, geschehe im Namen und auf ausdrücklichen Befehl des Königs, unseres Herrn«.

Die zweite Bedingung enthielt das Hauptproblem der Patrioten dieser Zeit, das nicht nur Fouqué bewegte: Sie konnten, durch die Bündnis-Politik des Königs, aus patriotischer Begeisterung zu Rebellen gegen das Herrscherhaus werden. In Schill und York wurde das Problem dann akut, von der preußischen Heldenverehrung später aber immer kaschiert. Das tat auch Fouqué. Er verehrte Schill, bedichtete ihn:

»Giebt's künftig wieder Kriegesbrand,
Woll'n Alle wir für Fürst und Land
Mit Schill marschiren ...«

mußte dann aber natürlich dessen aussichtslosen Privat-Krieg verurteilen, weil der König ihn verurteilt hatte. Also wurde der Held bei Fouqué zum »edlen Gestirn«, das »durch fremde Magnetkraft fortgezogen und irregeleitet aus seiner Bahn tretend unterging«. Im Roman aber, den diese Zeit hervorbrachte, ging Fouqué bezeichnenderweise diesem wirklich brennenden politischen Problem (das er meint, wenn er im 1816 geschriebenen Vorbericht sagt, daß Männern »von gesetzlichem Sinn die Bahn zu ächten Thaten verschlossen schien«) aus dem Weg, indem er Alethes zum unabhängigen Reichsgrafen machte und nicht, wie nahe gelegen hätte, zum Offizier des brandenburgischen Kurfürsten. Statt sich Konflikten zu stellen, vermied er sie. Hier liegt der Grund dafür, daß Fouqués Romane und Erzählungen trotz Abenteuerlichkeit und Fabulierlust und -kunst so langweilig gerieten. Kleists »Prinz von Homburg«, der in eben dieser Zeit, aus der gleichen Situation heraus entstand, wäre unter Fouqués Feder zu nichts als der Liebesgeschichte eines frisch-fröhlichen Siegers geworden.

Wenn Fouqué vom Gesetz sprach, war aber damit noch mehr gemeint als die Treue zum König. Gesetz und Recht war das Schlagwort, mit dem die Adelsopposition den Reformern entgegentrat, und sie bezeichnete damit die altverbrieften Vorrechte des Adels. Der Streit zwischen den Reformern und deren Gegnern begann zu der Zeit, in der Fouqué die ersten Teile des »Alethes« schrieb, und wurde, obwohl die Kontrahenten bis 1813 das gemeinsame Ziel hatten, Napoleon loszuwerden, zeitweilig doch erbittert geführt. Kleists »Berliner Abendblätter«, in denen die Opposition zu Wort kam (und wo auch Fouqué Mitarbeiter war), gingen daran zugrunde. Marwitz und Graf Finckenstein, die Führer der Reformgegner, wurden zur Festungshaft verurteilt.

Fouqué, der viel zu obrigkeitstreu war, um sich an dem politischen Streit vor 1813 zu beteiligen, stand innerlich ganz auf Seiten des konservativen Adels. Er meldete sich erst nach den Befreiungskriegen, als die Reformpolitik nicht mehr Staatspolitik war, zu Wort. Zwar ging er nicht so weit wie Marwitz, der sich auf die brandenburgische Ständeverfassung der vorabsolutistischen Zeit berief, um den Einfluß des Adels auf die Regierung zu garantieren, wollte aber an den Herrschaftsverhältnissen auf dem Lande nichts geändert wissen. Wenn es in seinem politischen Glaubensbekenntnis von 1819 hieß: »Achtet hoch eure eignen Rechte und eben so hoch die Rechte der Mitbürger«, so war das patriarchalische Verhältnis von Adel und abhängiger Bauernschaft damit gemeint. In dessen Auflösung sah er nur den Verlust an schöner menschlicher Bindung zwischen Gutsherrschaft und Untertan. Das floß auch in den »Alethes« mit ein. Im zweiten Kapitel des dritten Buches hat Fouqué den Unterschied zwischen dem liebevollen alten und dem nur auf Nutzen bedachten (sozusagen kapitalistischen) Abhängigkeitsverhältnis darzustellen versucht.

Auch an Alethes' Worte über die Oberherren, die den Untertanen nicht nur hülfreich, sondern auch freundlich und hold zu sein haben, könnte Bernhardi gedacht haben, als er 1811 an den Freund Fouqué schrieb: »Sind nicht selbst die Edelsten und Gemäßigten unter Euch einig, daß . . . in dem Hergebrachten und Bestehenden nothwendige Veränderungen durch die Zeit geboten sind? Wenn der Dichter in seiner Darstellung dies verschweigt . . . so wird allerdings die Darstellung sophistisch und der Dichter schadet sich und der Sache.«

Das internationale, auf Friedens- und Nächstenliebe basierende Christentum zur National- und Kriegsreligion zu machen, ist immer leichter gewesen, als man annehmen sollte. Man erklärte den Feind zum Antichrist und tat so, als gäbe es weiter keine Probleme. Auch Fouqué sah solche nie. Der Widerspruch zwischen Nächstenliebe und Totschlag im Kriege wurde von ihm nie reflektiert. Waren doch auch seine Idealgestalten, die Ritter, die er sich erträumte, christlich und kriegerisch zugleich gewesen. Mit dem Degen, den er 1813 »zu Gottes Lob und Preis« geführt hatte, schmückte er nach seiner Heimkehr die Nennhausener Kirche, und zu Kleists »Abendblättern« steuerte er folgende Anekdote bei:

»Kriegsregel.

Ein alter ausgedienter Kriegsknecht sagte zu seinem Sohne: Höre Fritz, du bis nun auch ein Reiter geworden, wie ich war, und übermorgen marschiert die Schwadron gegen den Feind. Da will ich dir was sagen. Wenn wir sonst einhauen sollten, pflegte unser Rittmeister zu sprechen: ›haut die Hunde zusammen, daß sie die Schwerenoth kriegen!‹ – Der Herr Wachtmeister rief auch wohl: ›Drauf! In's Teufel Namen!‹ – Ich habe mir aber nie was Sonderliches dabei denken können. Meine Manier war die, daß ich den Pallasch recht fest faßte und dann ganz stille aber recht inbrünstig zu mir sagte: ›nun mit Gott.‹ – Ich wollte, du thätest das auch; es haut sich ganz prächtig darnach.«

Kriegsmord als christlich, edel und »ächt« anzusehen, hatte Fouqué zeitig gelernt. Die Zeilen aus Friedrich von Stolbergs Gedicht vom »Deutschen Knaben«:

»Schon früh in meiner Kindheit war
Mein täglich Spiel der Krieg«.

bezieht Fouqué auf sich, wenn er sich seiner Kindheit erinnert. Viele verschiedene Einflüsse wirkten da zusammen: der Stolz auf die adlige Herkunft und den berühmten Großvater, der Hausfreund der Eltern, von Schmettau, der dem Jungen mit einem Spielzeuggewehr das preußische Exerzierreglement einpaukte, die »Heldengestaltung« seines Paten, Friedrichs II., und die Lektüre trivialer Ritterromane, die ihm schon vor der Beschäftigung mit mittelalterlicher Dichtung die Welt erschlossen, in der er sich später dichtend einlebte und dabei den Blick für gegenwärtige Realitäten fast verlor.

Als er, schon gegen Ende seines Lebens, im Eckermann lesen mußte, daß Goethe, nach der Lektüre von Fouqués »Sängerkrieg auf der Wartburg«, von der »altdeutschen düstern Zeit« gesprochen hatte, in der für die Literatur nichts zu holen wäre, fühlte er sich verpflichtet, den schon toten Olympier noch über die Vorzüge des Mittelalters aufzuklären, »wo die Menschen in hohen, luftigen Burgeshallen wohnen, stets an den schönsten Plätzen einer frischverstandenen Natur gegründet und aufgeführt, wo sie mit kühnem Weidewerk sich Tages hindurch ergötzen, bei der Heimkehr durch Harfenspiel und Heldengesang oder Minnelieder empfangen unter Becherklang und begrüßt von holden zierlich geschmückten Frauen im kerzenlichten Saal, nicht selten fröhlichen Reigentanz mit ihnen haltend oder sinniges Rätselspiel – ich dächte, da wäre doch eben nicht über Düsterheit zu klagen. Vielmehr gar viel des Schönen und Guten ließe sich von dort allerdings holen in unsere keineswegs doch wohl so durchgängig kraftvoll fröhliche Zeit herein.«

Passend zu seiner Art von Feudal-Denken, aus dem er nie herauskam, baute Fouqué sich eine Vergangenheitswelt, in der eigentlich nicht der Adel herrschte, sondern die adlige Tugend, die er immer wieder Ritterlichkeit nannte. Von Perthes aufgefordert, diese zu definieren, sprach er von »einem zarten Wesen, fast eben so zart als die jungfräuliche Unschuld«, das wie diese »in seiner Reinheit behütet« sein will, wußte aber keine Antwort als die, die »jede ächte Mannesbrust giebt«, und den Hinweis auf die Gestalten seiner Dichtungen, die die gemeinten »Gesinnungen in Wort und That ausströmen«. Diese kraft- und tugendstrotzenden Helden aber, die aus seinen Kindheitsträumen stammten, sein kindliches Gemüt das Leben hindurch begleiteten und (als Selbstdarstellungen seines Traum-Ich) in fast allen Werken (ob die nun bei den Germanen oder in der Gegenwart spielten) auftraten, waren vorwiegend mit »ächten«, also kriegerischen, Taten beschäftigt, oder sie dürsteten nach ihnen, und zwar so sehr, daß ihnen (und ihrem Verfasser) jeder Krieg schön erschien.

Während der gleichaltrige Heinrich von Kleist, wie Fouqué einem alten Adelsgeschlecht entstammend, sehr jung schon Soldat und im Koalitionskrieg gegen Frankreich dabei, früh schon das Unmoralische des Krieges erkannte und das Militär ihm ein »Monument der Tyrannei« war, bemerkte Fouqué, in derselben Armee, im selben Krieg, nur Heldentum, Ruhm und Ehre. Der Glanz seiner Ritterzeit vergoldete ihm auch die Gegenwart. Von dem vielfach bezeugten moralischen und militärischen Tiefstand des preußischen Offizierskorps vor 1806 ist, wenn er über die Zeit seines Garnisonslebens schrieb (in »Abfall und Buße« zum Beispiel), nichts zu spüren. Er sah alle Kameraden so, wie er selbst wohl war:

»Ein weiches Herz im Busen,
Ein krieg'risch glühn'der Sinn,
Manch holder Wink der Musen,
Das ward mir zum Gewinn.«

Der Ritt in die Schlacht wurde ihm »ein steter Fest-Ritt« mit Gesang und »fröhlichem Gespräch«, und wenn dann die Kugeln ihn umsausten, konnte er siegesbewußt lachen, obwohl der Krieg gegen die Französische Republik alles andere als siegreich war. Wenn dann aber gar sein König 1813 das Volk zu den Waffen rief und Fouqué ihm die havelländischen Freiwilligen zuführen durfte, hatte der auf der Höhe seines Ruhms stehende Dichter-Offizier vollends das Gefühl, daß Rittertraum und Wirklichkeit eines waren, und das Morden wurde noch schöner: »Wie herrlich dampfte das Feld! Batterien donnerten herüber und hinüber; lang wie blitzende Schuppenschlangen zog mit sonnig-blanken Bayonetten das Fußvolk auf gewundenen Wegen heran, und der kecke Ruf der Trommel ließ sich munter zwischen den Donnerschlägen des Geschützes vernehmen. Von einer andern Seite dort entfaltete sich die fröhliche Linie des Schützenangriffs, und das Horn rief Jagdklänge zwischen dem Geschmetter der einzeln aufknallenden Gewehre durch. – Und das schön lautende Preußensignal: Trab! ward von hellen Trompeten geblasen und vielfach wiederholt von einer Reitercolonne, die in Zügen heraneilte, den Staub gen Himmel wirbelnd. – Mein Gott, mein Gott, stammelte freudig glühend Robert, das ist ja ganz unaussprechlich schön! Das ist ja wohl allzu schön für diese Welt! Nun bin ich ja wirklich auf einem herrlichen Schlachtfelde.«

Da zu solcher Herrlichkeit natürlich immer zwei Beteiligte gehörten, hatte der »echte Soldat für würdige Gegner einen unpartheiischen, ja wahrhaft liebenden Sinn«, und wenn gerade mal kein Krieg war, konnte man immer noch Einzelgefechte (besonders gern unter Freunden) führen, in denen es um nichts als um die Ehre ging. Denn Kampf und Krieg (nur ersatzweise die Jagd) waren nach Fouqués Überzeugung des Adligen eigentlicher und einziger Beruf. Nur deshalb hatte er seine Privilegien und konnte sie ruhigen Gewissens genießen. Die »begünstigende Muße«, die der Bauer ihm durch Fronarbeit schaffte, ermöglichte es ihm, »in die Gesinnungen der Ehre und des freudigen Muthes von Jugend an durch Gespräch, Erzählung, Anschau'n eingeweiht« zu werden und vor allem »die edle Kunst der Waffen zu üben und zu ergründen«. Also – sammelte Fouqué Speere und übte sich in deren Handhabung. Einer davon (»von braun gebeitztem Holze, einen messingnen Ring unten um die fast fußlange Stahlspitze«) war ihm besonders ans Herz gewachsen. »Wie herrlich er unter den grünen Blättern im Sonnenlicht leuchtet. Thiodolf hat ihn nicht schöner gehabt.«

Der in diesem Punkt sonst so empfindliche Arno Schmidt hat (wohl um die Gestalt des Dichters, an den er soviel Fleiß, Eifer und Akribie gewandt hat, nicht zu beschädigen) diese kindlich-gedankenlose Kriegslüsternheit weitgehend ignoriert oder als unwesentlich beiseite geschoben. Darin wird ihm wohl niemand, der nicht wie er »1 Myriade Stunden« mit Fouqué verbracht hat, folgen können. Man wird, die Folgen solcher Kriegs-Gesinnung für die deutsche Geschichte bedenkend, erschrekken oder, wie schon die Zeitgenossen es taten, lachen darüber und versucht sein, Heines Witzwort über den Fouqué'schen Sigurd auf seinen Autor anzuwenden: »Er hat so viel Mut wie hundert Löwen und so viel Verstand wie zwei Esel.«

Rahels erste Liebe

Versuch einer Rekonstruktion

Oper und Palast

Man weiß ungefähr wann, genau wo sie sich zum erstenmal sahen und sprachen. Der Ort kann besichtigt werden. Er ist einer der wenigen dieser Geschichte, der noch so ist wie er war, nicht original, aber dem Original entsprechend erneuert: die Staatsoper Unter den Linden, die damals königlich war.

Das erste Begegnen wird also von Musik untermalt. Man spielt eine der zwanzig Opern, die der Leiter des Hauses, Vincento Righini aus Bologna, komponiert hat, vielleicht sein erfolgreichstes Stück, »Enea nel Lazio«, das sich Dramma eroico-tragico nennt. Sie sitzen in benachbarten Logen, sie neben Anselm Weber, dem Komponisten, er unter Amtskollegen und doch, wie es scheint, allein. Er ist blond und sehr jung, jünger als sie, und mit blauem Rock, grauer Weste, weißem Tuch unterm Kinn streng nach der Mode bekleidet. Im Unterschied zu den Männern, die um ihn sitzen, konzentriert er sich auf die Musik, ohne Freude daran zu haben.

»Vermute ich richtig,« könnte sie ihn nachher fragen, »daß dies hier Ihren Ansprüchen nicht genügt?« – und er wird vielleicht erröten vor Schreck, weil sie, ohne daß sie ihn kennt, schon weiß, was er denkt; aber nicht lange danach wird er schon von seinen Schwestern erzählen, mit deren Stimmen keine, die man hier hört, wetteifern kann.

Die Theatersitzordnung bildet die hierarchische Staatsordnung nach. Die besten Plätze, die Mittellogen, sind für den König, für seine Frauen, seine Familie und für den Hofstaat bestimmt; die Diplomaten, die höheren Offiziere und Beamten haben mit den anderen Logen Vorlieb zu nehmen; die Subalternoffiziere und die Bürger drängen sich im Parkett. Nicht repräsentiert sind die Bauern: vom preußischen Staatsvolk etwa 80 Prozent. Die ermöglichen zwar die Kultur, nehmen aber an ihr nicht teil. Hätten sie Zeit und auch Lust, in die Oper zu gehen, fehlte ihnen das Eintrittsgeld; hätten sie dieses auch, mangelte es ihnen an der festlichen Kleidung, die obligatorisch ist.

Staats- und Theatersitzordnung sind sich auch darin gleich, daß ihre Regeln nur aufrechterhalten werden können, wenn man sie ständig durchbricht. Justizminister Woellner, einer der mächtigsten Männer im Staat Friedrich Wilhelms II., ist ein Pastorensohn; ein Minchen Enke darf als Gräfin Lichtenau ein Palais bewohnen, weil sie Mätresse des Königs ist – und Rahel Levin, die Jüdin, kann in der Loge sitzen, weil sie Freunde unter den Diplomaten hat. Am Hof kann sie nicht verkehren, aber Männer des Hofes verkehren bei ihr.

In der Pause, so ist zu vermuten, macht jemand die beiden miteinander bekannt. Mademoiselle Levin! Graf Finckenstein! Sehr erfreut! Zu viert oder fünft stehen sie beieinander, die Männer in Uniform oder in farbigen Röcken mit weißen, enganliegenden Hosen. Rahel im dunklen Kleid. Dunkel sind auch ihre Augen, dunkel die Haare; das Gesicht, das erst beim Sprechen Anmut gewinnt, aber ist blaß; man sieht, daß sie kränkelt. Das Interesse, das sie an Karl nimmt, verwirrt diesen erst, die

Anteilnahme aber, die er gleich spürt, zwingt ihn zum Reden. Schwer fällt ihm das nicht, da Rahel, die das Gespräch dirigiert, das Thema, das ihm am meisten liegt, nicht verläßt: die Musik, die er kennt, liebt und ausübt. Nur von ihr meint er zu reden, doch redet er auch von sich. Wenn die Pause vorbei ist, er wieder auf seinem Logenplatz sitzt und die Heldentragödie sich fortsetzt, möchte er alles, was er gesagt hat, schon korrigieren. Das Gespräch, das ihm Freude gemacht hat, führt er also in Gedanken noch fort.

Überliefert ist nur, daß dies im Winter 1795/96 geschieht. Wir machen einen Februartag daraus, mit wenig Schnee und viel Wind. Karl ist 24 Jahre und einen Monat alt, Rahel ein Jahr und sieben Monate älter. Während sie vielleicht nach Hause gefahren wird, geht er wohl zu Fuß. Einladungen zum Abendessen hat er ausgeschlagen, weil er allein sein will. Er geht die Linden entlang bis kurz vor das Karree, hinter dem sich das Brandenburger Tor erhebt, biegt links in die Wilhelmstraße ein und betritt wenig später das Haus, das den Namen seiner Familie trägt: das Gräflich Finckensteinsche Palais. Es liegt auf der rechten Straßenseite, ist zwei Stockwerke hoch und wendet die breite Auffahrt und das von ionischen Säulen eingefaßte Portal dem Wilhelmplatz zu. Sieht man, wie damals üblich, von der Dienerschaft ab und rechnet auch Karl, der hier zwar geboren ist, sich aber als Gast nur fühlt, nicht dazu, wird es allein von seinem Besitzer bewohnt – von dem berühmten Großvater Karls, der unter dem großen Friedrich Minister war, es unter Friedrich Wilhelm II. geblieben ist und es auch unter Friedrich Wilhelm III. noch sein wird, bis schließlich der Tod diese fünf Jahrzehnte währende Laufbahn beendet.

Die Zimmer, die Karl bewohnt, stellen wir uns behaglich aber nicht prächtig vor. Sie sollen ganz oben liegen, nach hinten hinaus, mit Blick auf den Park, der sich lang und schmal bis an die Stadtmauer vor dem Tiergarten erstreckt. Wie fern von Berlin wohnt er hier, ohne das schätzen zu können. Die Bäume vor seinem Fenster erinnern ihn nur an die, die er vermißt, und fördern sein Heimweh. Trotz aller Genüsse, die die Residenz bietet, fühlt er sich in ihr noch fremd. Peter Roux, sein einziger Freund, ist nach Paris versetzt worden; von den Kollegen, deren Vergnügen ihm keine bereiten, hält er sich fern, und in die Salons, in denen die Leute verkehren, die er heimlich bewundert, führt man ihn nicht ein. Er müßte bitten darum; den Vetter Wilhelm von Burgsdorff zum Beispiel, der mit allen Geistesgrößen Bekanntschaft hält. Aber aufdrängen mag er sich nicht, und ob er den Anforderungen, die dort an ihn gestellt würden, gewachsen wäre, ist fraglich. Zwar hat er Bildung, aber keine Lust, sie zu zeigen, Gefühle im Übermaß, aber keinen Drang, sie zu analysieren, und wenn er auch Geist zu besitzen glaubt, kann er doch geistreich nicht sein. Er rettet sich aus der Einsamkeit lieber in eine Gemeinschaft, in der man einander sympathisch sein kann, ohne gleich Gründe dafür benennen zu müssen, weil man mehr singt als spricht: in die Gemeinsamkeit eines Chores.
Die Singakademie, die Karl Friedrich Fasch fünf Jahre vorher gegründet und zu solch gutem Ruf gebracht hat, daß Beethoven bei seinem Berlin-Aufenthalt im Sommer dieses Jahres ihre Proben besuchen wird, hat in Karl ein eifriges Mitglied. Da er von Musik, auch von Kirchenmusik, die hier vor allem gepflegt wird, etwas ver-

steht und seine Stimme hervorragend ist, fühlt er sich anerkannt hier, also wohl. Ohne sich als Einzelner bewähren zu müssen, kann er Freude an künstlerischer Produktivität empfinden; hier kann er sich zugehörig fühlen, ohne zu sehr gebunden zu sein.
Sollten es Noten sein, mit denen sich Karl an diesem Abend abzulenken versucht, wird er sich auf sie nicht konzentrieren können; sollte er sich ein Buch vornehmen, wird er mechanisch lesen, ohne ein Wort zu verstehen. Er wird also vielleicht lieber ans Fenster treten, sich selbst vor der Schwärze der Nacht in der Scheibe sehen und sich irgendwann wundern, daß die Kerzen, die auch mit im Spiegelbild sind, schneller als jemals zuvor vergehen. Denn die lebenden Bilder, die sich in ihm ohne sein Zutun bewegen, betäuben sein Zeitgefühl.

Die Dachstube

Daß Rahel, wie wir annehmen dürfen, beim Abschied zu Karl gesagt hat, er möge doch gelegentlich vorsprechen bei ihr, hat die Dabeistehenden wenig oder gar nicht gewundert: Man weiß, daß sie oft und gern Besuche empfängt, und gewöhnt sich schon ab, darüber zu reden. Was als Rahels Salon in die Kulturgeschichte eingehen wird, fängt in dieser Zeit an, sich zu bilden. Das Friedensjahrzehnt zwischen dem Abkommen von Basel (1795) und dem Zusammenbruch Preußens nach Jena und Auerstedt (1806), das auch das große Jahrzehnt der deutschen Literatur ist, wird Rahel zum Mittelpunkt eines Kreises machen, zu dem neben weniger bedeutenden

Frauen und Männern auch, ständig oder auf Zeit, Berühmtheiten wie die Brüder Humboldt, die Brüder Schlegel, die Brüder Tieck, Jean Paul, Friedrich Gentz und Prinz Louis Ferdinand gehören.

Geht doch jetzt schon manch einer nicht nur ihretwegen zu ihr, sondern auch, um dort Leute kennenzulernen, die er sonst nicht trifft: Schriftsteller, Schauspieler, Beamte und Diplomaten. So niveauvoll wie bei ihr läßt sich in Berlin nur in wenigen Häusern plaudern. Daß es einfach zugeht in ihren kleinen Räumen und an Dienerschaft nur ein Mädchen da ist, das den Tee, mit dem man vorlieb nehmen muß, serviert, hält keinen vom Kommen ab, im Gegenteil: Das Unkonventionelle gerade sucht man bei ihr; denn an Steifheit, Arroganz, Prüderie und Belanglosigkeit findet man anderswo schon genug, am Hofe ebenso wie in Adels- und Bürgerhäusern. Man kommt, wenn man will, auch am Vormittag schon, wird, falls Rahel nicht krank ist, auch angenommen und findet meist andere schon vor. Wenn man auch nicht jeden mag, den man dort trifft, kann man doch sicher sein, daß die Gespräche, die man hört und führt, zumindest nicht langweilig sind. Denn wen Rahel anzieht, der hat was zu sagen. So sehr ihre Freunde sich auch durch Stand, Vermögen, Bildung und Glauben von einander unterscheiden, haben sie doch eins gemeinsam: Originalität. Rahels Vorurteilslosigkeit akzeptiert jeden Charakter, jede Meinung und Lebensführung – nur echt müssen die sein. Abgestoßen wird sie durch Falschheit und innere Lehre.

So offen, wie sie sich gibt, hält sie sich für andere. In Karl hat ihre Neugier auf Menschen, die mit der Fähigkeit zum Mitfühlen unlöslich verbunden ist, sofort das Bedürfnis ausgelöst, ihr von sich zu erzählen. Den Gefühlsüberschuß, den er sonst sorgsam verbirgt, glaubt er ihr zeigen zu können. Bei ihr, weiß er schon, kann er, der sonst so Gehemmte, leicht reden, weil sie ihn versteht.

Die drei Tage, die er, des Anstands wegen, bis zum Besuch noch verstreichen läßt, werden ihm lang. Weit hat er es nicht. Er überquert den Wilhelmsplatz, auf dem unter winterlich kahlen Linden vier friderizianische Generäle aus Marmor stehen, und geht die Mohrenstraße entlang bis zum Gendarmenmarkt, dem größten, vielleicht auch schönsten Platz, den die Residenzstadt hat. Zwischen dem Neuen oder auch Deutschen Dom und dem Schauspielhaus hindurch erreicht er die Jäger- (die heutige Otto-Nuschke-)Straße, an deren Ecke die Seehandlung steht – was kein Fischgeschäft ist, sondern die Königliche Bank. Nun ist er schon in Rahels Bereich. In dieser Straße ist sie aufgewachsen, hier wohnt sie jetzt, mit, oder besser über ihrer Familie, die aus ihrer verwitweten Mutter und ihren vier jüngeren Geschwistern besteht.

Daß Karl sie, wie er sie sich erträumt hat, beim ersten, beim zweiten oder auch fünften Besuch allein sprechen kann, ist kaum anzunehmen. Ob er am Vor- oder Nachmittag oder am Abend kommt: immer ist die Dachstube, wie sie sie nennt, schon Ort der Begegnung. Denn die Grundlage für Rahels Bedeutung ist ihre Unfähigkeit, allein sein zu können. Leben ist ihr nur möglich mit anderen. Ihr Geist, der von allen verehrt wird, entfaltet sich nur im Gespräch, auch im schriftlichen, also im Brief, der bei Entfernung des Freundes den Dialog fortsetzen muß, oft über Jahre, manchmal Jahrzehnte hin.

Jeder Denk- und Gefühlsart ist sie gewachsen, und da sie nicht nur nimmt, sondern auch gibt, beichtet und Beichten empfängt, bringen die Gespräche auch immer Gewinn.
Karl, ein halbes Kind noch, wie sich herausstellen wird, erwartet vor allem die Wonne des Sich-Aussprechen-Könnens bei ihr. Nach Kinderart ist er in erster Linie an sich interessiert: an seinem Leid, das sich aus Heimweh, Stadtfremdheit und Einsamkeit zusammensetzt, an seinem Glück, das Musik und Natur ihm bereiten, und an einer ziellosen Sehnsucht, die beides vermischt. Darüber in Gegenwart anderer zu reden, ist ihm natürlich verwehrt. Er kann nur Andeutungen machen. Daß Rahel auch die schon versteht, ermuntert ihn wiederzukommen.
In den folgenden Winterwochen lernt er fast alle kennen, die zu Rahel gehören: Männer, von denen er einige kennt oder zumindest von ihnen schon weiß, Freundinnen Rahels aus Kindertagen, Jüdinnen meist, die aus bekannten Berliner Familien stammen, und dann Rahels Geschwister natürlich: Markus, der Herr im Hause ist, weil er das väterliche Geschäft übernahm, Ludwig, den angehenden Dichter, Rose, die mit ihren fünfzehn Jahren erst aufzublühen beginnt, und Moritz, der noch ein Kind ist.
Vielleicht will es das Unglück, daß bei Karls erstem Besuch sein Vetter schon da ist: Wilhelm von Burgsdorff aus Ziebingen, südlich von Frankfurt, gleich hinter der Oder. Der hat zwar ein Studium und eine kurze Anstellung im Staatsdienst hinter sich, denkt aber nicht daran, sich weiterhin Berufspflichten zu unterziehen, da seine schöngeistigen (und auch erotischen) Neigungen ihn

vollauf beschäftigen. Ludwig Tieck, seinen Schulfreund, wird er mit Rahel bekanntmachen; er wird mit Wilhelm von Humboldts Frau Caroline und mit Tiecks Frau Amalie Liebschaften haben, wird ausgedehnte Reisen unternehmen und mit vielen Künstlern verkehren, ohne je selbst produktiv zu sein. Karl hat ihn erst kürzlich zu Hause, in Madlitz, gesehen und dort das gleiche, wenn auch schwächer, gefühlt wie jetzt: eine Abneigung, die aus Überlegenheit entsteht und die Eifersucht zu nennen, er sich noch verbietet. Denn der weltläufige Vetter sticht ihn nicht nur bei Rahel aus: auch bei Karls geliebten Schwestern Henriette und Caroline, die Burgsdorff nacheinander, nicht ohne Erfolg, umwirbt. Karls Vater wird dem Unentschiedenen später das Haus verbieten, was diesen sehr quälen wird, aber nicht lange, weil sein Herz sich bald nach einem anderen weiblichen orientiert.

Wenn Burgsdorff dabei ist, von Dingen zu reden, die dieser kennt, ist Karl nicht möglich, aber auch in Gegenwart anderer fällt es ihm schwer. Da seine Familie ihm heilig ist, wäre der Ton, in dem er über sie redete, entsprechend gefärbt – was man befremdlich oder gar lächerlich finden könnte. Er schweigt also lieber, oder er paßt sich, wenn Rahel ihn mit ins Gespräch zieht, dem jeweils herrschenden Ton möglichst an. Gut gelingt ihm das nie. Sarkastisch wie Genelli (mit dem er später noch sehr vertraut werden wird) kann er nicht sein; die Geschliffenheit Brinckmanns, des schwedischen Diplomaten, der Verse in deutscher Sprache schreibt, steht ihm nicht zu Gebote; und wenn er auch den Witz des Majors von Gualtieri hätte, fehlte ihm doch der Stoff dazu: denn die Tagesneuigkeiten vom Hofe, die der Flügeladjutant

Friedrich Wilhelms II. in die Dachstube mitbringt und pointiert zu erzählen weiß, erreichen Karl auf seinem Büroschemel der Kurmärkischen Kriegs- und Domänenkammer nicht.

Besser ist ihm zumute, wenn Frauen zugegen sind, weil die, außer Liebenswürdigkeit, keine Leistung von ihm erwarten; und liebenswürdig zu Frauen zu sein, fällt ihm nicht schwer. Für jede findet er dann gleich den richtigen Ton. Selbst Frau Unzelmann, der bedeutendsten Schauspielerin Berlins, die sofort mit ihm zu kokettieren beginnt, weiß er geschickt zu begegnen, indem er Distanz wahrt, aber doch zeigt, daß ihn die Auszeichnung freut.

Von einem, der niemals dabei ist (und der auch nie kommen wird), ist so häufig die Rede, daß Karl unrhig wird: von Goethe, den Rahel, wie sie nicht müde wird zu beteuern, nicht nur verehrt, sondern liebt. Im Vorjahr ist sie ihm in Karlsbad begegnet, und das Kompliment, das er ihr nachträglich machte, hat sie auf Brief-Umwegen erreicht. Mehrmals erlebt Karl mit, daß sie es vorliest, und immer fällt es den Zuhörern schwer, Rahels Glück auch zu teilen. Denn Goethe, der Kenner von Frauenschönheit, nennt nur ihre Seele schön. Was er rühmt, ist die Stärke ihrer Empfindung und die Leichtigkeit ihres Ausdrucks, und wenn das Wort liebevoll fällt, hört jeder (von Karl abgesehen) mit: aber nicht liebeerregend.

Karl, für den Rahel schön *ist*, hört nur das Lob, das ihn schmerzt und beeindruckt. Er ist der einzige Mann in der Runde, den Goethes Ausspruch nicht betroffen macht. Denn so zärtlich-herablassend wie der Verehrte in Weimar denken sonst alle von ihr, die sie die Kleine nennen: mit Sympathie und Bewunderung, aber mit Mitleid auch. Die Tiefe ihrer Gedanken und Empfindungen, ihre Ausdruckskraft und Kritikfähigkeit schätzen sie alle, aber von keinem wird sie begehrt. Man braucht sie, um mit ihr über Liebe zu reden, aber ausüben will man sie mit ihr nicht.

Den Grund dafür einzig, wie auch sie selbst es tut, in ihrem Mangel an Grazie und Schönheit zu sehen, scheint nur Halbwahrheit zu sein. Vielleicht wirkt auch ihr Geist, der von allen als gleichberechtigt oder gar überlegen anerkannt wird, hemmend auf Männer, die Unterwerfung gewöhnt sind und hier Unbeugsamkeit finden. Vielleicht auch will Rahel diese herrschaftsgewohnten Männer nicht und kommt ihnen deshalb nicht entgegen. Tatsache ist jedenfalls, daß alle, die sie lieben wird, jünger und unbedeutender sein werden als sie.

Der erste von ihnen ist Karl, der von dieser Problematik nichts ahnt. Für ihn sind alle Bewunderer Rahels seine Rivalen, und da er sich ihnen unterlegen weiß, sind seine Qualen groß. Beim Einschlafen abends erfüllt ihn jedes Wort Rahels, das er sich in Erinnerung ruft, mit Hoffnung; jedes Erwachen am Morgen findet ihn hoffnungslos. Oft nimmt er sich vor, die Jägerstraße zu meiden, nie aber führt er den Vorsatz aus.

Als Rahel ihn gegen Ende des Winters, im März vielleicht, vielleicht auch erst im April, eines Nachmittags allein empfängt und alle Besucher, die nach ihm kommen, mit der Begründung, sie sei krank, abweisen läßt, trifft ihn das Glück unvorbereitet. Sprachlos macht es ihn nicht. Versteht Rahel doch die Kunst, Menschen zum Sprechen zu bringen.

Rahels Kommunikationszwang hat mit ihrem Abseitsstehen zu tun. Ihre Neugier auf Menschen ist auch Neugier auf eine Welt, zu der sie nicht gehört, ihre Gespräche sind auch Erkundungen – und ihre Liebe wird zum Versuch der Integration. Denn den Platz in der Gesellschaft, der Karl schon durch Geburt angewiesen wurde, muß sie erst erringen.
Während Karl von Kindheit an gelernt hat, sich als Teil einer Ahnenreihe zu sehen, weiß Rahel von ihrer Herkunft so gut wie nichts – sie spürt nur deren Folgen. Da sie sich mit der Geschichte ihres Volkes, die niemand sie gelehrt hat, nicht identifizieren kann, kommt ihr das Schicksal, eine Jüdin zu sein, wie individuelles Unglück vor. Sie sieht sich als Schlemihl, als Pechvogel also, der doppelt vom Pech verfolgt wird: durch Herkunft und durch Geschlecht. Das Jüdisch-Sein bewirkt ihre Absonderung, das Frau-Sein verdammt sie zur Untätigkeit.
Seit dem Mittelalter waren die Juden in Deutschland günstigstenfalls geduldet worden, meist aber wurden sie unterdrückt oder verfolgt. Auch im Zeitalter der Aufklärung gelten sie noch als verachtete Fremde, die rechtlich den anderen Einwohnern nicht gleichgestellt waren. Für sie galt in Preußen das »Judenrecht«, das ihre Zahl in den Städten begrenzte, ihnen nur die Ausübung bestimmter Berufe gestattete und soviel Geld wie möglich von ihnen erpreßte. Nur wenige kapitalkräftige Kaufleute, die Friedrich II. als Armeelieferanten, Unternehmer und Bankiers nützlich waren, wurden weitgehend von den Beschränkungen befreit. Aber erst fünf Jahre nach des

Königs Tod wurde als erster Jude in Preußen Daniel Ephraim rechtmäßiger Bürger der Stadt Berlin.
Markus Levin, Rahels Vater, war Bankier und auch Juwelenhändler. Er war im Siebenjährigen Krieg, als König Friedrich sich durch eine Münzverschlechterung die leeren Kassen wieder füllen ließ, mit anderen jüdischen Bankiers zusammen an dem Geschäft beteiligt worden, doch war der Reichtum, den er sich dabei erwarb, nach seinem Tode (1789) schnell zerronnen, so daß das Leben im Levinschen Hause ziemlich dürftig war. Die Lebemänner aus den höchsten Schichten der Gesellschaft, die vorher oft ins Haus gekommen waren, um sich Geld zu leihen (und die dabei mit dem nicht schönen, aber sehr gescheiten Mädchen Rahel gern geplaudert hatten), blieben aus. Man hungerte zwar nicht, doch war die Sorge, daß der Hunger einmal kommen könnte (ob berechtigt oder nicht) doch da. Denn Bruder Markus, der Geschäftsinhaber, hatte neben seiner eigenen Familie auch die Mutter zu ernähren und die vier Geschwister auch.
Rahel gehörte also nicht zu jenen Kaufmannstöchtern, die (vergeblich noch zu dieser Zeit) von einem Hochgeborenen träumten, der, der großen Mitgift wegen, den Makel ihrer jüdischen Geburt vergessen und an Heirat denken würde. Sie muß auf einen warten, der sie liebt.
Da sie schon fünfundzwanzig ist, wenn dieser eine endlich kommt, brauchte der wohl so schön, so lieb und auch so adlig nicht zu sein, um Gegenliebe in ihr zu entzünden. Liebt sie in ihm doch mehr als nur den blonden Grafen Finckenstein: den nämlich, der sie aus ihrem Unnützsein befreien und in die Welt, zu der sie gern gehören möchte, einführen kann.

Ahnengalerie

Die Finckensteins, die Anfang des 18. Jahrhunderts vom Kaiser in den Grafenstand erhoben wurden, sind seit dem späten Mittelalter schon im Ordenslande Preußen nachweisbar. Die Linie, aus der Karl kam, die märkische, war jünger. Sein Urgroßvater leitete sie ein. Der war zwar Feldmarschall, jedoch kein Truppenführer. Seine Verdienste lagen auf pädagogischem Gebiet. Er hatte Kronprinzen zu erziehen: erst Friedrich Wilhelm, den späteren Soldatenkönig, dann dessen Sohn, den zweiten Friedrich. Seinen Stammsitz, Schloß Finckenstein in Ostpreußen, baute er zwar prächtig aus, doch wohnte er dort kaum. Wenn die Erzieherpflicht es ihm erlaubte, Berlin und Potsdam zu verlassen, fuhr er in die Johanniterkomturei Lietzen, in der Mark, die seine Pfründe war. Nicht weit davon, in Madlitz, nahe Fürstenwalde, kaufte sein Sohn sich dann, im Jahre 1751, an.
Im Kindesalter schon hatte der Kronprinzenerzieherssohn seinem königlichen Herrn als Spielgefährte gedient, zur Zeit des Gutskaufs aber war er dessen Kabinettsminister: ein Mann mit Arbeitseifer, Ordnungssinn, politischem Verstand, dem König Friedrich auch in Krisenzeiten stets vertraute – den er jedoch nie an die berühmte Tafelrunde zog, weil er dort, wo Schöngeister und Zyniker den Ton angaben, nur Spott geerntet hätte. Denn der höchste Staatsbeamte des atheistischen Königs hing treu an seinem reformierten Glauben und war allen Neuerungen, selbst denen der Mode, abgeneigt. Die zierliche Rokokokleidung aus Friedrichs Tagen trug der alte Mann, der früh Witwer war, auch noch zu Zeiten Friedrich Wilhelms II. und des III., und allen Lockerun-

gen der Etikette widersetzte er sich. Daß mit seinem Tode die engen Bindungen seiner Familie ans Königshaus abreißen könnten, bekümmerte ihn. Hoffnung gab ihm in dieser Hinsicht nur sein Enkel Karl, der ein begabter Diplomat zu werden versprach. Denn seine Söhne enttäuschten ihn.

Seinen Ältesten, Karls Vater, hatten wohl schon die Hofmeister verdorben, als sie ihm Liebe zur Kunst, statt Liebe zum Staatsdienst beigebracht hatten. Zwar war seinem Jurastudium in Halle eine entsprechende Laufbahn gefolgt, in der er es schnell zu Amt und Würden gebracht hatte (er war 1777 Regierungspräsident der Neumark geworden), aber der Ehrgeiz, dem Thron näher zu kommen, hatte gefehlt. Als dann das Unglück ihn traf (unverschuldet, wie jeder zugeben mußte), hatte er gleich resigniert, der Politik den Rücken gekehrt und sich nach Madlitz zurückgezogen, das heißt: er war seiner Neigung zum kontemplativen Leben gefolgt.

Das Unglück, das ihn die Stellung gekostet hatte, war der oft beschriebene Müller-Arnold-Prozeß. In der Neumark hatte der Müller gegen einen Adligen geklagt, die Richter hatten dem Adligen Recht gegeben, der Müller hatte sich an Friedrich II. gewandt, und der hatte dem Müller (der tatsächlich im Unrecht war) Recht verschafft: mit Gewalt. Dem König hatte die Sache den Ruf eingebracht, für das Recht des Volks einzustehen, den Richtern Festungshaft, dem Präsidenten aber die vorzeitige Pensionierung – die ihm nicht unlieb war. Konnte der 34jährige sich doch nun ganz dem widmen, was ihm lag: seinem Gut, der Familie, der Literatur, der Musik und der Ausgestaltung seines Parks.

In der Harmonie und Kultiviertheit dieses Hauses

wächst Karl Friedrich Albrecht Reichsgraf Finck von Finckenstein (in der Familie und hier nur Karl genannt) wohlbehütet und von Liebe umgeben auf. Seine Mutter, eine geborene Gräfin von Schönburg-Glauchau, bringt zwischen 1771 und 1793 dreizehn Kinder zur Welt, von denen nur drei bald nach der Geburt sterben – was unter dem Durchschnitt der damaligen Kindersterblichkeitsrate liegt. Man nimmt die günstigen Bedingungen, die sich der Familie bieten, aber auch wahr: Immer wenn eine Entbindung herannaht, fährt das Ehepaar nach Berlin, weil dort, im Palais in der Wilhelmstraße, der königliche Hofarzt zur Verfügung steht. Einmal macht man sich zu spät auf den Weg, und eine Tochter kommt im Wagen zwischen Vogelsdorf und Dahlwitz, auf dem Barnim also, zur Welt – weshalb sie dann auch Barnime genannt wird.

Sie ist die dritte von Karls insgesamt sechs Schwestern, die alle sehr an ihm, dem Ältesten, hängen; von besonderer Bedeutung für ihn aber sind zwei, die nur wenig jünger als er sind. Wenn in seinen Briefen von Schwestern die Rede ist, sind vor allem diese beiden gemeint, Henriette und Caroline, die schön sind, die wunderbar singen, in die sich Burgsdorff verliebt, die Rahel als Rivalinnen empfindet – und die mit ihrem Bruder Karl nicht nur die Liebe zur Kunst gemeinsam haben, sondern später auch die zu einem Menschen, der unstandesgemäß ist.

In enger Gemeinschaft mit den Eltern (was unter Aristokraten in dieser Zeit durchaus nicht üblich ist) wachsen die Kinder auf. Das Kinderzimmer, das auch als Wohnzimmer dient, ist der Mittelpunkt des Hauses. Man spielt, liest und feiert gemeinsam, und auch wenn Be-

such kommt, sind die Kinder dabei – schon um ihre Leistung im Chorgesang bewundern zu lassen. Der Präsident (wie Karls Vater in dieser titelfreudigen Zeit bis an sein Lebensende genannt wird) übersetzt nicht nur die bukolischen Dichter der Alten, Theokrit, Bion und Moschos, ins Deutsche, gibt nicht nur eine historisch-kritische Ausgabe von Ewald von Kleists großem Gedicht »Der Frühling« heraus und schreibt über Gartenkunst, er komponiert auch – und beteiligt die Kinder an allem. Fast alle spielen Klavier, alle werden im Haus unterrichtet, und das Lieblingsvorhaben des Präsidenten, die Anlage des idyllischen Parks, der erst 1800 fertiggestellt ist, erleben sie alle mit.
Karl hat sein zwanzigstes Lebensjahr schon beendet, als er zum erstenmal das Herrenhaus in Madlitz verläßt, um ein dreijähriges Jura-Studium zu beginnen. Aber eine Lösung von der Familie bedeutet das noch nicht. Denn von der Universität in Frankfurt an der Oder, die er gewählt hat, ist Madlitz mit dem Wagen in ein bis zwei Stunden zu erreichen. Erst die Anstellung in Berlin bringt die wirkliche Trennung. Im Januar 1796 stellt er sich beim Staatsministerium vor und wird probeweise beschäftigt. In den folgenden Wochen lernt er Rahel kennen und lieben, ist aber im Mai schon wieder zu Haus: vielleicht um sich auf das Zulassungsexamen im Juni vorzubereiten, vielleicht um den Besuch Wilhelm von Humboldts und dessen Frau Caroline nicht zu versäumen, vielleicht weil er zu einer Aussprache beordert wurde, vielleicht nur aus Heimweh. Rahel, die krank ist, leidet unter der Trennung – der die Nachwelt das erste Briefdokument dieser Beziehung verdankt.

Das Eine

Das Verständnis dieser Liebesgeschichte wird nicht nur dadurch erschwert, daß uns fast 200 Jahre von den Liebenden trennen, sondern auch durch die Unvollständigkeit des überlieferten Materials. Das nämlich ist unausgewogen und lückenhaft. Von dem unbedeutenden Grafen, über dessen Denken und Fühlen man sonst wenig weiß, sind 90 Briefe an Rahel erhalten, von ihr, der berühmten Briefschreiberin, die unablässig ihr Inneres enthüllte (und doch rätselhaft bleibt), aber nur 5 an den Grafen. Auch sind Briefe überhaupt von fragwürdigem Dokumentenwert. Sie können, je nach Anlaß und Zweck ihrer Entstehung, auf Täuschung oder Selbsttäuschung beruhen, und auch wenn sie Wahrheit vermitteln, kann die vielleicht nur von Augenblicksgeltung sein.
Die Basis für die Rekonstruktion der Geschehnisse ist also schmal. Könnte man nicht darauf bauen, daß sich die Grundmuster menschlichen Fühlens nur wenig wandeln, verböte sich der Versuch. So aber kann man fehlende Kenntnis von Tatsachen durch Vermutung ergänzen, kann, neben historischen Wissen, eigne Erfahrung einfließen lassen – jeder für sich, wenn er will. Dies hier soll nicht Festlegung, sondern nur Vorschlag sein.
Der erste Brief Karls an Rahel, Madlitz, den 12. Mai 1796 (der ein Schreiben Caroline von Humboldts einschließt, in dem Karls Gewandtheit gelobt wird, als wäre an dieser zu zweifeln), wirkt, als würde mit ihm ein Muster für alle, die folgen, entworfen. Ob sie, wie dieser, im Lenz der Liebe geschrieben werden oder im Herbst, immer bleibt der Aufbau sich ähnlich, und Inhaltliches kommt wenig hinzu. Karls Gefühlsbereich wird durch

sie kaum vertieft und erweitert, und was Rahel an Erlebnissen und Erfahrungen geboten wird, bleibt ausschnitthaft. Alle Bemühungen Rahels, Karl zum Reden über das Ausgesparte zu bringen, haben keinen Erfolg: Das Kind, das sich in Liebe ganz hinzugeben scheint, bleibt in einem Punkt immer verstockt und verschwiegen.
Im ersten Brief wirkt dieses Schweigen noch wie Rücksichtnahme. Um Rahel nicht zu verletzen, vermeidet Karl Direktheit, kommt aber, da er nicht lügen kann, um das Verletzende nicht herum. Wenn man die späteren Briefe nicht kennt, wirkt dieser wie einer, der schlechtes Gewissen, das er verhüllen will, preisgibt, rührend in unbeabsichtigter Offenheit. Da Karl Angst davor hat (und wohl auch unfähig ist dazu), die Zerrissenheit seiner Gefühle zu analysieren, stellt er alles, was ihn bewegt, unbedacht nebeneinander und macht dem Empfänger dadurch das Analysieren leicht.
Er ist, als Rahel schon krank war, aus Gründen, die ihm, kaum aber ihr, zwingend erschienen, nach Madlitz gefahren, und der Schmerz, den er der Trennung wegen empfindet, ist echt. Über ihn vor allem nimmt er sich vor, ihr zu schreiben, und tatsächlich sind Dreiviertel des Briefes davon erfüllt. Da er weiß, wie sehr Rahel unter der Trennung leidet, stellt er, indem er sein eignes Unglücklichsein schildert, seine Liebe der ihren gleich. Aber auch der Rechtfertigung dient sein Leid: Je unglücklicher er sich macht, desto deutlicher muß ihr werden, daß er die Fahrt nach Hause notgedrungen nur unternahm.
Er kommt also vom Trennungsschmerz, den er mit Rahel ja teilt, auf den andern zu sprechen, den er allein tragen muß: auf den Gram ohne Namen, der ihm das

Herz abdrückt und die Seele zusammenpreßt, auf das Eine, das er vor der Reise schon ahnte und das tatsächlich nun kam. Ausgesprochen hat er seine Vorahnung damals nicht, um Rahel nicht zu erschrecken, aber sie hat wohl trotzdem davon gewußt. Auch jetzt spricht er nicht aus, um was es sich handelt – und nie in den kommenden Jahren wird er das tun. Das macht seine Briefe, bei aller Gleichförmigkeit, die sie dadurch bekommen, so spannend: weil man durch sie an heutige Briefe, die nicht veröffentlicht werden, erinnert wird. Denn Rahels Leid, das man auch ohne Kenntnis ihrer Briefe ahnt, wird heute vielfach gelitten: durch Liebe, die gefühlvoll aber kraftlos ist und die Entscheidung scheut. Da wird das Leben (und bald auch die Persönlichkeit) in Arbeit und Familie und Geliebte aufgeteilt und Überschreitung der Sektorengrenzen nicht geduldet. Da darf das eine Reich vom anderen nichts wissen, und wenn es etwas weiß, muß es darüber schweigen: die Frau, die Kinder sind für die Nebenfrau tabu.

Karl hat keine Ehefrau und keine Kinder, doch hat er Eltern und Geschwister, die ihn halten und denen er verpflichtet ist. So wie der Ehemann, der außerhalb der Ehe liebt, verübt auch Karl, der außerhalb des Standes liebt, Verrat. Wohl darf er lieben, aber diese nicht. Als Erbe der Familientradition (er ist der älteste der Söhne) empfindet er als Unrecht, was er fühlt, doch kann er andrerseits, als literaturbeflissener, aufgeklärter Mensch mit Glücksanspruch, sein Fühlen nicht verdammen. Er liebt genau so heftig, wie ihm das Gewissen schlägt, vermag den Zwiespalt deshalb nicht zu lösen und macht ihn dadurch weniger schmerzlich, daß er die beiden Pole soweit wie möglich voneinander trennt. Konfliktbenennung

also meidet er und klammert die Familie ganz aus seinem Bund mit Rahel aus. Nicht Graf, nicht Diplomat, nur Liebender ist er bei ihr; der Kreis, in dem sie sich bewegen kann und wo er ihr gehört, ist also festgelegt. Immer wieder gibt er Rahel zu verstehen, daß die Familie ihm genau so wichtig ist wie sie. Nie klagt er an, er klagt nur immer und nimmt die Bande, die ihn halten, als naturgegeben hin. Rahels besorgten Fragen nach der Zukunft weicht er aus; nach Kinderart zieht er die Decke über beide Ohren und überläßt Entscheidungen der Zeit.
Wie Klagen klingen auch die Liebesworte, mit denen er fast jeden Brief beginnt. Da von ihm unterstellt wird, Rahel ahnte, glaubte, wüßte nicht, wie traurig ihm zumute sei, wenn sie nicht da ist, werden Vorwürfe für sie daraus. Das ist im ersten Brief schon so. Was in den Anfangsworten (ihr Brief sei fast die einzige Freude, die er in seiner Trauer habe) das Fast bedeutet, erfährt sie dann am Schluß: Daß er in Madlitz glücklich wäre, gäbe es den Kummer nicht – um sie.

Ein Frühlingstag auf dem Lande

Um uns Karls Besuch in Madlitz besser vorstellen zu können, reisen wir selbst dorthin, Ende Mai, wenn die Akazien in Blüte stehen. Den Blick soweit zu reduzieren, daß nur sichtbar wird, was auch damals zu sehen war, fällt nicht leicht: zuviel hat sich auch hier, fern von Autobahn, Fernstraße und Eisenbahn, inzwischen verändert. Zwei Etappen der Dorfentwicklung (bei der die Einwohnerzahl von 200 auf 400 angewachsen ist) gilt es zu

übersehen: die des vorigen Jahrhunderts, in der die Halbbauern, Kossäten und Büdner selbständige Bauern wurden (sich also neue Häuser und Höfe bauten), und die der letzten Jahrzehnte, in der durch Zentralisierung die Höfe weitgehend funktionslos geworden sind.
Wir denken uns also weg: die hohen Schuppen, in denen Mähdrescher, Kartoffelrodemaschinen, Traktoren stehen; das umzäunte Ödland, auf dem Betonteile und Schotter lagern; die barackenähnlichen Großviehställe, zwischen deren Reihen der Frühlingswind mit Fetzen von Plastiksäcken spielt; den zweistöckigen Neubaublock mit Mopeds und Fahrrädern davor und dem Gewirr von Garagen und Schuppen dahinter; die neuen Eigenheimbauten, vor denen Ziermäuerchen den Vorgarten begrenzen; die gelben Plastikdächer über den Eingangstüren, die Luftschutzsirene, die Bushaltestelle und den Straßenasphalt. Anstelle der Bauernhäuser, deren lebendiges Backsteinrot meist schon vom Putzgrau verdeckt ist, stellen wir uns kleinere vor, aus Fachwerk und Lehm, strohgedeckt. Außer dem Straßenverlauf ist nichts mehr so, wie es war, auch nicht die Kirche, die keinen besonderen Platz auf dem Anger beansprucht, sondern sich in die Reihe der die eine Straße flankierenden Häuser bequemt; zehn Jahre nach Karls Tod wurden ihre mittelalterlichen Feldsteinwände durch ein Putzkleid klassizistisch verbrämt. Um das Dorf so sehen zu können, wie Karl es sah, schließt man also am besten die Augen.
Öffnen kann man sie wieder, wenn man das Dorf hinter sich hat und nicht den Straßendurchbruch nach rechts benutzt, sondern den pflasterlosen Weg geradeaus. An der ehemaligen Gutsgärtnerei, die sich hinter Backstein-

mauern in lädierter Neo-Romanik präsentiert, geht man vorbei, auf mächtige Eichen, auf schmutzige Teiche zu und bleibt in der Linkskurve stehen. Hinter Resten einer Lindenallee liegt das Schloß, ungepflegt, aber unzerstört, ein dreigeschossiger Bau mit schlichter, wohlproportionierter Fassade, ebenerdig der Eingang, was die Einfachheit noch betont. Wäre das Walmdach nicht in diesem Jahrhundert begradigt worden, böte sich hier (aus beschönigender Entfernung) ziemlich genau ein Anblick aus Karls Zeit.

Dieses Bild seines Vaterhauses wird ihn gerührt haben, als er im Mai 1796 kam – erstmals als Liebender, also gefühlsintensiv. Anzunehmen ist, daß er nicht die fahrende Post benutzt (die am Hofpostamt in der Königstraße abfährt), sondern individuell reist, also reitet. Wenn er bei Sonnenaufgang Berlin durch das Frankfurter Tor verläßt und in den Dörfern (Lichtenberg, Mahlsdorf, Tasdorf) nicht rastet, kann er mittags schon in dem Städtchen Müncheberg sein. Noch vor der Kolonie Neu-Madlitz (deren Gründung sein Heimatdorf den amtlichen Namen Alt-Madlitz verdankt, an den aber noch niemand sich gewöhnt hat) biegt er von der Frankfurter Straße (die aber noch keine Kunststraße ist, sondern ein sandiger, löchriger Weg) nach links ab – im Schritt nur noch, da das Pferd unter der Hitze leidet. Die trocknen Kiefernwälder, die er durchquert, heißen Vorderheide und Bettelgrund. Wenn sie sich lichten und die Madlitzer Äcker vor ihm liegen, fällt sein Pferd von selbst wieder in Trab und biegt beim Vorwerk von Wilmersdorf ohne Aufforderung ab in die richtige Richtung. Hier wird der Weg fester, die Luft frischer. Links, bis zum Park hin, erstrecken sich sumpfige Wiesen mit Wasserlöchern darin, die die Madlitzer Hellige Pfühle nennen: heilige Teiche, deren schwarze Wasserspiegel der Mai jetzt mit dem Gelb der Sumpflilien rahmt. Gegenüber der Kirche reitet er in die Dorfstraße ein. Flügelschlagend weichen Hühner und Gänse aus; mit Diener und Knicks grüßen Kinder, und der junge Herr grüßt zurück. In der Allee, die auf das Schloß zuführt, laufen ihm die kleinen Geschwister entgegen und schreien ihm die Namen der Gäste zu, die heute gekommen sind.

Durch die gleiche Tür, in der vielleicht damals die Humboldts gestanden haben, um Karl zu begrüßen, betreten wir jetzt das Schloß, das heute ein Mietshaus ist. Im seitlichen Anbau sind alle Räume zu Wohnungen umfunktioniert worden, im Haupttrakt nur die des zweiten Stocks. Umsiedler von jenseits der Oder sind vor vierzig Jahren hier seßhaft geworden – zufrieden mit dem Schloß sind sie nicht. Denn der Zustand des alten Hauses ist schlecht, hygienische Einrichtungen fehlen, und das Babygeschrei aus der Krippe im ersten Stock stört. Im vorigen Jahr war das Erdgeschoß noch vom Kindergarten belebt, und wir konnten den schönsten Raum, den Gartensaal, noch betreten. Jetzt sind die Kinder in besser geeignete Räume gezogen, und die Tür ist versperrt. Man schickt uns zum Bürgermeister und von dort zu Mitgliedern des Kleintierzüchterverbands, der den Saal jetzt benutzt; aber der Schlüssel ist nicht zu finden. Wir müssen uns also mit einem Blick durch die Fenster (die repariert werden müßten) begnügen. Die Decke mit dem Rokoko-Stuck können wir so nicht sehen, wohl aber den hohen Kamin und das Wappen darüber: mit Halbmonden und Stern, mit Löwen und Grafenkronen.

Die alten Autoreifen, bunt bemalt, die jeden Kindergar-

ten-Auslauf in der Mark zu zieren scheinen, gibt es hier auch. Wir übersehen sie und lassen uns den Blick von der Terrasse auch nicht von jenem scheußlichen Gebäude (vielleicht ein Pumpwerk) trüben, das man genau dorthin gebaut hat, wo es am meisten stört: in diesen blumenübersäten Wiesengrund, mit dem der Park sich zu dem Schloß hin öffnet. Die Tannen, Buchen und Akazien, die die Lichtung beiderseits begrenzen, schieben starke Äste in die Helligkeit, als wollten sie die Lücke, die der Wald hier zeigt, bald schließen. Der Landschaftspark, das Kunstprodukt, das wie Natur erscheinen sollte, ist Natur geworden, schön noch immer, aber anders schön, mehr wild als sanft. Die Blicke auf die Gruppen seltener Bäume (zu denen damals die Akazien zählten) sind vom Unterholz verstellt. Um das Miniaturgebirge zu erreichen, auf dem damals Ruhebänke, vielleicht auch Rindenhütten standen, muß man sich durch Büsche zwängen, die mitunter stachlig sind. Was Karl in Briefen »unsern Berg« nennt (und was später Herzberg hieß, weil hier das Herz des Präsidenten ruhte), setzt dem Aufstieg Widerstand entgegen: umgestürzte Bäume in den Schluchten sperren uns den Weg. Von hier aus war wohl früher ein Blick ins flache Land, aufs Ehrentor für Ewald von Kleist und auch zum nahen Schloß hin zu genießen; jetzt kann man sich zwar immer noch auf Findlingsblöcke, die das Kunstgebilde krönen, setzen, doch außer Blättern, Nadeln und dem Gewirr von Ästen sieht man nichts.
In einem andern Teil des Parks (fast zwanzig Hektar ist der ganze groß), zum Steinpfuhl hin, wo Kinder oder Angler die Liebesinsel durch einen Steg wieder erreichbar machten, ist (unter sachverständiger Anleitung des Instituts für Denkmalspflege) neuerdings das Unterholz

gerodet worden, so daß der Urwald wieder wie ein Park erscheint. Blickt man von einem Gartenhaus, das wohl Genelli noch entwarf (heut Kleintierstall) nach Norden hin, leuchtet von weitem schon durch Buchenstämme ein runder, offener Säulenpavillon – und läßt die Illusion in uns entstehen, daß Karl und seine Schwester Caroline vor uns schlendern, ins Gespräch vertieft.
Sie haben sich von der Gesellschaft abgesetzt, als diese neue Gäste zu begrüßen hatte, Verwandte diesmal: Onkel Voß aus Buch, mit Frau (geborene Finckenstein) und Kindern. Dem Präsidenten kommen sie sehr recht, weil er mit ihnen musizieren kann, uns geben sie Gelegenheit, Betrachtungen an sie zu knüpfen: Voß ist Minister im Finanzdepartement, und seine Neider munkeln, daß er die Stellung erst bekam, als seine Schwester Julie (als Friedrich Wilhelms Gattin linker Hand dann Gräfin Ingenheim genannt) dem König endlich nachgegeben hatte. Der Sohn, der diesem Bund entsproß, der Graf von Ingenheim, ist später dann befreundet mit Genellis Neffen Buonaventura, der oft zu seinem Onkel Hans nach Madlitz kommt und Caroline Finckenstein, des Onkels (wenn auch nicht angetraute) Frau, wie eine Mutter liebt und verehrt und sie auch zeichnet. Ja, Preußen ist zwar groß, doch die dem Hofe nahestehende Gesellschaft klein und tausenfach durch ein Beziehungsnetz verbunden, das den Einzelnen umstrickt und hält – auch Burgsdorff beispielsweise, von dem jetzt Karl und Caroline lange reden, um gegenseitig sich davon zu überzeugen, daß er wenig taugt. Der bricht jetzt, wie es scheint, aus jeder Bindung aus, quittiert den Staatsdienst, verschmäht auch die Armee, denkt nicht daran, sich um sein Gut in Ziebingen zu kümmern, lebt hier und dort, darunter in

Paris, liebt diese, jene, zeugt, wie behauptet wird, vier uneheliche Kinder, verkehrt mit Tieck, mit Humboldt und den Klassikern in Weimar auch – um dann am Ende doch in seinen Kreis zurückzukehren und eine Base heimzuführen, die auch von Burgsdorff heißt.

Die Base Caroline Finckenstein, der wir auf ihren Wegen mit dem Bruder folgen, hat ihre Neugier-Fragen (nach der Kronprinzessin, die, wie man hört, von sagenhafter Schönheit ist, nach Karneval, Singakademieprogramm und neuen Opern) in der Gesellschaft schon gestellt und kann nun gleich zum Wichtigsten, zu Herzensangelegenheiten kommen. Fälschlich sieht sie die eignen und die Karls im Zusammenhang, weil sie den Bruder und den Vetter dem Zauber einundderselben Frau erlegen wähnt. Burgsdorff, von dem die Eltern schon erwartet hatten, daß er sich bald erklärt, läßt sich in Madlitz nicht mehr sehen, schreibt nicht mehr, fühlt aber sich dafür, wie die Gerüchte sagen, zum gleichen Hause in der Jägerstraße hingezogen, in dem auch Karl seine freie Zeit vertut. Die Zwanzigjährige vom Lande, die die Residenz nur von Besuchen unter Obhut ihres Vaters kennt, stellt sich die Levin (wie sie, den Humboldts darin folgend, Rahel immer nennt) schön und verführerisch und auch verworfen vor: wie Orientalinnen so sind. Ob es denn stimme, will sie von dem Bruder wissen, daß Burgsdorff bald mit Rahel gemeinsam in die Bäder fährt?

Karl, der darauf brennt, von seinem Glück zu reden, hat jetzt Gelegenheit dazu. Fällt seine Pflicht, die Schwester zu beruhigen, doch mit dem Drang, das Bild von Rahel zu berichtigen und Geständnisse zu machen, fast zusammen. Viel Zeit braucht er dazu.

Den Park, der ohne feste Grenzen in die Wälder übergeht, verlassen sie bei diesem (ganz von uns erfundenen) Gespräch, umgehen das Dorf, spazieren am See entlang bis zu der Wassermühle und sitzen dann noch lange auf dem Friedrichsberg – der diesen Namen nach einem jüngeren Bruder führt, der 1788 diese Welt betrat, sie noch im gleichen Jahr verließ und hier begraben wurde – wie später seine Eltern, seine Schwestern, Brüder, deren Kinder, Kindeskinder bis in unsere Zeiten auch.

Weil ganz Alt-Madlitz heute seine Toten nicht mehr an der Kirche, sondern auf dem Friedrichsberg (der nichts als eine unbedeutende Erhebung in den Feldern ist) begräbt, führt jetzt ein vielbefahrener Feldweg dort hinaus. Vom Dorf aus ist der Friedhofshügel leicht zu finden, da dichter Baumbestand ihn krönt. Die Trennung der Gemeinde von der Gutsherrschaft wird hier noch praktiziert. Die gut gepflegten Gräber und geharkten Wege schließt ein Drahtzaun ein; die Wildnis, die dahinter liegt, ist nur durch einen Umweg über Äcker zu erreichen. Im Schatten alter Bäume erhebt sich hier ein großes Kreuz aus Stein, wild wuchert Efeu, wachsen Buchsbaumbüsche; schwach heben Gräberreihen sich vom Waldesboden ab. Die Trümmer kleiner Marmorplatten, deren Schrift bei neueren Exemplaren fast verblichen, bei alten aber noch gut lesbar ist, sind schon von Humus, Laub und Gras bedeckt. Allein das älteste der Gräber, das Denkmal für den frühverstorbenen Bruder Friedrich, hat der Zerstörungswut getrotzt. Es ist ein Quader aus Granit, den diese Verse zieren:

»Rötlich hieng die Blüthe
Da hauchte sie leise der Tod an
Und an des Himmels Strahl
Zeitiget schwellende Frucht!«

Daß wir den Herzensaustausch der Geschwister gerade an den Ort verlegen, an dem einmal der Hügel sie bedekken und gleichgeformter Marmor an sie erinnern wird, geschieht nicht ohne Grund. Wo über 150 Jahre lang die gräfliche Familie jedem, der ihr einmal angehörte, ein Denkmal setzte, ihn also nicht vergaß, wird die Intaktheit einer Ordnung deutlich, die zwar (wie hier augenfällig wird) nicht unzerstörbar war, doch ihren Angehörigen sehr lange noch so schien. Mehr als wir heute nachempfinden können, sind die Gedanken und Gefühle dieser beiden jungen Leute familiär bestimmt. Ansehen, Beruf, Besitz und Lebensstil sind mit dem Namen, den sie tragen, engverbunden – und die Pflichten, die sie zu erfüllen haben, auch. Die Privilegien, die sie genießen, die Sicherheiten, die ihnen die Familie (bis zum Begräbnisplatz hin) garantiert, werden durch äußere und innere Gebundenheit bezahlt. Karl kann nur Gutsherr, Offizier oder Beamter werden, und wenn er außerhalb von Adelskreisen liebt und Heirat dabei nur erwägt, kommt er sich schon wie ein Gesetzesbrecher vor. Für seine Schwestern, deren Leben nur durch Heirat in Bewegung kommen kann, ist der Entscheidungsspielraum noch viel eingeengter. Zwar wird ihnen nicht mehr, wie es früher üblich war, vom Vater der Gemahl bestimmt, doch ist die Auswahl, die sich ihnen unter Standesgleichen bietet, sehr begrenzt. Landjunker, wie es sie zwischen Müncheberg und Frankfurt, zwischen Küstrin und Storkow dutzendweise gibt, verkehren bei den Grafen selten, und wenn sie es tun, wissen sie, ungebildet wie sie sind, die Vorzüge dieser Mädchen kaum zu schätzen. Auch dem interessantesten und eigenwilligsten von ihnen, von der Marwitz, der nicht weit von Madlitz sitzt und in der Politik sich später mit dem Präsidenten eng verbindet, ist die Beschäftigung mit Kunst nur Grund zum Spott: Sie ist für ihn was Bürgerliches, das verweichlicht und die alte Ordnung untergräbt.

Ganz unrecht hat er damit nicht. Der Präsident, der kulturell schon in der Neuzeit lebt, politisch aber noch am Alten hängt, hat durch Erziehung die Konflikte in den Kindern angelegt, die Sorgen, die sie ihm dann machen, also selbst verschuldet. Durch Musik und Dichtung hat er ihr Gefühl geschult, ihr Eigendenken angeregt und eine Glückserwartung wachsen lassen, die auf Individuelles ausgerichtet ist und damit dem Familienkollektivgefühl des Adels widerspricht. Die Männer, die er schätzt und an sich zieht (und damit seinen Töchtern präsentiert), zeichnen sich durch Geist und Bildung aus, nicht durch Geburt. Daß ihnen dann und nicht den hochgeborenen leeren Köpfen, die töchterliche Neigung gilt, kann eigentlich den Präsidenten nicht verwundern – und doch entsetzt es ihn. Wenn auch ein Dokument dafür, daß er sich gegen bürgerliche Schwiegersöhne wehrt, nicht existiert, zeugen die Lebenswege seiner Töchter doch von seinem (oder ihrem eignen inneren) Widerstand. Henriette bleibt ihr Leben lang in Liebe (ohne Heirat) dem Dichter Ludwig Tieck in Ziebingen und Dresden und Berlin verbunden; Caroline, die Madlitz nie verläßt, schließt sich, wenn sie den Kummer über Burgsdorff ausgestanden hat, dem Architekten Hans Christian Genelli an – ohne jemals seine Frau zu werden; und Barnime zögert ihre Heirat jahrelang hinaus, bis ihr geliebter Dichter Wilhelm Schütz mit einem Gut zusammen sich das Von erstanden hat.

Karl, als der Älteste, doch nicht der Stärkste, wird zuerst von diesem Widerstreit zwischen Pflicht und Glück bedrückt. Im Frühling 1796 auf dem Friedrichsberg, als Caroline ihm gesteht, daß man in Madlitz schon von seiner Liebe zu der Jüdin weiß, erschrickt er sehr, doch hilft die Stärke des Gefühls ihm über seine Angst hinweg. Daß er sich zutraut, eine Auseinandersetzung mit dem Vater zu bestehen, ist kaum anzunehmen. Er baut darauf, daß seine liebevollen Eltern Streit vermeiden werden, und er vertraut der Zeit.

Das brave Kind

Kaum hat Karl sein Zulassungsexamen bestanden und sich damit im Staatsdienst etabliert, reist Rahel, von Freundinnen begleitet, nach Böhmen ab. Ihre Kränklichkeit ohne Namen, psychosomatisch, wie man vermuten kann, treibt sie Jahr für Jahr in die Bäder. Erst ist das märkische (also nahe und billige) Freienwalde dran, das aber schon aus der Mode ist, dann Teplitz und Karlsbad und ein Jahr später Pyrmont. Daß die Trinkkuren und Bäder ihre Gesundheit fördern, kann man vermuten, gewiß aber ist, daß die Badegesellschaft ihr gut bekommt. Denn Berlin ist im Sommer für sie wie verödet, da jeder, der es sich leisten kann, es verläßt. Das Bad zu gebrauchen, wie man das nennt, ist für die meisten aber mehr Urlaub als Kur. Wenn man darüber nach Hause berichtet, ist wenig von Heilerfolgen die Rede, viel aber von Fürsten und anderen Standespersonen, von Geistesgrößen, von Essen und Festen und schönen Frauen. Die

Güte des Bades wird an seinen Gästen gemessen, an den Leuten, die man wiedergesehen oder kennengelernt hat. Rahel, die zwar zur besseren Gesellschaft Berlins nicht gehört, aber durch einzelne von deren Mitgliedern doch Teil an ihr hat, reist also sozusagen ihrem »Salon« hinterher – und erweitert ihn dort: um die Gräfin von Pachta zum Beispiel, die in unserer Geschichte noch eine wichtige Rolle zu spielen hat.
Karl bleibt in Berlin zurück und erweist sich als eifriger Schreiber. Jede Post, die nach Böhmen geht, befördert Briefe von ihm, und fast jede, die kommt, bringt welche von Rahel. Geistvoll oder abwechslungsreich sind Karls Briefe zwar nicht, aber sie geben, trotz der Klischees, die er immer wieder benutzt, über sein Leben und Lieben doch Auskunft. Ihre Bedeutung, ist man versucht zu sagen, liegt darin, daß ihnen solche fehlt. Ein schlichtes Gemüt offenbart in ihnen seine Gewöhnlichkeit; ein Durchschnittsaristokrat gibt Einblick in den von Langeweile und Ziellosigkeit geprägten Alltag der Aristokratie.
Denkt man an die nur wenig später geschriebenen Jugendbriefe des vier Jahre jüngeren Frankfurters Heinrich von Kleist, wird deutlich, was Karls Briefe so nichtssagend werden läßt: der Mangel an Willen und Wollen. Kein Lebensplan, der Kleists Dasein so spannend macht, ist bei Karl da, kein Vervollkommnungsstreben, kein Sinnsuchen, keine Sucht nach Erkenntnis und folglich auch keine Erkenntniskrise. Statt Verzweiflung gibt es bei ihm nur Traurigkeit, statt Aufbegehren und Ausbruch nur ein Sichfügen. Während Kleist den Konflikten, die zwischen ihm und der herrschenden Ordnung bestehen, sich stellt, weicht Karl ihnen aus und vermei-

det sogar, sie zu formulieren. Der Zwang, unter dem er steht, kommt nur selten verdeckt zum Ausdruck: wenn er im Madlitzer Garten von Unabhängigkeit zu träumen beginnt oder bei einem Ausflug jenseits der preußischen Grenzen Freiheitsgefühle empfindet. Doch nicht Selbstgestaltung des Lebens oder Erfüllung ehrgeiziger Pläne erträumt er sich: Er will nur in Ruhe genießen können.

Ausgeglichenheit des Gemüts ist es, was er erstrebt; und in Berlin kann er die, wenn Rahel nicht da ist, nicht finden. Seine Hauptsorge besteht also, neben der Korrespondenz, darin, die viele Zeit, die er hat, zu zerstreuen. Fleißig werden Theater und Opern besucht; er nimmt Klavierunterricht; er schwimmt in der (damals noch sauberen) Spree. Fürst Reuß, dessen Geliebte Mariane mit Rahel in Teplitz ist, nimmt ihn zu Hoffesten mit; viele Abende verbringt er bei Rahels Verwandten und Freunden. Auch die Singakademie wird weiter besucht; hier kann er, wenn die Sehnsucht zu groß wird oder die Eifersucht auf Burgsdorff, der Rahel nachgereist ist, ihn quält, sich ruhig singen.

Um seine Gemütsruhe geht es auch meist bei den klagenden Liebesbeteuerungen, mit denen er Briefseite um Briefseite füllt. Sein Werben um Rahel besteht in der oft wiederholten Versicherung, daß er sie braucht; denn nur sie versteht ihn, nur mit ihr kann er reden, nur in ihrer Gegenwart ruhig und glücklich sein. Er scheint anzunehmen, daß seine Hilfsbedürftigkeit Grund für Rahel ist, ihn wiederzulieben, und daß in dem Bestreben, ihn glücklich zu machen, ihr Glück besteht. Sein kindlicher Egoismus drängt sie also in eine Rolle, die der einer Mutter sehr ähnelt; doch kann man (ihrer späteren Liebesbe-

ziehungen wegen) annehmen, daß sie die gern annimmt, vielleicht sogar provoziert.
Karl wird schon wissen, was bei ihr wirkt, wenn er ihr, um ihren Unwillen zu besänftigen, schreibt: Er würde sich in Zukunft immer als zahm und gehorsam erweisen und artig ausführen, was seine geliebte Führerin will.

Abschied und Willkommen

Rahel hört solche Folgsamkeitsversicherungen vielleicht auch deshalb gern, weil sie ihr Hoffnung machen, den Willensschwachen zu Entscheidungen veranlassen zu können. Sie weiß, daß die von ihr erwünschte Legitimation des Liebesbundes nur zustande kommen kann, wenn es ihr gelingt, die Überlegenheit, die sie in menschlicher und intellektueller Hinsicht hat, so einzusetzen, daß sie Karl dazu bewegt, die Schwierigkeiten und Probleme, die sich daraus für ihn ergeben, durchzustehen. Denn, sieht man von der Liebe ab, verfolgte er damit nur ihr Interesse und nähme für sich den Streit mit der Familie und Nachteile anderer Art in Kauf. So würde Rahel bespielsweise auch als Gräfin nicht hoffähig sein; für einen Diplomaten, der eine Karriere an Höfen vor sich hat, wäre sie also nicht die geeignete Frau.
In Karls Briefen aus dem Sommer 1796 ist von der Bereitschaft, diese Frage auch nur anzuschneiden, nichts zu spüren, viel dagegen vom Bestreben, allen Schwierigkeiten aus dem Weg zu gehen. Obgleich er, wie sein Schreibfleiß zeigt, bemüht ist, Rahel nah zu bleiben, vermeidet er doch jeden Schritt, der sein Verhältnis zur Fa-

milie trübt. Im Juni, als Rahel abfuhr, ist vereinbart worden, daß Karl ihr im August nach Teplitz folgen soll. Die Freude darauf ist bei ihm erst groß, dann werden leise Zweifel angemeldet, und schließlich wird die Undurchführbarkeit des Planes konstatiert. Während sein Flirt mit Madame Unzelmann sehr detailliert, mit kindlich-rücksichtsloser Offenheit (ja, fast mit Stolz auf den Erfolg) geschildert wird, bleiben die Gründe, die ihn an der Reise zu ihr hindern, unerörtert. Den Urlaub bringt er, statt bei ihr, bei der Familie zu. Sein letzter Brief nach Teplitz, den er im September schreibt, ist kühl und muß ihr alle Hoffnung nehmen. Neben der Eifersucht auf Burgsdorff, die durch Unterstreichung in die Augen sticht, ist zwar von Liebe auch die Rede, aber nur von der zu Madlitz und zu seinen Schwestern, nicht zu ihr. Obwohl die Form gewahrt bleibt, klingt das kurze Schreiben wie ein Abschiedsbrief und wird von Rahel, als sie wieder in Berlin ist, wohl auch so gelesen. Denn Karl, der ihr in jedem Brief versichert hat, mit welcher Sehnsucht er den Heimkehrtag erwarte, ist nicht da, und wochenlang läßt er von sich nichts hören.

Ob seine schwere Krankheit, die ihn in Madlitz überfällt, eventuell die Folge davon ist, daß er dem Drängen der Familie, sich von Rahel zu lösen, nachgab, muß als Frage offen blieben; sicher aber ist, daß er von ihr genau so wenig lassen kann, wie sie von ihm. Die kurzen, mit schwacher Hand geschriebenen Krankenlagerbriefe, mit denen Karl sechs Wochen später, im November, den zweiten Akt des Trauerspiels beginnt, finden bei ihr sofort die alte Resonanz. Die Innigkeit des Anfangs wird in der regen (vor Karls Eltern geheimgehaltenen) Korrespondenz, die bis zum Jahresende dauert, wieder hergestellt, doch wirkt die nur verdrängte, nicht aber überwundene Krise, deren Existenz von Karl nicht zugegeben wird, natürlich fort. Wieder geht er mit seinen selbstgemachten oder von den Dichtern ausgeborgten Liebesschwärmereien jeder Problematik aus dem Wege und kommentiert nur manchmal, widerwillig, das, was sie ihm schreibt. Wieder setzt er ihren Sorgen nur sein sonniges Gemüt entgegen, verbietet sich und ihr, an Zukünftiges zu denken und schwört einzig auf die Gegenwart. Unausgesprochen macht er Rahel immer wieder klar, daß das Versprechen, das sie (ebenfalls nicht ausgesprochen) von ihm fordert, bei aller Liebe nicht von ihm zu haben ist.

Und sie geht auf die alte Praxis wieder ein. Die Reise, die sie vorhat, schiebt sie auf, um, wenn er nach Berlin kommt, für ihn da zu sein. Sie wartet wieder, weil der Arzt erst, dann der Vater, Karl nicht erlauben, daß er vor den Weihnachts- und den Jahreswechselfeiertagen reist. Es schmerzt sie wieder anzuhören, daß Karl bei den geliebten Schwestern, ach, so glücklich wäre, quälte ihn die Sehnsucht nach ihr nicht. – Obgleich sie also weiß, was sie erwartet, nimmt sie ihn wieder mit offenen Armen auf.

Daß sie aus Mitleid nur so handelt, gibt sie im Dezember Caroline Humboldt zu verstehen. Uns ist das Anlaß, hier erneut den zweifelhaften Wahrheitswert von Briefen zu betonen und Rahels Ehrlichkeit in diesem Fall als fragwürdig anzusehen.

Wenn das Paar beieinander ist, weisen Liebesgeschichten, die Briefen nacherzählt werden, notwendigerweise Leerstellen auf. Denn wer täglich sich spricht, braucht sich nicht zu schreiben. Zeiten des Glücks bleiben so meist undokumentiert.
Mit Rahel und Karl geht uns das im ersten Halbjahr 1797 so. Weder vorher noch nachher sind sie so lange zusammen. Im Frühling des Vorjahres hatte das Liebesverhältnis begonnen; im Mai hielt Karl sich in Madlitz auf, im Juni fuhr Rahel ins Bad; erst im Januar treffen sie wieder zusammen. Die Zeit, die wir (ohne Beweise dafür zu haben) für ihre glücklichste halten, endet im Juni, mit Rahels Abreise nach Bad Pyrmont. Daß Karl dann am Morgen nicht da sein wird, um sie zu verabschieden (weil er verschlafen hat), wird schon als böses Omen gedeutet werden; Zerwürfnisse werden entstehen, die sich im Herbst, wenn Rahel zurück ist, zur dramatischsten Krise verdichten: zum Anfang vom Ende, das sich noch jahrelang hinziehen wird – brieflich, da Karl nur selten anwesend ist.
Jetzt aber ist noch die Hoch-Zeit der Liebe dran, die Zeit der Gemeinsamkeit für die beiden, die informationslose Zeit für uns. Wir helfen uns damit, daß wir Einzelheiten, die wir vorher und nachher erfahren, zusammenklauben, daß wir Vermutungen äußern und auch Briefe anderer Personen benutzen – aber mit Vorsicht nur.
Eine Schwierigkeit für die jungen Leute wird in der mangelnden Möglichkeit ungestörten Alleinseins bestehen. Das Palais in der Wilhelmstraße ist Rahel verschlossen, und im Levinschen Hause ist immer Betrieb. Zwar ist

Burgsdorff, einer der eifrigsten Gäste, mit Caroline von Humboldt zusammen verreist, aber Kunth, der Erzieher der Humboldt-Brüder, Brinckmann, Gualtieri und andere Vertraute sind da. Freundinnen wie Mariane Meyer, Rebekka Friedländer, Henriette Mendelssohn kommen mal schnell vorbei; Wilhelm von Humboldt spricht vor; David Veit, der erste Briefpartner Rahels, sucht das Gespräch, und Ludwig Tieck und sein Bruder Friedrich, der das schöne Relief-Porträt von Rahel gemacht hat, wollen auch unterhalten sein. Da Abweisung leicht Kränkung zur Folge hat, fällt dies schwer; und auch wenn man sie auf sich nimmt, ist das Haus nicht leer. Denn die Familie ist immer da: die Mutter, die Brüder, die Schwester, die Nichte, die Schwägerin.

Da ihr Verhältnis geheim ist, vermeiden die beiden, wenn andere dabei sind, das vertrauliche Du. Zwar wissen Rahels Verwandte und Karls Geschwister Bescheid, und da Burgsdorff eingeweiht ist, sind es Humboldt und Brinckmann auch, und mit letzterem weiß es die Stadt – aber das Sie wird trotzdem benutzt, auch wenn Karl sich manchmal verschnappt (also verspricht). Denn das Geheimnis (auch wenn es keins ist) zu lüften, hieße die Gesellschaft herauszufordern, und das wirkte kompromittierend – für Rahel allerdings nur. Dem Edelmann wird das Recht, ein Verhältnis zu haben, wohl zugebilligt, nur auf Ehe berechnet darf es nicht sein.

Das von Karl in Briefen oft beschworene Glück zu zweit in Rahels Stube unterm Dach wird also selten sein. Man wird Besuche haben, wird Besuche machen und wird häufig ins Theater gehen. Im Januar, wenn Karl kommt, beginnt der Karneval, die Zeit, in der die Königliche (die italienische) Oper spielt. Dort, wo sie sich ein Jahr zuvor zum erstenmal gesehen haben, werden sie manche Abende verbringen, andere im Theater am Gendarmenmarkt, der deutschen Bühne, die seit dem Herbst des Vorjahres unter Ifflands Leitung steht. Die Spielplanvielfalt ist hier groß; neben Lustspiel und Tragödie werden Oper, Singspiel, Operette auch gepflegt, und Premieren gibt es häufiger als man sich heute vorstellen kann.

Rahel, die gern spazierengeht oder im Wagen ausfährt, hat in diesem Frühjahr stets Begleitung. Der Tiergarten ist (nicht nur für sie) ein sehr beliebtes Ziel. Kaum ist das Brandenburger Tor passiert (das seit vier Jahren aussieht, wie wir heut es kennen), steht man schon unter Bäumen. Der große Park, von Kunst verschönt, an Sonntagen von Tausenden belebt, erstreckt sich bis Charlottenburg. Durchzogen ist er von Alleen, wo man fahren, reiten kann; auf Schlängelpfaden, wie zum Beispiel dem Poetensteig, kann man zu Fuß von einem Lustschloß bis zum anderen, zu Kaffeegärten, zur Fasanerie, zu Labyrinthen und Bassins und auch zur Spree gelangen. Da Friederike Unzelmann und Bruder Markus hier draußen Sommerhäuschen haben, findet man sich an warmen Tagen in frischer Luft zusammen und fährt erst, wenn es dunkelt, in die Stadt zurück.

Doch frei von Schmerzensstunden oder -tagen ist für Rahel auch die Glückszeit nicht. Zu oft wird ihr bewußt, daß Karl, der sanft und willig sich in ihre Art zu lieben fügt, sich ihr in Teilbereichen nur eröffnet, sie aus anderen aber gänzlich ausgeschlossen hält. Nicht nur die Arbeitsstunden im Büro (Journal genannt), die Festlichkeiten, die Empfänge und Audienzen entfernen ihn von ihr, er muß sich auch auf Bällen an den Prinzenhöfen sehen

lassen und muß Konzerte hören, die die Gräfin Lichtenau im Schloß Charlottenburg organisiert. Obgleich er stets betont, daß nichts ihm wichtiger ist als die Besuche in der Jägerstraße, wird Rahel, die nicht wissen kann, wie weit in dieser Hinsicht seine Diplomatenpflichten wirklich gehen, manchmal doch von Eifersucht geplagt. Die Folge davon ist, daß er noch mehr als vorher schon sein Adelsdasein ihr verschweigt – und damit ihrem Mißtrauen neue Nahrung gibt.
Am meisten aber leidet sie, wenn Karls Vater und die Schwestern kommen und das glückliche Familienleben tagelang von Madlitz nach Berlin verlagert ist. Dann läßt sich Karl bei ihr kaum sehen; er zeigt den Schwestern alles, was er nur durch Rahel kennenlernte, und kann mit ihnen auch (das schmerzt besonderns) in die oberen Bereiche der Gesellschaft gehen, die Rahel unzugänglich sind.
Zu dem von Karl erträumten harmonischen Beisammensein mit Schwestern und Geliebter kommt es nie. Rahel sieht die Komtessen zwar einmal, lernt sie jedoch nicht näher kennen. Vielleicht geschieht das auf dem Ausflug im April, von dem ein Brinckmann-Brief an Burgsdorff dann berichtet. Für die ahnungslose Rahel erschrickt man, wenn man Burgsdorffs Antwort liest: Der Heiratsplan, den Karl angeblich hat, wird hier in einer Weise kommentiert, die man von zwei vertrauten Freunden Rahels nicht erwartet. Ihr Glück, ihr Unglück interessiert die beiden nicht; die Freude an der Neuigkeit deckt jede Anteilnahme zu. Man spürt, daß der Gedanke an eine Ehe des Grafen mit der Jüdin nie auch nur erwogen wurde; die Frage lautet nur: Bleibt Karl Junggeselle oder geht er eine Adelsheirat ein?

Inwieweit der Klatsch Tatsachen wiedergibt, ist nicht bekannt; ganz aus der Luft gegriffen ist er sicher nicht. Fräulein von Berg, die in den engsten Kreis des Hofs gehört, weil ihre Mutter eine Freundin der Kronprinzessin Luise ist, scheint für den Grafen Karl durchaus die richtige Partie. Zweieinhalb Jahre später kommt sie in einem bösen Brief Rahels vor. Als jung und hübsch und reich wird sie dann dort beschrieben – als all das also, was Rahel selbst, nach ihrer Ansicht, fehlt.

Die Gewaltkur

Um die verehrte Rahel nicht die Geliebte des Grafen nennen zu müssen, wird fast in der gesamten Rahel-Literatur von einer Verlobung gesprochen – und damit die Sachlage verfälscht. Karl wird unterstellt, er habe ein Eheversprechen gegeben (und also gebrochen), und Rahels Leid wird verkleinert, indem man ihm seine Hauptursache: das Gefühl der Erniedrigung, nimmt. Ohne diese tiefe Verletzung wäre es kaum verständlich, daß Rahel noch viele Jahre danach Karl ihren »Mörder« nennt und daß sie auch nach seinem Tode noch, und sei es im Traum, mit Verzweiflung und Angst an ihn denkt. Nicht weil der Verlobte aus Mangel an Liebe oder durch Druck der Familie sein Versprechen nicht einlöste, vergißt sie die Schmach nie, sondern weil der Geliebte, bei aller Liebe, sie, die Unebenbürtige, niemals der Heirat für würdig hielt.

Vielleicht angespornt durch die heimliche Ehe, die der Fürst Reuß mit ihrer Freundin Mariane Meyer schließt, unternimmt Rahel, von der forschen Gräfin Pachta beraten, im November 1797 den verzweifelten Versuch, Karl zu einem Eheversprechen zu zwingen. Varnhagen, der Erfinder der beschönigenden Lesart von der Verlobung, sieht später die Sache so: Die souveräne Rahel, die, wenn sie wollte, Karl nach ihrem Willen leiten könnte, gibt ihm, als sie sein inneres Schwanken spürt, sein Wort zurück, spricht ihn von aller Bindung frei, damit er neu und wahr *für* eine Ehe oder *gegen* sie entscheiden kann – und begrüßt am Ende auch den negativen Ausgang noch: weil sie eine Heirat, die sie nur ihrer Überlegenheit verdankt, nicht will.

Die Wirklichkeit sah, wie die Briefe zeigen, anders aus: nicht ganz so edel und so schmerzensfrei. Man könnte fast von einer Art Erpressung reden. Die Gräfin Pachta, die der Meinung ist, ein Mann, der einer Frau von Liebe spricht, habe die Ehe eigentlich ihr schon versprochen, leitet Rahel bei der Gewaltkur an. Das Seelenfolterinstrument, daß man benutzt, ist die Verweigerung: Karl darf die Geliebte nicht mehr sehen, er muß, drei Straßen weiter sitzend, leidend, weinend, lange Briefe schreibend, in sich gehen und soll dabei nun endlich die Entscheidung fällen, die die Wirrnis löst. Direkt sagt Rahel ihm nicht, was sie von ihm verlangt (darauf soll er selber kommen), sie führt als Trennungsgrund nur die Erniedrigung an, die das Verhältnis ohne feste Bindung für sie bedeutet. Während sie sich ihm entzieht, bietet die Freundin Pachta sich als Mittlerin ihm an. Aber obgleich der Plan sehr richtig auf Karls starke Liebe baut, mißlingt er doch. Die Pachta hat vergessen, daß auch Rahel zu leiden hat.

Wer Konsequenz als solche liebt, kann Karls Haltung in

diesen qualvollen Novembertagen nur bewundern. Das Wort, das alle Schmerzen lösen könnte, spricht er nicht; nichts versucht er zu entschuldigen, nichts zu erklären: das Problem, um das es geht, berührt er nicht; er beharrt auf der Methode, nur das Schicksal anzuklagen, und er flüchtet sich in Phantasien: Krankheit wünscht er sich herbei, dann könnte die Geliebte kommen und ihn pflegen, ohne sich was zu vergeben. Rahel, die nach ein paar Tagen schon erkennen muß, daß das verstockte Kind auf diese Weise nicht zu bessern ist, kann so hart, wie ihre Freundin will, nicht sein. Bald schreibt sie wieder liebevolle Briefe, um den Schmerz zu lindern, und als das Schicksal (vielleicht gelenkt von Karls Vater) wirklich eingreift, kann sie seinem Flehen nicht länger widerstehen.

Es zeigt sich, daß Karl, wie er immer wieder sagt, tatsächlich nur im Heute lebt und sich um die Zukunft nicht bekümmert. Die Abberufung von Berlin, die ihn für Monate von Rahel trennen wird, erfreut ihn, statt ihn zu erschrecken, weil er weiß: So grausam, ihm ein Treffen vor der großen Reise abzuschlagen, ist Rahel nicht. Und er hat recht damit. Nach vierzehn Tagen, die den beiden nichts als Qualen brachten, wird die Zwangsmaßnahme eingestellt. Man sieht und spricht sich wieder (schreibt sich also keine Briefe), und als Karls Fahrt in diplomatischer Mission beginnt, ist den ausführlichen Berichten, die er Rahel von der Reise gibt, von diesem Zwischenfall nichts anzumerken.

Der Kongreß an der Murg

Im Sommer 1796, als Karl fälschlich den General Bonaparte in Italien geschlagen wähnt, teilt er Rahel seine Freude darüber mit, aber sonst erfährt sie von den politischen Vorkommnissen, die ihn beschäftigen müssen, da er von ihnen betroffen, teilweise an ihnen beteiligt ist, nichts. Politik gehört zu den Standes-, Berufs- und Familiensachen, die Rahel nichts angehen. Am deutlichsten wird das, als Karl Anfang Dezember 1797 in politischem Auftrag nach Rastatt fährt und über das, was dort vorgeht, Rahel gegenüber kein Wort verliert. Sollte er, was kaum glaublich ist, bei seiner Rückkehr im Jahre 1799 mündlich Bilanz gezogen haben, hätte die in dem Ausruf bestehen können: Wahrlich, ein ekelhaftes Geschäft! Nach Niederlagen in Italien hatte Österreich mit der Republik von Frankreich Frieden schließen müssen; dabei hatte es dem Sieger (was geheim blieb) zugesagt, sich für die Abtretung der deutschen Reichsgebiete links des Rheins an Frankreich einzusetzen. Am 1. November 1797 (dem Tag, an dem sich Rahel Karl entzieht) lädt Kaiser Franz II. die Deputierten aller deutschen Fürsten zum Kongreß nach Baden, in das Städtchen Rastatt, ein, um unter Wahrung der Integrität des Reichs, wie er beteuert, mit den Franzosen über einen Frieden zu beraten. Während die Gesandten all der vielen deutschen Staaten auf dem Weg noch sind, trifft Bonaparte zu einem Blitzbesuch in Rastatt ein und handelt mit dem österreichischen Minister alle die Bedingungen schon aus, an denen der Kongreß (der eineinviertel Jahre dauern wird) dann nichts mehr ändern kann: die Besetzung der Rheinfestungen, die Abtretung des linken Rheinufers und die

Entschädigung der dadurch betroffenen Länder durch Säkularisation der geistlichen Fürstentümer. Als der Kongreß am 9. Dezember zusammentritt, ist Bonaparte (der sieben Jahre später Kaiser sein wird) schon wieder in Paris, um seinen Sieg zu feiern. In den kommenden Monaten werden die Deputierten nach und nach mit dem vertraut gemacht, was sie beschließen sollen; dann dürfen sie sich um die Kirchenländereien streiten.
Karl trifft erst zehn Tage nach Kongreßbeginn in Rastatt ein; möglicherweise hat ein Trauerfall ihn aufgehalten. Am 16. November nämlich stirbt in Potsdam Preußens König, und sein Sohn, der dritte Friedrich Wilhelm, der als Reformfreund gilt, besteigt den Thron. Da muß erst kondoliert, gefeiert und begraben und gehuldigt werden, und man muß erkunden, ob der junge König zu den Instruktionen, die der alte gab, auch steht. Daß der schon in den ersten Stunden seiner Amtszeit die Verhaftung der Mätresse seines Vaters, der Gräfin Lichtenau, befiehlt, erfüllt mit Zuversicht.
Ob Karl die Illusionen teilt, die man im In- und Ausland an den neuen Herrscher knüpft, ist nicht bekannt, da er darüber schweigt. Die Briefe, die er von der Reise und aus Rastatt schreibt, handeln von Natureindrücken, von Lektüre und Theater, aber nie von seiner Arbeit oder gar von Politik. Der König und die Königin (Luise) kommen in ihnen genau so wenig vor wie andere Mächtige der Zeit, und wenn der Name Metternich erscheint, dann nur, weil eine junge hübsche Frau ihn trägt. Als der Kongreß empört darüber ist, daß die Franzosen, ohne erst Beschlüsse abzuwarten, laut Geheimabkommen Mainz besetzen, schreibt Karl über Spiel und Tanz und Abendessen, und als im März und im April die erzwungene

Entscheidung über die Gebietsabtretung fällt, bleiben die Briefe aus.
Dafür kommt Karl selber. So groß ist seine Sehnsucht noch, daß er die weite, strapaziöse Reise auf sich nimmt, um Rahel zu sehen. Konfliktlos aber scheint der kurze Urlaub nicht zu sein; denn Karls Briefe, die danach aus Rastatt kommen, enthalten zwar die alten Liebesklagen und die Phantasien von einem besseren, freieren Dasein wieder, doch kündigt deutlich sich ein neues Stadium der Beziehung an. Er muß jetzt Rahels Zweifel an der Echtheit seiner Liebe widerlegen; er macht das wortreich erst, dann resigniert, und wenn er Rahel dafür dankt, daß sie ihm Lebenskenntnisse und Selbstgefühl vermittelte, hört sich das wie ein Nachruf an. Ein Schlußwort aber spricht er nicht. Er läßt die Briefe kühler, seltner werden und gibt das Schreiben schließlich auf.
Ein solches Ende aber duldet Rahel nicht. Der erste ihrer noch erhaltenen Briefe (wahrscheinlich ein Konzept) zeigt die Verzweiflung, in der sie sich befindet. Wie nicht anders zu erwarten, weckt sie dadurch Karls schlafende Gefühle wieder auf. Gleich, gleich muß er ihr wieder schreiben, um ihr, wenig glaubhaft, zu versichern, daß das Feuer noch wie früher in ihm brennt. Das neue Jahr (1799) scheint auch die Bindung wieder zu erneuern – noch nicht zum letztenmal.
Vom Ende des Kongresses erfährt man durch die Briefe nichts; es war ein blutiges: Die Farce endete als Trauerspiel. Unter der Bezeichnung Rastatter Gesandtenmord ging es in die Geschichte ein und hat noch lange Detektive unter den Historikern beschäftigt.
England und Frankreich hatten, mit wechselndem Erfolg, während der Verhandlungen in Rastatt weiter

Krieg geführt. Ägypten war von Bonaparte eingenommen worden; seine Flotte wurde von Admiral Nelson bei Abukir versenkt; die Türken traten gegen Frankreich in den Krieg; und als dann Rußland sich auf Englands Seite schlug, schloß sich auch Österreich wieder diesem Bündnis gegen Frankreich an. Zu Anfang des Jahres 1799, während in Rastatt über den Frieden noch verhandelt wurde, begann in Süddeutschland und in Italien schon der Krieg. Als österreichische Truppen sich dabei dem neutralisierten Rastatt näherten, verließen die drei Gesandten Frankreichs nachts die Stadt. Von unbekannten Reitern wurden sie überfallen und beraubt. Zwei wurden totgeschlagen, der dritte konnte fliehen. Die österreichische Armee, die damals schon und später immer wieder der Tat beschuldigt wurde, stritt jede Verantwortung dafür entschieden ab.

Das Ende

Rahel, die Autodidaktin, die in ihrer Kindheit nur hebräische Buchstaben schrieb und durch Erziehung keine gefestigten Sprachformen mitbekam, mußte sich das Deutsche in ihrer Jugend erst selbst erobern. Ihren Briefen merkt man das an. Ihr Stil ist weder gewandt noch schön, ihre Orthographie phantastisch, ihre selbstgemachte Interpunktion vertrackt. Flüssig liest sich das nicht; oft stockt man, um sich zu fragen, was der Sinn einer überraschenden Wendung sei, und manchmal bleibt das Nachsinnen darüber ohne Ergebnis. An den Fremdwörtern (die man ja nachschlagen kann) liegt das nicht, eher schon an dem ungewohnten Gebrauch gewöhnlicher Wörter, an Metaphernkühnheit und der Eigenart, in einem Satz verschiedene Gedankengänge zu vereinen. Und doch ist der Gewinn beim Lesen dieser Briefe groß, weil individueller Sprachgebrauch mit Tiefe der Erkenntnis sich verbindet und Originalität dadurch entsteht, daß originales Denken hier den ihm gemäßen Ausdruck findet.

Stößt man nach all den vielen Briefen, die Karl an Rahel schrieb, auf ihren ersten, der sich uns erhalten hat, spürt man sofort den Unterschied; Karls schreibgewandtes Einerlei steht gegen ihre Farbigkeit, Schwäche wird konfrontiert mit Kraft, Wehleidigkeit mit Stärke des Gefühls. Und schon nach wenigen Zeilen spürt man: Die wirklich Leidende in diesem desolaten Liebesbund ist sie.

Obwohl sie ahnt, wie wenig noch von seiner Liebe übrig ist, zwingt sie ihr Schmerz, das bißchen Hoffnung festzuhalten und einen Neubeginn noch einmal zu versuchen. Sie schimpft ihn wegen seines Schweigens aus, sie lockt, sie fleht, erspart ihm keinen Vorwurf, sie zeigt ihm, was sie leidet, setzt also ihre Macht zum letztenmal noch ein – und hat Erfolg damit. Karl reagiert darauf, wenn auch, wie immer schon, unangemessen. Mit der Freude, so geliebt zu werden, quittiert er ihren Verzweiflungsschrei, jeden Vorwurf überhört er, auf Probleme geht er nicht ein. Rahels Liebe rührt ihn noch; ein paar Wochen später, in Berlin, wird sie ihm lästig sein.

Der Sommer 1799 wird für Rahel zur Qual. Es sind die letzten Monate mit Karl, in denen sie ihn oft erwartet, aber selten sieht. Aus dem heimwehkranken jungen Mann vom Lande ist ein Mann von Welt geworden, der

sie zwar dann und wann noch als Geliebte, aber nicht mehr als Vertraute braucht. Freunde in den eignen Kreisen hat er nun genug, und Pflichten auch. Diners und Soirees und Bälle zieht er dem Besuch von Rahel vor. Madlitz und die Verwandten in der Neumark werden oft besucht, und wenn die Schwestern und die Brüder kommen, bleibt für die Jägerstraße keine Zeit.
Rahel, in ihrem Stolz verletzt, ermpört sich, doch die Kraft, sich von ihm loszumachen, hat sie noch nicht. Die Liebe, die sie an ihn bindet, wird für sie zum Fluch. In einem Brief, in dem die wildeste Verzweiflung schon zur Kälte ohne Tränen wird, fleht sie ihn an, doch ihre Qual zu enden, indem er diesen Bund, der sie entwürdigt, löst – sie, die das einmal (im November 1797) schon versuchte, könne das nicht mehr.
Doch diese Kraft (die sie ihm wohl nur zutraut, weil sie vermutet, daß das Fräulein von Berg sie ihm vermitteln kann) hat er natürlich nicht. Mit der Bemerkung, daß ihr Brief ihm fast das Herz zerrissen habe, geht er erst über ihren Wunsch hinweg, um dann, acht Wochen später, dem Eigentlichen aus dem Wege gehend, zu erklären: nein, er liebe dieses Fräulein nicht.
Um diese Zeit ist er schon nicht mehr in Berlin. Den Briefen von der Reise und aus Wien (wo er, erst als Gesandtschaftsekretär, dann als Gesandter, länger als ein Jahrzehnt verbleibt) sieht man zwar an, daß Karl die Freundin nicht mehr braucht, doch auch, daß er insofern noch der Alte ist, als er liebenswürdig an der Oberfläche bleibt, die ernsten Dinge nicht berührt und die Entscheidung scheut.
Seine Weigerung, die Wunden, die er schlug, auch nur zu sehen, wirkt auf Rahel wie Infamie. Vom Zauber sei-

ner Gegenwart befreit, kann sie, die Stärkere im Lieben und im Leiden, das Verhältnis, das sie knüpfte, nun auch lösen, aber leicht fällt ihr das nicht. Einen Brief aus Wien, der nicht viel anders ist als andere, nimmt sie zum Anlaß, sich in einen Zorn hineinzusteigern, der es ihr erlaubt, Karl (im Oktober 1799) einen bitterbösen Abschiedsbrief zu schreiben – den sie liegen läßt. Im Dezember schreibt sie an Genelli: er möge Karl doch sagen, daß sie ihm nicht mehr schreibe, adressiert den Brief dann aber doch an Karl nach Wien – und schickt ihn niemals ab.

Der dritte Brief erst, der im Februar geschrieben wird, erreicht den Adressaten auch. Unvorbereitet trifft er Karl nicht. Gehorsam, wie er auch am Schluß noch ist, erfüllt er ihr den Wunsch, von nun an unbekannt mit ihm zu werden, und verstummt. Rahel, die dieses Ende ihrer Liebe nur als Schmach und Niederlage sieht, reist nach Paris. Fern von Berlin, so hofft sie, wird das Vergessen leichter sein.

Nachspiel

Das erste Jahrzehnt des neuen Jahrhunderts wird für fast alle Personen aus Rahels Umgebung entscheidend, nur sie selbst weiß, wenn es endet, noch immer nicht recht, wohin sie das Schicksal zieht. Genelli baut Burgsdorffs Schloß Ziebingen (das dann die Finckensteins kaufen) zu klassizistischer Schönheit um und läßt sich in Madlitz nieder, um Karls zweiter Schwester Caroline nahe zu sein. Humboldt tritt in den Staatsdienst, wird erst Gesandter in Rom und dann in Berlin eine Art Bildungsminister; Ludwig Tieck findet in Ziebingen bei Burgsdorff Asyl, sein Bruder Friedrich, der Bildhauer, irrt in Europa umher; Gentz und Friedrich Schlegel gehen nach Wien; Brinckmann wird nach London versetzt und kehrt dann nach Schweden zurück; Rahels Freundinnen heiraten oder verlassen aus anderen Gründen Berlin; Gualtieri findet in Spanien durch Krankheit, Prinz Louis Ferdinand bei Saalfeld durch Säbelhiebe den Tod – und Luise von Berg wird zwar durch Heirat zur Gräfin, aber eine von Voß, nicht von Finckenstein.

Auf dem Umweg über Amsterdam, wo ihre Schwester Rose verheiratet ist, kehrt Rahel im Sommer 1801 aus Paris zurück. Ein leidenschaftliches Verhältnis zu einem spanischen Diplomaten fügt ihrer Seele erneut Wunden zu. Mit der Niederlage Preußens leert sich ihr Salon; ihre Mutter stirbt; zweimal zieht sie um. Als drei Jahre nach dem Einzug des Siegers Napoleon das geflüchtete Königspaar wieder Berliner Boden betritt, haben sich für Rahel neue Freunde gefunden: der 14 Jahre jüngere Varnhagen, ihr späterer Mann, und Alexander von der Marwitz, der 16 Jahre jünger ist als sie, der sie verehrt, aber nicht wiederliebt, und mit dem sie einen Briefwechsel führt, der vollständig erhalten ist und zu den schönsten in deutscher Sprache gehört.

Karl verlebt dieses Jahrzehnt in Wien. Er gilt als Musikliebhaber und Büchersammler und ist auch sonst kulturell interessiert. Er besucht die Vorlesungen, die August Wilhelm Schlegel dort zeitweilig hält; und in Karlsbad, wo er sich mit Vater und Schwestern trifft, lernt er auch Goethe kennen. Über den Verlust Rahels tröstet er sich mit einer Südländerin, die später seine Frau wird, hinweg. Politischen Lorbeer erwirbt er sich nicht. Da der Freiherr vom Stein, obwohl er in Karl einen Bewunderer hat, dessen Verschwiegenheit mißtraut, werden die geheimen Verhandlungen Preußens mit Österreich nicht ihm übertragen, doch setzt Karl sich immer (vergeblich) für ein Bündnis gegen Napoleon ein. Als 1809, nach der Schlacht bei Aspern, Depeschen von ihm, in denen er seinen König zum Kriegseintritt auffordert, Napoleon in die Hände fallen, verlangt der seine Abberufung, die 1810 auch erfolgt. Anfang Mai 1811 kehrt er mit Frau und Kind (ein zweiter Sohn ist ihm gerade gestorben) nach Preußen heim. In Madlitz will er seine Berufung an den sächsischen Hof in Dresden erwarten. Als er sich in Berlin aufhält, spricht er bei Rahel, die jetzt in der Behrenstraße wohnt, vor.

Um sie nicht in Gesellschaft anzutreffen, geht er nicht an ihrem 40. Geburtstag zu ihr, sondern erst einen Tag danach. Vielleicht will er sentimentale Erinnerungen pflegen, vielleicht sich davon überzeugen, daß seine Jugendliebe keiner Unwürdigen galt, vielleicht ihr auch zeigen, daß er kein Kind mehr ist. Da er kein schlechtes Gewissen hat, kommt er ganz unbefangen, sicher davon ermuntert, daß Rahel ihm kürzlich einer Nebensächlichkeit wegen schrieb. Er ist überzeugt davon, daß sie sich über seinen Besuch freut. Aber als er dann sitzt (auf dem Sofa, das er von früher her kennt), spürt er sofort Rahels Abwehr, die ihn verwirrt, und er weiß nichts zu sagen, so daß sie, um die Pausen nicht zu peinlicher Länge anwachsen zu lassen, ihn dauernd nach diesem oder jenem fragt, er brav antwortet und also wieder der Unterlegene ist. Das Gespräch, das er, sobald es der Anstand erlaubt, beendet, wird ihm zur Qual, weil er Rahels Gefühle nicht

deuten kann. Aber das fällt ihr selber auch schwer. Wenn sie am Tage danach diese Begegnung notiert und sie zu analysieren versucht, schwingt die Erregung, die sie beherrschte, immer noch mit. Sie, die nie müde wird, den Freunden in Briefen alle Nuancen ihres Inneren bloßzulegen, tut das diesmal nur für sich selbst. Ohne sich durch den Versuch einer Synthese selbst zu belügen, wird sie sich über das Widerspruchsvolle ihrer Gefühle klar. Der Mann, der da neben ihr saß auf dem Sofa, hat ihre Liebe mißbraucht, doch niemals getötet; sie haßte ihn als ihren Mörder und blieb ihm gleichzeitig treu; könnte er das, was geschah, ungeschehen machen, sie verfiele ihm wieder, obwohl sie ihn ganz genau, mit all seinen Schwächen, kennt. Da er nicht unschuldig sei, schreibt sie ins Tagebuch, sei ihr Verzeihung nicht möglich – und beginnt mit der indirekten Entschuldigung seines Verhaltens schon Stunden später, wenn sie ihren Mangel an Schönheit und Grazie beklagt.
Resigniert hatte sie fünf Jahre vorher schon an eine Freundin geschrieben, daß sie von Menschen nichts mehr erhoffe und von denen, die sie liebe, schon gar nicht: denn daß die just sie wiederlieben würden, sei doch nicht zu erwarten.

Der Traum

Nervenfieberepidemien treten am häufigsten in den Monaten August und September auf. Am wenigsten durch sie gefährdet sind Kinder und Greise, am meisten junge Männer von kräftiger Konstitution. Kopfschmerz

und Mattigkeit kündigen die Krankheit an, Schüttelfrost und folgende Hitze leiten sie ein. Das Fieber steigt sofort über 40 Grad, die Schleimhäute entzünden sich, Zähne, Zunge und Gaumen zeigen weißen Belag, und ein harter Husten beginnt den Kranken zu quälen. Am dritten Tag wird der Körper von roten Flecken bedeckt, die durch Fingerdruck schwinden, sofort aber wieder da sind, wird der Finger entfernt. Apathie wechselt mit Delirien und Bewußtlosigkeit; Darmgase treiben dem Kranken die Bauchdecke auf, unkontrollierbarer Durchfall erschwert seine Pflege. Am siebenten Tag fällt das Fieber ein wenig ab, um in der zweiten Woche, an deren Ende die Krisis liegt, noch höher zu steigen. Nun wird die Bewußtseinstrübung so stark, daß der Genesene sich dieser Tage später nicht mehr entsinnt. Der stinkende Atem des Kranken wird flach und schnell, das Herz schlägt nur schwach, und die Hautflecken wechseln die Farbe: von hochrot zu blau. Die meisten Todesfälle kommen am Anfang der dritten Woche vor; wer aber überlebt (etwa 75 Prozent), beginnt, wenn auch sehr langsam nur, jetzt zu genesen.
Wie diese Krankheit, die nach Tuberculose und Lungenentzündung zu den häufigsten Todesursachen gehört, entsteht, weiß man zu dieser Zeit nicht; man vermutet, durch Luft-, Wasser- oder Bodenvergiftung. Medikamente, die ihre Heilung befördern, sind unbekannt; man kann nur die Syptome bekämpfen. Als Karl, wenige Wochen nach dem Besuch bei Rahel, daran erkrankt, wird Professor Berends aus Frankfurt ihm sicher Chinarinde zur Fiebersenkung und Alaun zur Durchfallbekämpfung verordnen. Aber helfen kann ihm das nicht. Ende August 1811 ist er tot. Den Erreger des Nervenfiebers, das

man auch Typhus nennt, findet Robert Koch erst 70 Jahre später.
Rahel, die sich in Teplitz aufhält, hört von Karls Tod erst im Herbst. Sie habe ihm, der sie als erster durch Liebe zur Liebe verführte und dann betrog, im vorigen Jahr schon verziehen, schreibt sie den Freunden, doch sie schreibt es mit Worten, die zeigen, daß sie die Schmach, die er ihr antat, über sein Grab hinaus immer noch quält.
Ein Jahr später träumt sie von ihm: Er ist der König, sie soll geopfert werden, er zögert mit der Entscheidung, aber da das Volk ihren Tod fordert, sagt er am Ende ja. »Ja, sagte er. Man ergriff mich, stürzte mich über den Wall, von Stein fiel ich zu Stein, und als ich nach der letzten Tiefe kommen sollte erwachte ich – und wußte in tiefster Seele wohl, wie Finckenstein gegen mich war.«

E.T.A. Hoffmann in Berlin

Taubenstraße 31

Wie die Brüderstraße 13, die Jägerstraße 24, die Potsdamer Straße 134c oder die Chausseestraße 125 ist auch die Taubenstraße 31 für den Berliner Literaturadreßbuchliebhaber durchaus ein Begriff. Wird die Anschrift genannt, stellt ein Bild sich schon ein: Elisa von Recke, im Reisekleid noch, wird von Nicolai auf der prächtigen Treppe des Hauses empfangen; der teetrinkende Prinz Louis Ferdinand bekommt von Rahel Dachstubenwahrheiten zu hören; der alte Fontane bricht zu einem Spaziergang in den Tiergarten auf; Brecht blickt auf den Friedhof hinaus, auf dem er einmal liegen wird – und E.T.A. Hoffmann, im Schlafrock, mit rotem Mützchen, die lange Pfeife im Mund, sieht auf das Markttreiben vor dem Deutschen Dom hinab und bildet sich ein, daß das Buch, in dem das Blumenmädchen dort liest, sein »Klein Zaches, genannt Zinnober« ist.

Dabei war es kein Eckfenster im wörtlichen Sinne, aus dem der Kammergerichtsrat sah; es war nur das der drei auf die Charlottenstraße gerichteten Fenster der Wohnung, das der Taubenstraßenecke am nächsten lag und deshalb den Blick auf Markt und Kirche gestattete, am Theatergebäude vorbei. Es war ein dreigeschossiges Haus mit Walmdach, quaderartigem Putz und Kränzen von Stuck an der wohlproportionierten Fassade, das dort

bis zum Ende des Jahrhunderts noch stand. (Das heute dort stehende Eckhaus mit Erkern wurde 1907 gebaut.) Hoffmanns wohnten oben im zweiten Stock, der, wie das Erdgeschoß auch, niedriger war als die prächtige, hochfenstrige Mitteletage. Der Salon, der bei Hoffmann das Prunkzimmer hieß, lag zur Taubenstraße hinaus, Schlaf-, Arbeitszimmer und das Zimmer der Frau an der Charlottenstraße, Küche und Dienstbotenstube am Hof. Auch ein Vorzimmer gab es und eins, das Kabinet genannt wurde, eine Abstellkammer vielleicht.
Daß wir so genau informiert sind über die Wohnung, verdanken wir Hoffmann selbst. 1815, als er dort einzog, fertigte er für Karl Friedrich Kunz, seinen ersten Verleger in Bamberg, einen federgezeichneten Lageplan an, den die Hoffmann-Forschung als Kunzischen Riß bezeichnet, der aber mehr ist als ein Grundriß der Wohnung, nämlich ein Plan des Gendarmenmarkts, den Gestalten aus Hoffmanns Leben und Dichten bevölkern, auch. Er selbst ist gleich mehrfach zu sehen. Vom Fenster seines Arbeitszimmers aus schickt er eine Pfeifenrauchwolke dem Freund und Nachbarn Devrient (der in der Charlottenstraße 38 wohnte) entgegen; nebenan liegt er, wie Frau Hoffmann auch, im Bett, während er als Kapellmeister Kreisler, klein aber würdig, vor dem mächtigen Musikdirektor Anselm Weber im gegenüberliegenden Theater steht. Ob die zwei Gäste, die im Weinhaus von Lutter und Wegner sitzen, er und sein Schauspielerfreund sind, ist nicht klar, deutlich mit Namen bezeichnet aber sind seine Freunde, die Dichter: Ludwig Tieck, der spazierstockbewehrt aus Ziebingen kommt, begegnet seinem ehemaligen Schwager Bernhardi; Clemens Brentano schlendert die Markgrafen-

straße entlang, und Fouqué, der Baron aus Nennhausen, jagt zweispännig auf die Marktfrauen zu; sicher will er zu Hofe, denn er ist in Gala. Weniger stolz dagegen sehen die vier Dramatiker im Schauspielhaus aus, die mit flehenden Gesten dem Intendanten ihre Manuskripte anpreisen. Während der Geheime Oberbaurat von Alten im Hof des Hauses, das ihm gehört und in dem Hoffmann zur Miete wohnt, mit langem Zollstock eine Mausefalle in gotischem Stile vermißt, geht es (die Theateruhr zeigt Mitternacht) um den Französischen Dom herum noch phantastischer zu. Epimenides aus Goethes Weihespiel, das den Sieg über Napoleon feiern soll, stolziert in antikem Gewand zwischen Theater und Kirche einher; der schattenlose Peter Schlemihl geht auf Glucks Armida zu; Erasmus Spikher (aus den »Abenteuern der Silvesternacht«) sucht in einem Taschenspiegel sein verlorenes Spiegelbild, und der Teufel Dapertutto (aus derselben Geschichte) überquert die Jägerstraße in Richtung Unter den Linden und zieht die schöne, böse Giulietta mit. Lärm machen dazu die Glöckner: auf den Türmen beider Kirchen sitzend, läuten sie, die Glocken in der Hand, einander zu. Die Restaurants und Italienerwarenhandlungen, die sich rings um den Platz befinden, sind (mitsamt den Spezialitäten, wie zum Beispiel: Extra feiner Rum) genau vermerkt. Doch auch die Arbeitsstelle Hoffmanns ist zu sehen: das Gericht. Klein, also weit entfernt (das Kammergericht lag in der Lindenstraße, war von der Markgrafenstraße aus aber zu sehen), ist es am rechten oberen Rand mit flüchtigen Strichen angedeutet, etwas davor ein Mann, der, hosenlos am Boden hockend, sich erleichtert – was der Künstler in bezug auf das dahinter liegende Gebäude wohl symbolisch meint: Der Zeichner, Komponist und Dichter Ernst Theodor Amadeus Hoffmann ist nicht recht glücklich in der Beamtenstellung, von der Ernst Theodor Wilhelm Hoffmann sich und seine Frau ernährt.

Ritter Gluck

46 Jahre hat Hoffmann gelebt, 11 davon, auf drei Phasen verteilt, in Berlin, also weniger als ein Viertel des Lebens; aber der größere Teil seines literarischen Werks entstand hier, und zwar in den letzten Jahren. Denn wie die meisten Prosaschreiber begann Hoffmann mit dem Erzählen relativ spät: seine erste Erzählung, die zu seinen besten zählt, schrieb er mit 33 Jahren; in den 13 Jahren, die ihm bis zu den letzten, auf dem Krankenlager diktierten Erzählungen noch blieben, entstand in schneller Folge sein Werk. Viel Zeit zum Pläne-reifen-lassen und Überarbeiten hatte der Justizbeamte, der in seiner Freizeit auch zeichnete und komponierte, also nicht. Manchen Arbeiten merkt man das an, andere, nicht weniger hastig gearbeitete, sind makellos. Berlin wird mehrmals als Schauplatz gewählt, am eindrucksvollsten aber am Anfang und Ende. Die Sonntagsspaziergänger Unter den Linden, die im »Ritter Gluck« zum Tiergarten ziehen, leiten das vielbändige Werk ein; der wehmütige Blick des Todkranken aus »Des Vetters Eckfenster« auf das Menschengewühl des Gendarmenmarktes beschließt es. Der Berliner aus dem ostpreußischen Königsberg hat der deutschen Literatur die Großstadt entdeckt.
Der erste Berlin-Aufenthalt Hoffmanns, der in die Jahre

1798–1800 fällt, bleibt literarisch noch folgenlos. Der junge Gerichtsreferendar, der hier seine Ausbildung vervollständigt, sein Assessorexamen ablegt und danach nach Posen versetzt wird, hat, trotz früher, epigonaler Roman-Versuche, das Erzählen als Möglichkeit, seine Probleme auszudrücken, für sich noch nicht entdeckt. Sieht man von einem Singspiel ab, das in dieser Zeit entsteht, bleibt er der Aufnehmende, der die Kunstangebote und die Geselligkeiten der Residenzstadt genießt, sein Interesse besonders der Musik und der bildenden Kunst zuwendet und noch nicht ahnt, daß seine Schöpferkraft sich einmal hauptsächlich in der Literatur entfalten wird.

Das ahnt er auch bei seinem zweiten Berlin-Aufenthalt, der von Not und Elend geprägt ist, noch nicht. Zwar hat er schon ein (verschollenes) Lustspiel gedichtet und seinem Tagebuch anvertraut, daß er ein Buch zu machen vorhabe, aber gemacht hat er es nicht. Als Komponist und als Zeichner hat er in glücklichen Jahren in Warschau bescheidene Erfolge erzielt; und als Not ihn dazu zwingt, mit Kunst Geld zu verdienen, wählt er die Tonkunst dafür. Denn als 1807 durch Napoleons Siege Preußen seine polnischen Provinzen verliert, wird der Staatsbeamte Hoffmann in Warschau stellungslos. Im Sommer dieses Jahres kommt er in dem verarmten, unter der Besatzung leidenden Berlin an – und gleich wird ihm im »Goldnen Adler« am Dönhoffplatz, wo er absteigt, sein Geld gestohlen. Da seine Hoffnung auf Wiedereinstellung im Staatsdienst sich zerschlägt und seine Kompositionen und Zeichnungen sich nicht verkaufen lassen, hungert er sich, meist von geborgtem Geld, ein Jahr lang mühsam durch und bricht dann nach Bamberg auf, um

dort Musikdirektor am Theater zu werden. Ein Dichter ist er noch immer nicht, aber seine erste Erzählung, die Erlebnisse dieses (in der Friedrichstraße 179, Ecke Taubenstraße verbrachten) Jahres verwertet, hat er schon im Kopf und wird sie bald niederschreiben, die Geschichte eines im Nachkriegs-Berlin elend, separiert und verkannt lebenden Künstlers: den »Ritter Gluck«.
Es ist ein Anfängerwerk ohne Anfängerhaftes, das erstaunliche Meisterstück eines Lehrlings. Manches von dem, was später entsteht, kann sich mit diesen paar Erstlingsseiten nicht messen, und vieles von dem, was später für Hoffmann charakteristisch wird, ist ohne Vorbereitung schon da: die Musik, die höchste der Künste, die Problematik des Künstlers, der in einer anderen Welt als der Bürger lebt und diesem deshalb als Narr gilt, die Phantastik, die der genau beobachteten Alltagswelt innezuwohnen scheint, die dramatische Spannung, die sich bis zum Gespensterhaften steigert, und der Verzicht auf Deutung, der das Nach-Denken des Lesers aktiviert. Ist die Titelgestalt ein Geistesgestörter, der sich für Gluck hält, oder Gluck selbst, der längst tot ist? So wurde und wird immer wieder gefragt, und darin, daß sich eine eindeutige Antwort nicht geben läßt, liegen die Beunruhigung und der Reiz dieser Erzählung. Was als Satire auf das Musikleben Berlins angelegt ist, weitet und vertieft sich zum verwirrenden Bild der Tragik des Künstlers und damit auch Hoffmanns selbst. Die innig ineinander verwobenen Themen Kunst und Banalität, Künstler und Wahnsinn werden den Autor Hoffmann noch oft beschäftigen. In der Kunstfigur des Kapellmeisters Kreisler erschafft er sich später zu diesem Zwecke ein anderes Ich.

Gespensterhäuser und Geheime Kanzleiräte

Nach sechs Jahren aufregenden und letztlich enttäuschenden Musikerdaseins in Bamberg, Dresden und Leipzig kehrt Hoffmann im September 1814 nach Berlin und in eine gesicherte Beamtenstellung zurück. Erst steigt er, wie im Notjahr 1807, im »Goldnen Adler« ab, zieht dann in die Französische Straße, um schließlich 1815 die Wohnung in der Taubenstraße 31 zu finden, in der er auch sterben wird. Seine Karriere als preußischer Richter setzt sich nach der Zwangsunterbrechung langsam und regelrecht fort, seine Schriftstellerlaufbahn aber eilt rasch dem Höhepunkt zu. Seine »Fantasiestücke in Callots Manier« (mit dem »Ritter Gluck«) haben Aufsehen erregt; in Berliner Romantikerkreisen erwartet man ihn. Julius Eduard Hitzig (der später sein erster Biograph werden wird) hat für den Ankömmling ein Festessen arrangiert, und die Namen, die hier die Tafel zieren, machen deutlich, wie sehr man ihn schätzt. Neben dem Romanschreiber Franz Horn und dem Maler Philipp Veit (einem Sohn Dorothea Schlegels) sind auch Ludwig Tieck und Chamisso gekommen, vor allem aber der seit dem Erscheinen der Novelle »Undine« (1811) im Zenit seines, allerdings kurzlebigen, Ruhms stehende de la Motte Fouqué. Seit zwei Jahren wechselt Hoffmann Briefe mit ihm: der in Arbeit befindlichen Oper »Undine« wegen, zu der Fouqué das Libretto schreibt.

Mit diesem Essen und dem anschließenden musikalischen Tee bei Hitzig beginnen die Künstlergeselligkeiten, deren Mittelpunkt zu bilden Hoffmann nie müde wird. Anfangs tagt regelmäßig im Café Manderlee, Unter den Linden, der »Seraphinen-Orden«, der später zum

»Serapions-Bund« wird; man trifft sich bei Thiermann oder im Café Royal, bis dann Lutter und Wegner zum allnächtlichen Trink- und Gesprächsort wird. Der Autor, der bei der Darstellung der Seelen deren Nachtseiten bevorzugt, ist auch ein Nachtmensch. Hitzig schildert den Tagesablauf seiner letzten Berliner Jahre so: »Am Montage und Donnerstage brachte er die Vormittage in den Sitzungen des Kammergerichts, an den andern Tagen zu Hause arbeitend, die Nachmittage in der Regel schlafend, im Sommer auch spazierengehend zu; die Abende und Nächte in dem Weinhause. War er, was häufig, in manchen Perioden täglich geschah, mittags oder abends, oder mittags und abends, in Gesellschaft ... oft abends in zwei Zirkeln, von sieben bin neun und von neun bis zwölf, gewesen, so ging er, es mochte so spät sein als es wollte, wenn alle anderen sich nach Hause begeben, noch in das Weinhaus, um dort den Morgen zu erwarten. Früher in seine Wohnung zurückzukehren war ihm nicht gut möglich.«
Wie in den »Abenteuern der Silvesternacht« ersichtlich, zieht Hoffmann die Freizügigkeit der Lokale, in denen man kommen und gehen und sich benehmen kann wie man will, der wohlanständigen Langenweile der Salons vor. Kein Wunder also, daß in den in Berlin spielenden Geschichten Restaurationen die bevorzugten Schauplätze sind: geht doch auch die realitätsfernste Phantasie von realen Urbildern aus, die nur anders zusammengesetzt werden.
Da steht zum Beispiel zwischen den Prachtgebäuden Unter den Linden, neben der Konditorei Fuchs, ein öde wirkendes, vernachlässigtes Haus, das die Autorenphantasie beflügelt. Doch die alte Frau, die es bewohnt, gibt für

eine Geschichte nichts her – wohl aber die Gräfin Lucie von Pappenheim, die mit dem Haus gar nichts zu tun hat. Lucie, eine Tochter des Staatskanzlers Hardenberg, kommt nach der Scheidung von ihrem Mann nach Berlin zurück und bringt ein schönes Mädchen, Helmine Lanzendorf genannt, mit, das sie für die Tochter ihres Kutschers ausgibt, das aber der Hofklatsch für ihre uneheliche Tochter hält; der Vater, so wird erzählt, sei der napoleonische General Bernadotte, seit 1810 Kronprinz von Schweden, ab 1818 König dort. Von dem beim Staatskanzler verkehrenden Arzt Koreff (dem Doktor K. der Erzählung »Das öde Haus«) und vom Grafen Pückler-Muskau (dem Grafen P.), der Lucie von Hardenberg-Pappenheim heiraten und seine Pflegetochter Helmine zu seiner Geliebten machen wird, erfährt Hoffmann von diesem Skandal und verknüpft ihn (nicht sonderlich glücklich, wie man zugeben muß) mit dem öden Haus zu einer Geschichte, die den Leser in spannender Weise an der Erforschung eines sorgfältig verdeckten Geheimnisses der oberen Gesellschaftsschicht teilnehmen läßt. Daß der Ausgangspunkt dieser immer unheimlicher werdenden Geschehnisse ein Ort ist, den der Leser kennt oder besichtigen kann (sogar auf die Bank, auf der der verhängnisvolle Taschenspiegel gekauft wird, kann er sich setzen), gibt dem Erzählten eine Glaubwürdigkeit, die es später leider, durch Verwendung von Versatzstücken aus der Trivialliteratur, wieder verliert.
Auch der von Hoffmann verhöhnte (und doch eigentlich bemitleidenswerte) Geheime Kanzleirat Tusmann, der weltfremd ist, nur nach der Uhr lebt, bei der »Brautwahl« natürlich leer ausgeht und (Höhepunkt der Verächtlichkeit:) alles andere als trinkfest ist, setzt sich, wie

andere Figuren dieser Erzählung auch, aus Partikeln mehrerer Real-Personen zusammen. Ein Teil von Tusmann kommt, wie man annehmen kann, von dem Holzschneider, Theaterkritiker und Zeitschriftenherausgeber Friedrich Wilhelm Gubitz her. In seinen »Erinnerungen« beschreibt dieser nämlich, wie er, der »lebenslang öffentliche Gastorte möglichst vermied«, mit Gewalt von zwei Schauspielern zu Lutter und Wegner gezerrt wurde, wo »Devrient und Callot-Hoffmann samt ihrem Anhange« saßen, wie er dort zum Trinken gezwungen wurde, und er, um den Spaß mitzumachen, zwar nicht Thomasius, aber Abraham a Santa Clara zitiert habe. Um vier Uhr morgens sei er erst nach Hause gekommen und habe sich »aus jenem Eckzimmer ... den unvergänglichen Widerwillen gegen Champagner geholt, was gewiß kein Unglück« sei.
Mehr noch als Tusman von Gubitz hat die Figur des jungen Malers Lehsen von dem Porträtzeichner Wilhelm Hensel empfangen, (welchem übrigens das einzige authentische Porträt Hoffmanns von fremder Hand zu verdanken ist). Nicht nur die schwachen Anfänge Hensels als Maler und Dichter hat Hoffmann nämlich verwertet, sondern auch seinen Namen, der nur durch Buchstabenvertauschung verfremdet ist.
Natürlich kommen zu den Realien, die die Phantasie nähren, auch die durch Lektüre oder Theaterbesuche gewonnenen hinzu; und die sind bei Hoffmann nicht unbeträchtlich, wie die häufige Zitierung von Shakespeare, von Hafftiz oder des »Peter Schlemihl« beweist. Der Schnellschreiber Hoffmann (der die »Abenteuer der Silvesternacht« in sechs Tagen schrieb) nahm die Anregungen auf, wie sie kamen, denn er brauchte sehr viel.

Leider unterwarf er sich dabei auch manchmal Zeittendenzen, die von heute aus gesehen erschreckend sind. So färbte der in der Restaurationsperiode grassierende Antisemitismus, der die 1811 erfolgte rechtliche Gleichstellung der Juden wieder rückgängig machen wollte, auf einige Erzählungen Hoffmanns, auch auf die »Brautwahl«, ab. Ein Antisemit aber war er, der jüdische Freunde wie Hitzig und Koreff hatte, nicht. Er folgte hier nur bedenkenlos dem Lesergeschmack des halboffiziellen »Berlinischen Taschenkalenders«, für den die »Brautwahl« geschrieben ist. Der Modeerfolg, den seine Erzählungen zeitweilig hatten, ging also nicht ohne Schaden an ihm vorbei.

Nach dem Erscheinen der »Fantasiestücke« und des »Goldnen Topfes« rissen sich alle Zeitschriften und Almanache um Beiträge von ihm. Und er schrieb für den »Freimüthigen« und für die »Urania«, für den »Wintergarten« und den »Zuschauer« und die »Gaben der Milde«, für das »Rheinische Taschenbuch« und Fouqués »Frauentaschenbuch«, für das »Taschenbuch zum geselligen Vergnügen« und das »Taschenbuch – der Liebe und Freundschaft gewidmet«. Und alle bezahlten ihn gut, und als Richter verdiente er gut – und trotzdem hinterließ er bei seinem Tode erhebliche Schulden: ein Drittel davon, nämlich 1116 Reichstaler und 21 Groschen allein bei J. C. Lutter, dem Inhaber seines Stammweinhauses. Doch der trieb sie nicht ein (was auch ziemlich sinnlos gewesen wäre, weil die Nachlaßauktion nur 631 Taler ergab); er verzichtete anständigerweise: Hatte er doch durch die vielen Gäste, die kamen, um Hoffmann zu sehen, reichlich an ihm verdient.

Ausgezeichnet im Amte

In der dritten Abteilung des Kirchhofs der Jerusalem-Gemeinde am Halleschen Tor liegt Hoffmann begraben. Auf dem Grabstein (einer Erneuerung aus den ersten Jahren dieses Jahrhunderts, für die aber die alte Inschrift übernommen wurde) kann man lesen, daß der Kammergerichtsrat

»Ausgezeichnet
im Amte
als Dichter
als Tonkünstler
als Maler«

gewesen ist. Daß Hitzig, der das Denkmal, das durch Freundesspenden finanziert wurde, errichten ließ, die Beamtenverdienste des Freundes voranstellte, sollte sicher ein Akt posthumer Rehabilitierung sein. Er täuscht damit aber eine innere Harmonie zwischen dem Beamten und dem Künstler vor, die nicht bestand. Als Beweis dafür, daß Dichter zu sein und ein Amt zu bekleiden, sich miteinander vertragen, kann Hoffmann nicht dienen; sein Fall zeigt eher, daß diese Verbindung ohne Konflikte nicht möglich ist. Denn Kunst, die den ganzen Menschen erfordert, duldet auf Dauer Persönlichkeitsspaltung nicht; entweder verkümmert sie in der für sie separierten Hälfte, oder das andere, das beamtete Ich wird von ihr okkupiert.

Zweifel daran, daß Hoffmann ein ausgezeichneter Beamter war, gibt es nicht. Er war zuverlässig und korrekt, fleißig, sachlich und gewissenhaft, und nie stellte er das politische System, für das er wirkte, in Frage. Als Richter war er, wie es preußischen Idealvorstellungen entsprach, ganz verpflichtet dem geschriebenen Gesetz. Hitzig betont, daß Hoffmann stets die Kunst von der Beamtenpflicht zu trennen wußte, und das gleiche rühmen ihm die Beurteilungen seiner Vorgesetzten nach. So schrieb der Vizepräsident des Kammergerichts von Trütschler im Jahresbericht von 1818 über ihn: »Seine schriftstellerischen Arbeiten, denen er zuweilen noch die Stunden der Erholung und der Muße widmet, tun seinem Fleiße keinen Eintrag, und die üppige, zum Komischen sich hinneigende Phantasie, die in denselben vorherrschend ist, kontrastiert auf eine merkwürdige Art mit der kalten Ruhe und mit dem Ernst, womit er als Richter an die Arbeit geht.«

Das Doppelgängerische, das in seinen Werken wie ein Alptraum immer wiederkehrt, lebte er also im Alltagsleben selbst. Er gab dem König, was des Königs war, die eine Hälfte, und sparte die andere für Kunst und Leben auf.

Durchhalten aber ließ sich diese Spaltung auf die Dauer nicht. In Posen schon, zu Anfang seiner Laufbahn, brach die Kunst (die Zeichenkunst in diesem Fall) in Amtsbereiche ein. Die Fähigkeit, im Leben überall, auch bei den Mächtigen, das Komische zu sehen, verführte ihn dazu, im Karneval Karrikaturen seiner Vorgesetzten zu verfertigen und zu verbreiten; das brachte ihm die Strafversetzung in ein polnisches Provinznest ein. Schlimmer gestaltete sich dann die zweite Übertretung, bei der diesmal der *Autor* mit dem Staatsbeamten in Konflikt geriet.

Als im Jahre 1819, nach dem Attentat auf Kotzebue, damit begonnen wurde, alle Fortschrittsfreunde, Kritiker und Unzufriedene, die man Demagogen nannte, gericht-

lich zu verfolgen, setzte die Restaurations-Regierung in Berlin eine Sonder-Kommission zu diesem Zwecke ein. Die Berufung Hoffmanns in sie war für diesen ein Unglück, für manchen Verhafteten aber war sie ein Glück; denn die Willkür, die bei diesen Verfolgungen herrschte, machte der auf Rechtsstaatlichkeit eingeschworene Hoffmann, unterstützt von Kollegen und unmittelbaren Vorgesetzten, nicht mit. Unzureichend begründete Verfahren versuchte er niederzuschlagen, und für Haftverschonung (zum Beispiel beim Turnvater Jahn, den er nicht ausstehen konnte) setzte er sich mit ruhiger und geschickter Entschlossenheit ein. Den Scharfmachern in der Regierung wurde er deshalb verhaßt, aber sie konnten gegen ihn nichts unternehmen, da er sich immer nur auf die Einhaltung der Gesetze berief.
Eine Handhabe für sie, den Kammergerichtsrat mit dem festen Charakter aus dem Wege zu räumen, bot sich ihnen erst, als der Schriftsteller sich nicht länger zügeln ließ. Dann aber reagierten sie schnell. Der »Meister Floh«, in dem die Demagogen-Schnüffelei und die Verhaftungswillkür höhnisch angeprangert wurden, war schon beschlagnahmt, ehe er erschienen war; sein Verfasser sollte, weil er den Staat und einen seiner höchsten Diener beleidigt und ein im Dienst gewonnenes Wissen belletristisch ausgeplaudert habe, unter Anklage gestellt und amtsenthoben werden, doch wurde das Verfahren, weil der Angeklagte schwer erkrankte, ausgesetzt.
Seines Todes wegen unerledigt, ruht die Klage gegen Hoffmann noch bis heute in den Akten. Da Leute wie der Polizeidirektor Kamptz (der im »Meister Floh« Knarrpanti heißt und Hofrat ist) in ihrem blinden Eifer die Blamage nicht empfinden können, kann man sicher sein:

Den Schuldspruch hätten sie gefällt – ihrer Auffassung nach mit Recht. Mit größerem Recht jedoch geschieht es, daß die Nachwelt diesen schuldigen Beamten seines Disziplinverstoßes wegen rühmt.

Hinterm Eckfenster

Auf seinem Krankenlager, halb schon gelähmt, diktiert Hoffmann, neben Erzählungen und seiner Verteidigungsschrift, auch »Des Vetters Eckfenster« einen feuilletonartigen, dialogischen Text, in dem er zum letztenmal, aber gar nicht dämonisch, sein Doppelgängermotiv verwendet: Der erzählende Hoffmann besucht seinen Vetter, den kranken Hoffmann, und plaudert mit ihm über das, was man aus dem Eckfenster sieht. Das vormittägliche Marktgewühl vor dem Deutschen Dom wird dabei zum Gleichnis für die Fülle des Lebens, und wenn mittags der Markt endet, erinnert die Leere des Platzes an den nahenden Tod.
Die vielen Selbstporträts, die Hoffmann gezeichnet hat, werden hier um eins in Worten vermehrt. Der Krankheitszustand des Vetters ist der, an dem sein Schöpfer auch leidet; die hochgelegene Wohnung im Eckhaus mit den niedrigen Zimmerdecken (die die Phantasie in ihrem Flug nicht behindern können) werden beschrieben; das rote Mützchen, die Pfeife, der Warschauer Schlafrock sind da – nur eins fehlt, was kaum auffällt, seiner Unscheinbarkeit wegen, etwas, das Hoffmann auch aus Polen mitgebracht hat, das in Warschau, Bamberg, Dresden, Leipzig, Berlin immer um ihn war, ohne sich be-

merkbar zu machen: Michelina, Mischa genannt, Hoffmanns Frau. Der kranke Vetter wird von einem Invaliden bedient, und auch in der Krankenlager-Anekdote »Naivetät« kommt Frau Hoffmann nicht vor. Kein Maler hat sie porträtiert; ihr Bildnis, das vielleicht ihr Mann in den Anfangszeiten der Ehe (wie ein Brief vermuten läßt) von ihr gezeichnet hat, ist nicht erhalten. An Schriftlichem aus Ehezeiten ist nur eine Quittung über 80 Taler von ihr da. Die Gattin des berühmten Dichters, die Frau Kammergerichtsrätin, teilt das Schicksal fast aller Frauen der Geschichte: für die Geschichtsschreibung ist sie so gut wie nicht existent.

Trägt man aus Briefen und Tagebüchern zusammen, was Hoffmann von ihr zu berichten weiß, so wird das Wenige aus den Anfangszeiten am Ende zu nichts. Sie ist eine Polin, die, als sie sich kennenlernen, vermutlich kaum Deutsch sprechen kann; sie ist von mittlerer Statur, wohlgewachsen, mit braunem Haar und blauen Augen; sie schmiegt sich dem Mann an, ist mit dem einfachen Leben zufrieden, fügt sich in die beschränkte Lage, schickt sich ins ärmliche Künstlerleben, ist eine fleißige Hausfrau, immer munter und fröhlich, und es gefällt ihr, geht man nach den Briefen des Mannes, überall gut. Einmal führt er seine herzensgute Frau, für deren bequeme Lage er sorgen müsse, als Grund dafür an, wieder in den Staatsdienst zu gehen; manchmal hält er im Tagebuch fest, daß er sie mittags in ein Lokal mitnimmt; sonst aber ist sie in seinen Äußerungen kaum vorhanden. Freund Hitzig nennt sie eine »in ihren Ansprüchen über alle Begriffe bescheidene Frau«.

Das Testament, das Hoffmann auf dem Krankenlager entwirft, und in dem sich beide Eheleute wechselseitig zu

Erben einsetzen, charakterisiert die Ehe so: »Wir ... haben nun bereits seit zwanzig Jahren in einer fortdauernden, wahrhaft zufriedenen, glücklichen Ehe gelebt, Gott hat uns keine Kinder am Leben erhalten, aber sonst uns manche Freude geschenkt, doch uns auch mit sehr schweren, harten Leiden geprüft, die wir mit standhaftem Mut ertragen haben. Einer ist immer des andern Stütze gewesen, wie das denn Eheleute sind, die sich, so wie wir, recht aus dem treusten Herzen lieben und ehren.«

Das Unschöne an diesem schönen Testament ist nun aber, daß die Frau beim Tod ihres Mannes nur Schulden erbt. Da ihr Mann auch versäumt hat, sie in der Preußischen Witwenkasse einzukaufen (das heißt versichern zu lassen), schlägt sie, Hitzigs klugem Rat folgend, die Erbschaft aus. Am 25. Juni 1822 stirbt Hoffmann, am 28. wird er in aller Stille begraben, am 1. Juli unterschreibt die Witwe die Verzichtserklärung, hilft bei der Inventarisierung des zur Versteigerung kommenden Besitzes und reist, so schnell sie kann, ohne jedes Gepäck, völlig mittellos, nach Posen zu ihrer alten Mutter ab. Eine einmalige Unterstützung für sie weist der Polizei- und Innenminister Schuckmann, der Hoffmann über den Tod hinaus noch mit Haß verfolgt und ihn einen Aussätzigen, einen Wüstling, einen Beschützer der Demagogen nennt, entschieden ab. Hitzig läßt der Witwe die Einkünfte aus seiner Hoffmann-Biographie und aus Nachdrucken Hoffmannscher Werke zukommen, und die Dankbriefe, die sie schreibt, zeugen nicht nur von ihrer Ungeübtheit beim Schreiben des Deutschen, sondern auch von ihrer Sprachlosigkeit. Unter armseligen Umständen lebt sie noch 37 Jahre bei armen

Verwandten, bis sie 1859 im schlesischen Warmbrunn stirbt.
Was sie, die Polin unter Deutschen, die Katholikin unter Protestanten, die Ungebildete unter Studierten gelitten und an Demütigungen erfahren haben mag, ist nur zu ahnen. Ihr polnisches Monologisieren wird nicht nur, wie Hoffmann schreibt, Übung gewesen sein, um die Sprache nicht zu verlernen, und in ihrer Freude, in Bamberg polnische Lanzenreiter zu sehen, drückt sich doch sicher schreckliches Heimweh aus. Ihre Eifersucht auf die von Hoffmann so unglücklich geliebte Julia wird mehr als das, nämlich Existenzangst gewesen sein, und ihre sofortige Flucht aus Berlin nach dem Tod ihres Mannes zeigt doch, daß sie nur über ihn gelebt hat und eine Fremde im nationalen und sozialen Sinne geblieben ist. Da wir immer nur von den Leiden derer, die sie ausdrücken können, also der Künstler vor allem, erfahren, sehen wir leicht über die der Verschlossenen hinweg.

In eigner Sache

Zum Thema: Lesen

Manchmal werde ich gefragt, wie ich Schriftsteller geworden bin, und jedesmal bin ich in meiner Verwirrung versucht: durch Lesen, zu antworten. Aber erstens erwartet man auf Fragen dieser Art keine so kurzen Antworten, sondern Bekenntnisse qualvoller Entwicklung und schwerer Arbeit an sich selbst; zweitens bringt man sich damit leicht in den Ruf eines lebensfremden Büchernarren, der, anstatt die Wirklichkeit zu erforschen, Literatur aus zweiter Hand schafft, drittens aber stimmt diese Antwort nicht, weil sie unzulässig vereinfacht, einen Teil für das Ganze nimmt und Wesentliches ausläßt. Sie wird also nicht gegeben. Sie wird unterschlagen. Und das ist auch falsch. Denn wenn auch niemand durch Lesen allein zum Schriftsteller wird, so wird doch niemand Schriftsteller, ohne zu lesen.

Sagt ein Schriftsteller etwas zum Lobe des Lesens, so erinnert das leicht an den Obsthändler, der den gesundheitlichen Wert des Obstes preist. Es stimmt ja: Obst ist gesund und Lesen lohnt, aber unverdächtiger ist es doch, wenn der Schriftsteller über Obst und der Obsthändler über Lesen redet. Aber nicht deshalb allein schweigen sich Schriftsteller gern über ihre Lektüre aus und überlassen die Literatur-Diskussion in den Zeitungen anderen Leuten. Auch daß man ihnen bei Äußerungen über zeitgenössische Literatur Vorurteil, Mißgunst oder Bewunderung der falschen Seite vorwirft und bei der bloßen Erwähnung klassischer Werke sofort Vorbilder andichtet, ist nicht der wahre Grund ihrer Zurückhaltung. Es ist viel simpler: sie schämen sich, eifrige Leser zu sein. Wenn meine Mutter als Mädchen ein Buch zur Hand nahm, pflegte ihr Vater mit mühsam verhaltenem Zorn zu fragen, ob denn wirklich überall Staub gewischt und alle Strümpfe gestopft seien. Als Volksbibliothekar habe ich von wohlmeinenden Leuten oft meinen Beruf preisen hören, weil man in ihm immerfort lesen könnte. Das stimmte nicht nur ärgerlich, weil Bibliothekare sich von anderen Tätigen dadurch unterscheiden, daß sie wenig Geld bekommen und ihre Hauptarbeit, das Lesen nämlich, in der Freizeit erledigen müssen, sondern vor allem deshalb, weil man heraushören konnte: welch herrlicher Beruf, man braucht nichts zu tun. Aber auf solche Meinung war man zum Glück schon vorbereitet, unter anderem durch die Kommission, vor der man bei der Aufnahmeprüfung für die Bibliothekarschule erscheinen mußte. Wenn man dort die Frage nach dem Warum der Berufswahl mit seiner Liebe zu Büchern begründete, wurden die Gesichter so traurig, daß man aus Mitleid für die prüfenden Damen die Sorge um die eigne Zukunft vergaß. Man erwartete die Antwort: weil ich die Menschen liebe und sie durch Bücher bessern will; ich werde den Verdacht nicht los, daß ein bißchen was von den Auffassungen meines Großvaters auch dort noch vorhanden war. Da Lesen ja tatsächlich für die meisten Leute Luxus ist, begreifen sie schlecht, daß es notwendige Arbeit sein kann. Und da jeder den Schriftstellern empfiehlt: Lernt die Wirklichkeit kennen (ohne daran zu denken, daß heutzutage ein Teil der Wirklichkeitserkenntnis aus Büchern geschöpft wird), und keiner ihnen sagt: Lest mehr!, so schweigen auch sie gern darüber, denn sie sind nicht sicher, daß man das Selbstverständliche als selbstverständlich anerkennt. Freundinnen und Tanten sagt man ja auch nicht: Ich habe heute keine Zeit, ich muß lesen; man hält sich allgemeiner und spricht von Arbeit. Und wenn einem die Lektüre dann Spaß macht, hat man ein schlechtes Gewissen.

Die Behauptung, daß manche Autoren nur ihre eigenen Werke lesen, halte ich für übertrieben, die angeblichen Nur-Krimi-Leser für Aufschneider. Auch auf Autoren, die sich ihrer Unbelesenheit rühmen, haben Bücher eingewirkt.

Vielleicht liest man viel Überflüssiges. Ich habe heute den Eindruck, daß ich auf vieles hätte verzichten können. Doch weiß ich nicht, ob das stimmt. Vielleicht ist viel Lesen, auch das schlechter Literatur, nötig, um Überblick und Maßstab zu finden. Sicher bin ich, daß ich nie das Gefühl verlieren werde, für mich Wichtiges zu lesen versäumt zu haben. Ich lese, um zu sehen, was andere schreiben, um meine und vergangene Zeiten besser kennenzulernen, aus Interesse für bestimmte Themen und formale Eigenarten, im Grunde aber bin ich immer nur auf der Suche nach den wenigen Büchern, die wahre Erlebnisse für mich werden können, die mir lebendige Erfahrung vermitteln, denen zu begegnen so nachhaltig ist wie die Begegnung mit Menschen, und die dann weiter wirken, in meine Arbeit hinein. So etwas ist möglich, über zeitlichen und räumlichen Abstand hinweg, unbeeinflußt vom Urteil der Kritiker und Historiker. Der Gedanke, daß ein solches Buch andere vielleicht gleichgültig lassen wird, stört mich nicht. Für sie werden andere Bücher wichtig sein.

Wie ich zur Literatur kam

Die erste Lektüre, derer ich mich entsinne, ist eine Bildergeschichte, in der die Verse vorkommen: Doch im Walde da sind Wurzeln, worüber nun die beiden purzeln. Wenn mein Gedächtnis mich nicht täuscht, waren die beiden ein Page und eine Prinzessin, die sich in einem von Menschenfressern bewohnten Wald verlaufen. Später las man mir idyllische Märchen von Matthiessen vor. Der Band hieß »Das alte Haus«, war auf löschpapierartigem Papier gedruckt und mit Strichzeichnungen versehen, die man bunt ausmalen konnte. Die Zwerge, Riesen, Kartoffelkönige, Uhrenmännchen und sogar die Hexen waren gutartig und freundlich, und es floß kein Tropfen Blut. Tränen dagegen flossen bei mir reichlich über die wechselnden Schicksale eines deutschen Pinocchio, der »Das hölzerne Bengele« hieß. Das erste Stück großer Literatur, das ich an jedem 24. Dezember hörte, die Geschichte von Christi Geburt aus dem Lukas-Evangelium, übte einen Zauber eigener Art auf mich aus, der nie verging, da sich von Jahr zu Jahr mehr von dem erhellte, was erst dunkel geblieben war. Das Glück aber, in Literatur eigne Umwelt, eigne Innenwelt, sich selbst also wiederzufinden, begegnete mir zum erstenmal in einem Stück Prosa, das im Schullesebuch meiner älteren Geschwister stand. Da wurde (von Scharrelmann, wie ich annehme, oder von einem anderen Deutschunterrichtsreformer der Jahrhundertwende) von einem Wintermorgen erzählt, an dem ein Kind durch ein in die Eisblumen der Fensterscheibe gehauchtes Guckloch die vom Schnee veränderte Umgebung beobachtet: schlitternde Nachbarskinder, schneefegende Straßenkehrer, die Milchfrau, weiße Atemwolken, die Pferde aus Nüstern blasen – reine Beschreibung vertrauter Dinge, die aber wunderbarerweise im Leser Gefühle wecken kann, von denen im Text nicht die Rede ist. Das Lesestück stand rechts oben und war höchstens eine dreiviertel Seite lang.

Das muß im ersten Schuljahr gewesen sein. Im selben Jahr noch verfiel ich, und zwar vollständig und für alle Jahre der Kindheit, einem Autor, der sich mit so kurzen Stücken nicht abgab, einem Lang- und Vielschreiber, einem Magier, Hochstapler, Scharlatan, dessen anhaltende Wirkung auch seinen Verächtern Rätsel aufgibt. Von 1933, dem Jahr, in dem Hitler an die Macht und ich zur Schule kam, bis in das erste Kriegsjahr hinein lebte ich in einer anderen Welt als die anderen, in einer Welt ohne Schulzwang, ohne Uniformszwang, ohne Aufmärsche, Fahnen, Lautsprecher – in der Welt Karl Mays.

Oder war es nicht doch mehr eine eigne, die mir Karl May nur erschaffen half? So kommt es mir vor, wenn ich ihn heute wieder lese. Mühsam muß ich mir, was da, noch immer vertraut, aber völlig entzaubert, auf dem Papier steht, rückübersetzen in die Sprache der Kindheit, und trotzdem gelingt es mir nicht, den Vorgang zu rekonstruieren, der mir damals den Gegenentwurf zu der Welt schuf, die mich umgab, den Entwurf einer Welt der Freiheit, die aber immer überschattet war von der Melancholie des Wissens um ihre Unwirklichkeit.

Es ist die Welt, die ich heute bei einem anderen Vielschreiber wiederfinde, aber bei einem großen, bei Cooper nämlich. Wenn der alte Lederstrumpf in den »Ansiedlern oder die Quellen des Susquehannah« nicht bereit ist, sich den Zwängen der Gesellschaft zu fügen, dann ist es da, dieses Kindergefühl aus Stolz, Trauer und Ohnmacht, das Unfähigkeit zur Anpassung umfunktioniert in Größe und sich dabei immer der Tatsache bewußt bleibt, daß seine Zeit vorbei ist. Mit der Wildnis, in der und gegen die sich der große Einzelne bewährt, stirbt auch sein Ethos. Über die Tragödie der Zähmung geht die Geschichte hinweg.

Nie mehr habe ich so isoliert gelebt wie als Kind. Eine Familie, die sich als Insel im Meer des Unglaubens und der Unmenschlichkeit verstand, hatte Gefühl und Verstand geprägt und sich dann aufgelöst. Das Kind blieb in der Diaspora allein, ein Katholik unter Protestanten, ein zum Nationalismus Unfähiger unter Nationalisten, ein Träumer unter Anpassern. Wie der asoziale Kleinbürger May beim Schreiben, reagierte das Kind beim Lesen sich Komplexe ab. May half ihm Isolierung ertragen, trug aber andererseits dazu bei, es tiefer in diese zu führen. Denn nie konnte es seine ausschließliche Liebe zu ihm mit jemandem teilen. Er galt auch damals schon als altmodisch, unzeitgemäß, unverdaulich, als Literatur der Großväter. Seine Landschaftsschilderungen langweilten, sein christliches Moralisieren wirkte lächerlich. Man las Rolf Torring, Billy Jenkins, William Tex oder Kriegsbücher über Kampfflieger und U-Boot-Kommandanten. Von denen blieb ich verschont.

Wie der letzten Seite eines jeden Karl-May-Bandes zu entnehmen war, gab es 65 davon, und mein Ehrgeiz trieb mich, sie alle zu lesen. Jeder der grünen Halbleinenbände, ohne Schutzumschlag, mit buntem Deckelbild, sonst aber nicht illustriert, hatte 500–600 Seiten. Etwa 35 000 May-Seiten habe ich also (wiederholtes Lesen einzelner Bände nicht gerechnet) damals gelesen, darunter für mich so unverständliche wie seine Gedichte, sein verlogenes »Ich« und die symbolistischen Romane, mit denen er in die Weltliteratur einzugehen gehofft hatte: eine kindliche Leistung, die mich mit Schauder erfüllt, der sich zum Grauen steigert, wenn ich bedenke, daß eigentlich ein Buch es nur war, das ich wirklich liebte und wieder und wieder las: »Winnetou« 1. Band, eine Art Entwicklungsroman, der sich heute wie eine Parodie auf dieses Genre liest, da der Held, der da entwickelt wird, sich in jeder Beziehung als entwickelter erweist, als die, die ihn entwickeln sollen.

Das Rätsel, das vermutete Wirkung von Literatur aufgibt, wird beim Gedenken an Karl May mir noch rätselhafter. Nachwirkenden Einfluß scheinen die vielen tausend Seiten nicht ausgeübt zu haben. Was da an vulgarisiertem Nietzsche, an Kolonialideologie, an kleinbürgerlichem Ressentiment, an kuriosen Rassenvorurteilen und bismarck-deutschem Nationalismus auch drinstecken mag – es scheint mich nicht infiziert, eher immunisiert zu haben gegen großdeutschen Nationalismus und brutalen Rassismus. Sollte die, nach Arno Schmidt, das gesamte Werk latent durchsetzende Homosexualität ihre Samen in mich geworfen haben – aufgegangen sind sie nicht. Von ihrer Flucht- und Schutzfunktion abgesehen, wäre diese enorme Leseanstrengung gänzlich wirkungslos geblieben, wenn sie nicht ihren Wert in sich selbst hätte, als Übung und als Erlebnis der Vervielfältigung des Ichs, das nach Wiederholung drängte.

An Karl May habe ich lesen gelernt, im schulmäßigen und im literarischen Sinn. Die ersten Seiten im »Winnetou« waren die ersten Buchseiten überhaupt, die ich allein las. Mit vielen Fremdwörtern, fremden Namen und Begriffen war das der richtige Stoff für Lernanfänger nicht, aber literarisch war May eine gute Schule, weil er es einem schwer machte. Bei ihm lernte man, daß Lesen nicht so einfach ist und daß Vergnügen sich dabei oft erst einstellt nach intensiver Bemühung. Die wichtigste Erkenntnis aber war, daß auch Göttern, die wir uns aufrichten, um sie anbeten zu können, die Zeit bemessen ist, daß sie wie alles vergehen, und deshalb Skepsis nötig ist und kritische Wachsamkeit.
Die Mehrzahl meiner Jahre mit Karl May waren Jahre mühsamer Abwehr der Kritik an ihm, aus der langsam kritische Abkehr wurde. Als ich auf dem Höhepunkt der Verehrung, mit neun, zehn Jahren, erfuhr, daß alles, was er als Selbsterlebnis ausgab, erlogen war, entsetzte mich das, sofort aber pries ich die Stärke seiner Phantasie. Bei der Suche nach Argumenten gegen seine Verleumder entdeckte ich die Nützlichkeit von Sekundärliteratur und lernte Bibliotheken benutzen. Um Mittel zu seiner Verteidigung zu finden, prüfte ich seine geographischen und historischen Angaben und rühmte mich, besser als jeder andere Bescheid zu wissen über die Wüsten Neu-Mexikos, über die Kordilleren und das Land der Skipetaren, über Juarez und Maximilian, den Alten Dessauer und die heiligen Stätten des Islam. Schon fand ich es lächerlich, daß früher oder später sich jeder seiner Wildwest- oder Orienthelden als Mann ursprünglich deutscher, meist sogar sächsischer Abkunft entpuppte, erlaubte aber keinem andern, das lächerlich zu finden.

Schon las ich Cooper und stellte fest, wie May ihn ausgeschlachtet hatte, schon ärgerte ich mich über die Unfehlbarkeit von Held und Autor, verfluchte ständige Wiederholungen, fand aber immer ein Trotzdem – bis eines Tages auch das wegfiel und die Schule der Kritik abgeschlossen war. Ein Idol war gestürzt, seine Trümmer blieben als Mahnmale erhalten. Der Vorgang brauchte nicht wiederholt zu werden.
Mein Verhältnis zur fiktiven Literatur blieb damals lange gestört. Ein Jahr noch versuchte ich, Karl May über seinen Tod in mir hinaus die Treue zu halten, indem ich mich mit Kultur und Geschichte der nordamerikanischen Indianer beschäftigte, wobei mein erstes eigenes schriftstellerisches Produkt entstand: die Beschreibung der Indianerschlacht bei Tippecanoe im Jahre 1811. Da war ich schon 14 oder 15 und lebte mein Leseleben noch immer unabhängig vom äußeren, das vorwiegend in Luftschutzkellern und Evakuierungslagern ablief.
Ich hatte nun die Sachliteratur entdeckt, las Reiseberichte, Biographien, Historisches und schließlich auch Literaturgeschichte, über die ich mich mit einem Gewaltakt wieder der schönen Literatur näherte. In einem Kontobuch, dessen Großformat schon die Riesenhaftigkeit der Aufgabe dokumentierte (für Indianerforschung hatte ich nur Vokabelhefte benutzt), entwarf ich einen auf drei Jahre berechneten Plan, der mir die deutsche Literatur erschließen sollte. Er begann mit Lessing, führte über Schiller und Goethe seltsamerweise zu Grillparzer und Hebbel und enthielt nur Dramen, allerdings sämtliche der genannten Autoren. Als ich in einem Viehwagen von Neuruppin an die Front transportiert wurde, war ich

bei »Maria Magdalene« angelangt, von der ich (vom Schlußwort abgesehen: »Ich verstehe die Welt nicht mehr!«) genau so viel begriff, wie von allen Dramen zuvor, nämlich nichts.

Zum Erlebnis war mir in dieser Zeit, schlechten Gewissens gelesen, nur außerplanmäßige Literatur geworden: ein paar Gedichte von Goethe, Mörike, Storm und Holz; Eichendorffs »Taugenichts« und eine Zeile von Rilke: »Wer spricht von siegen, überstehn ist alles«. Zweigs »Grischa«, den ich während des Zwangsaufenthalts in einer Berliner Flakstellung gelesen hatte, war kein literarisches, sondern ein politisches Ereignis für mich geworden. In Dichtung suchte ich damals Bestätigung eigner Gefühle; dort aber wurden mir Erkenntnisse aufgedrängt, nach denen ich nicht gefragt hatte.

Daß dann schließlich Literatur und Wirklichkeit, Dichtung, Politik, Gefühl, Schönheit, Erkenntnis in eins zusammenfielen, geschah noch im selben Jahr, und zwar beim Lesen handgeschriebener Auszüge aus »Hyperion«, wo nicht nur der Aufschrei, der mir in der Kehle saß, anläßlich der Reise zu den Deutschen artikuliert wird: ». . . aber keine Menschen!«, sondern auch der Staat in seine Schranken verwiesen wird: »Man nehme sein Gesetz und schlag es an den Pranger.« Aber das ist dann schon eine Geschichte für sich.

Der Künstler und die anderen

Zu Thomas Manns »Tonio Kröger«

1

Ohne Frage können für jeden, der mit Büchern lebt, einige von ihnen zu Lebensereignissen werden. Das müssen nicht unbedingt die Lieblingsbücher sein, die man immer wieder zur Hand nimmt und jedesmal, mit erweitertem Wissen und anderen Erfahrungen, neu entdeckt. Oft sind es gerade solche, die mit einmaligem starken Einfluß ihre Aufgabe erfüllt haben. Sie kreuzen an einem entscheidenden Punkt unseren Weg und verschwinden. Daß wir die Erinnerung an sie heilig halten, zeigt nur: Sie gehören der eignen Vergangenheit an.
Unter der Unzahl von Büchern, die man im Leben liest, werden das nur verschwindend wenige sein. Es sind wahre Glücksfälle, unglaubliche fast, wenn man bedenkt, daß dazu nicht nur das richtige Buch zum rechten Leser kommen, sondern dieses auch zum richtigen Zeitpunkt geschehen muß, soll das Exemplarische des Kunstwerks und das Identifizierungsvermögen des Lesers sich zu dem schönen Ganzen vereinigen, das man als Erlebnis bezeichnen kann.
Solches Buch später wieder zu lesen, ist immer ein Abenteuer mit ungewissem Ausgang. Fest steht nur: Was es einmal war, kann es nicht mehr sein. Es ist entweder mehr oder weniger – oder ganz anders. Enttäuschungen sind häufig; nicht nur über das Buch, auch über sich

selbst. Man begegnet sich wieder und ist peinlich berührt.
Leicht vergißt man dabei, daß manches Buch schneller altert als wir selbst. Damals haben wir es als zeitgenössisches Werk verstanden, heute lesen wir es als eins der Literaturgeschichte: Ein selbstverständlicher Vorgang, der einen schaudern läßt. Denn er macht uns klar, daß auch unser Selbst, das damals geprägt wurde, trotz aller Veränderungen mehr und mehr zum geschichtlichen wird. Schon vor unserem Tod werden wir die Zeitgenossenschaft verloren haben.
Das Wunderbare an wirklich großer Literatur aber ist, daß sie durch Alter an Wirkungsmöglichkeit nichts einbüßen muß. Sie lebt über ihre Zeit hinaus. In ihr gibt es keinen Fortschritt in dem Sinne, daß ein Werk das andere überholt und überflüssig macht. Wenn sie auch Geschichte hat, wenn sie auch Geschichte erzählt: in erster Linie erzählt sie Geschichten, die von immerwährender oder immer wiederholbarer Aktualität sind. Denn sie können nacherlebt werden als gegenwärtiges Geschehen.
Das ist ein Vorgang, den Interpretation bestenfalls unterstützen, aber nie ersetzen kann. Literaturunterricht, der vorwiegend historisch orientiert ist, hindert ihn eher. Denn ausschließlich historische Betrachtung von Literatur beraubt sie ihrer direkten Wirkung. Mittelbares Erlebnis ist keins mehr. Weder Entstehung noch Aufnahme von Literatur haben etwas mit Wissenschaft zu tun. Da aber die Wissenschaftler die Literatur verwalten, schieben sie sich gern zwischen das Buch und die Leser, fördern zwar Wissen, mindern aber die Wirkung. Manche Interpretation wirkt wie eine Warnung vor der

Unmittelbarkeit des Kunsterlebnisses. Die Furcht vor »falscher Aktualisierung« ist eine vor der Lebendigkeit der Kunst. Man entschärft sie, wenn man sie auf ihre Zeit zurückverweist. Manche Förderung der Literatur ist wie eine Verbannung ins Museum. Mancher Denkmalsbau für einen Dichter hat zur Folge, daß auch sein Werk zum Denkmal wird, hoch und versteinert.

Daß Listen von Lieblingsbüchern mit denen studentischer Pflichtlektüre selten übereinstimmen, liegt daran, daß die Fragestellung der Wissenschaft eine andere ist als die der einzelnen Leser. Für die Literaturgeschichtsschreibung ist die Entwicklung wichtig, das einzelne Werk nur als Teil von ihr. Es wird bedeutsam durch den Rang, den es in ihr einnimmt. Die Kriterien, nach denen es beurteilt wird, bieten Geschichte und Literaturgeschichte. Der Leser urteilt anders. Wenn ihm ein Buch zum Ereignis wird, so nicht aus den Gründen, aus denen die Literaturgeschichte es preist. Ihm gelten individuelle Maßstäbe. Bei ihm bestimmt der Rang sich aus dem Platz, den es in seiner persönlichen Entwicklung einnimmt. Das Erleben erteilt Zensuren, nicht die Wissenschaft. Die darf nur hilfreich Hand anlegen zum besseren Verständnis. Im Prinzip funktioniert die Verbindung zwischen Buch und Leser auch ohne sie.

Wenn nach der Wirkung von Literatur gefragt wird, ist beim Versuch einer Antwort die Geste der Gewißheit nicht am Platze. Was auch darüber schon geschrieben wurde: Der Eindruck von Wunderbarem bleibt. Was da Tausende, vielleicht Millionen von Lesern als ihr Erlebnis, ihr Problem, ihr Gefühl wiedererkennen, hat einer aufgeschrieben, der hauptsächlich, vielleicht ausschließlich nur von sich redet, der nur wiedergeben kann, was er

selbst (und vielleicht nur er) so gedacht, gefühlt, erfahren hat, einer, der anders ist als die anderen, und zwar nicht nur so, wie ein jedes Individuum sich vom anderen unterscheidet, sondern in noch stärkerem Maße durch eben die Fähigkeit der künstlerischen Formung des Erlebten. Und je stärker er von seiner Lust und seinem Leid ergriffen ist, je genauer er seine Gedanken analysieren, seine Meinungen ausdrücken kann, je ehrlicher und vollständiger er sich selbst gibt, desto tiefer wird die Wirkung sein. Wenn er auch nicht alle erreicht (Wer eine andere Gefühlssprache spricht, wird seine nicht verstehen!), so können es doch so viele sein, daß ohne allzu große Übertreibung gesagt werden kann: Diese oder jene Generation hat in seinem Erlebnis das eigne nacherlebt. Er hat ausdrücken können, was sie bewegte. Stellvertretend für sie hat er gesagt, was sie empfand.
Die Möglichkeit allgemeiner Wirkung beruht auf dem Beispielhaften, das der Künstler seinem individuellen Fall zu geben vermag. Scheinbar paradoxerweise wird das aber nicht erreicht durch Allgemeinheit der Darstellung. Ganz im Gegenteil: Gerade das Konkrete, Individuelle, Zeit- und Ortsgebundene kann einer Geschichte die Genauigkeit und Stimmigkeit geben, die sie exemplarisch macht und damit nacherlebbar, auch in anderen Ländern, auch in späteren Zeiten.
Denn immer ist Gegenstand der Literatur: der Mensch, und ihr Hauptthema: der einzelne und die Gesellschaft. Sein Verhalten und Empfinden sind bestimmend. Und das ist in Raum und Zeit wohl weniger veränderbar als die Verhältnisse, unter denen er lebt und leidet. Wer auch die Unterdrücker sind: Das Leid der Unterdrückten ist sich ähnlich, auch wenn Jahrhunderte sie trennen.

Unerwiderte Liebe schmerzt nicht weniger heute als im Mittelalter. Obwohl Geschichte sich nie wiederholt, ist Don Quijotes Problematik immer wieder aktuell, und Kafkas Begrenzung auf das alte Prag hat seine Wirkung nie begrenzt. So können die gedankenvollen Tatenarmen und die von der Wirklichkeit enttäuschten Idealisten auch heute noch Hamlet und Hyperion Brüder nennen. Und Tonio Kröger kann auch dem zum Erlebnis werden, der sich nicht als verirrter Bürger begreift.

2

Die Behauptung, daß einer Allgemeingültiges schafft, indem er nur von sich redet, ist in diesem Fall nicht übertrieben. Die 1903 in der »Neuen Rundschau« zuerst veröffentlichte Novelle »Tonio Kröger« ist autobiographisch in Detail und Thema. Der 28jährige gibt ein Bild seines Wegs und Standorts und benutzt dazu alle Einzelheiten, die er parat hat, weil es die des eignen Lebens sind.
Die »enge Stadt« ist natürlich Lübeck, in der Thomas Mann die Kinder- und Jugendjahre verbrachte, und die er, wie Tonio Kröger, früh verläßt, ohne innerlich von ihr loszukommen. Identisch sind bei Autor und Kunstfigur auch die soziale Lage und der weitere Lebensweg: Hingabe an die »Ekstasen der Kunst«, Reisen in den Süden, erste Berühmtheit (1901 waren die »Buddenbrooks« schon erschienen) und künstlerische Krise, der die Novelle ihre Entstehung verdankt. Selbst die Bildungserlebnisse des Tonio sind die auch des Thomas: die

»heilige Literatur« der Russen und die frühe Schwärmerei für Schillers »Don Carlos«, deren sich Thomas Mann noch 1955 im »Versuch über Schiller« erinnert: »Don Carlos – wie könnte ich je die erste Sprachbegeisterung meiner fünfzehn Jahre vergessen, die an dem stolzen Gedicht sich entzündete.« Und er zitiert die Stelle, von der im »Tonio Kröger« die Rede ist: »Der König hat geweint!« In seinem Aufsatz über Theodor Storm von 1930 aber weist er auf einen anderen literarischen Bezug der Novelle hin, der nicht so offensichtlich ist:

»Zu Anfang unseres Jahrhunderts«, heißt es da, »schrieb ein junger Dichter eine lyrische Novelle, deren Gegenstand der in einer Brust lebendige Widerstreit zwischen bürgerlich-nordischer Gefühlsheimat und der strengen, abenteuerlichen und kaltekstatischen Welt der Kunst und des Geistes war. Den Vater seines Helden beschrieb der junge Verfasser als einen ›langen‹, ›zur Wehmut geneigten‹ Herrn mit sinnenden blauen Augen, ›der immer eine Feldblume im Knopfloch trug‹. Er wich mit dieser Beschreibung vom autobiographisch Wirklichen entschieden ab, und dennoch war sie nicht Willkür und bloße Phantasie. Die Figur, die ihm vorschwebte, erstand aus dem Gefühl und Bewußtsein der doppelten kulturellen Herkunft des Werkchens, in das er sie hineinstellte, einer deutsch-heimatlichen und einer mondänen: Die Figuren der geistigen Väter seiner Geschichte, Storms und Turgenjews ... verschmolzen ihm zur Vatergestalt des langen, wehmütig sinnenden Weißbartes mit der Feldblume im Knopfloch.«

Nach so vielen autobiographischen Belegen wundert es einen dann nicht mehr, wenn die nach dem Tod des Dichters publizierten Briefe diesen noch weitere hinzufügen, besonders den über die reale Existenz eines Hans Hansen, den der Achtzigjährige einem Schulfreund preisgibt. Dieser hatte in Briefen mit Jugenderinnerungen, ganz nebenbei, einen Armin Martens erwähnt, der nach Thomas Manns Ansicht eine Unterstreichung verdient hätte. »Denn *den* habe ich geliebt – er war tatsächlich meine erste Liebe, und eine zartere, selig-schmerzlichere war mir nie mehr beschieden. So etwas vergißt sich nicht, und gingen 70 inhaltsvolle Jahre darüber hin. Mag es lächerlich klingen, aber ich bewahre das Gedenken an diese Passion wie einen Schatz. Nur zu begreiflich – daß er mit meiner Schwärmerei, die ich ihm einmal an einem ›großen‹ Tage gestand, nichts anzufangen wußte. Das lag an mir und an ihm. Sie starb denn auch so dahin – lange bevor er selbst, dessen Charme schon durch die Pubertät erheblichen Schaden gelitten, als Allererster irgendwo starb und verdarb. Aber ich habe ihm im ›Tonio Kröger‹ ein Denkmal gesetzt – einer Geschichte, die in manchen Ländern schon zum deutschen Schulbuch (mit Vokabular) geworden; und es ist merkwürdig zu denken, daß heute die Gesichter junger Engländer, Amerikaner, Franzosen, Ungarn sich über die Seiten neigen, die von ihm und dem Leid, das ich um ihn trug, erzählen. Merkwürdig zu denken auch, daß die ganze Bestimmung dieses Menschenkindes darin bestand, ein Gefühl zu erwecken, das eines Tages zum bleibenden Gedicht werden sollte.«

3

Ist die Novelle wirklich »bleibend«? Für Thomas Mann scheint das keine Frage gewesen zu sein. Er hat dieses Jugendwerk (im Gegensatz zu anderen) nie verleugnet, hat es oft erwähnt, es (seiner enormen Wirkung und seines Sentimentalismus wegen) seinen »Werther« genannt und 1945 sogar geschrieben: »Es fehlt nicht viel, daß ›Tonio Kröger‹ mir selbst immer noch das Liebste von mir wäre.« Auch die Literaturgeschichtsschreibung schätzt das kleine Werk sehr. Aber kann es der heutigen Jugend noch zum Erlebnis werden, wie uns nach 1945? Wir lasen die damals schon 40 Jahre alte Novelle noch wie ein zeitgenössisches Werk, und es wurde eines der »heiligen« Bücher für uns. Das Exemplar von damals besitze ich noch heute: Fischers Illustrierte Bücher, 1921, 23.–33. Auflage, Pappband, mit einer kolorierten Federzeichnung auf dem Deckel: ein altmodisch gekleideter junger Mann blickt wehmütig auf eine Stadt zurück, die sich durch Schiffsmasten und Backsteinbauten als norddeutsche Hafenstadt ausweist. Ich erwarb das Bändchen im Januar 1946, aber ich kannte es schon, bevor ich es las. Ein Freund, kurz nach mir aus der Gefangenschaft zurückgekehrt, hatte es mir erzählt, aber auch nicht nach eigner Lektüre, sondern nach der Erzählung eines Mitgefangenen. Durch Zeitungen und Zeitschriften (die mir später niemals mehr so interessant erschienen sind wie damals) war uns der Name des Autors zu einem Begriff geworden. So vorbereitet, wurde es zu einem Ereignis, als ich in einem Antiquariat den »Tonio Kröger« entdeckte und für den lächerlichen Preis von 1,50 Reichsmark erstand. Das war in Potsdam, wohin ich gefahren war, um mich zu einem Neulehrerkurs anzumelden. Die Fahrzeit von dort zurück reichte damals dazu, das Bändchen zweimal zu lesen. Ich tat nicht nur das, sondern versah es auch mit Anstreichungen; denn ich war ein Zitatensammler, der alles, was ihm wichtig schien, in schnell sich füllende Schulhefte eintrug und es so oft las, daß mancher Satz, manche Gedichtzeile bis heute im Gedächtnis haftet. »Wer am meisten liebt, ist der Unterlegene und muß leiden«, gehört zum Beispiel dazu, und: »Was er aber sah, war dies: Komik und Elend – Komik und Elend«, aber kein Satz über die Kunst und keiner übers Bürgertum.

Was die Zitate vermuten lassen, war wirklich geschehen: Ich hatte nicht die Geschichte von Tonio Kröger gelesen, sondern die meine. Mißbrauch der Kunst als Seelenbalsam nannte mein Freund das, aber ich verteidigte meine ichbezogene Art zu lesen und tue es heute noch. Selten genug geschieht es, daß ein Buch mich Geschichte, Literaturwissenschaft, Analyse, Vergleich und Urteil vergessen läßt durch das Erleben einer zweiten Wirklichkeit, in die mein Ich in irgendeiner, wenn auch gebrochenen Form hineinprojiziert wird.

Freilich würde ich heute mehr Verständnis dafür aufbringen, was den Autor bewegte: die Künstlerproblematik. Sicher hätte ich die damals auch zu analysieren gewußt, wäre das nötig gewesen. Aber sie ging mich nichts an, ich nahm sie nur für ein Gleichnis. Nicht um Künstler und Bürger, nicht um Literatur und Leben ging es für mich. Meine Kurzformel hätte gelautet: solche wie ich und die anderen.

Wir waren 19 damals, hatten den größten Teil unserer Jugendjahre unter militärischem Zwang verbracht und

nicht nur unter der Unfreiheit gelitten, sondern auch unter den andern, den Gleichgestellten, den sogenannten Kameraden, die problemlos, gleichgültig, sonnig oder finster sich allen Situationen anzupassen verstanden und unsereinen durch Verständnislosigkeit, Intoleranz oder Dummheit in eine Einsamkeit trieben, die die seelische Krankheit unserer Jugend war. Beneidet haben wir sie oft und einige von ihnen geliebt, hoffnungslos, unerwidert, manchmal auf Mitleid, nie auf Verständnis stoßend, denn in dem Wertsystem, das sie widerstandslos übernahmen, galten wir nichts, waren sie die Überlegenen, wir die Versager. Glücklich noch, wer sich in Haß und Weltverachtung retten konnte. Schlimmer war es, die Werte der andern zu akzeptieren und sich in die Rolle des Versagers zu schicken.
Sensibilität und Intellekt: daraus setzt sich das Schöpferische zusammen. Das wurde getötet damals, wird immer getötet, wenn Töten zum moralischen Wert wird. Aber es galt auch vorher nicht viel. Tonio Kröger erfährt es, und sein Leiden wurde, trotz der ganz anderen Bedingungen, zum Abbild des unseren, oder zumindest ihm ähnlich und dadurch nachvollziehbar. Und das war schon genug, um als Ereignis zu gelten: Daß da einer war, der die Krankheit der Jugend, diese gräßliche Einsamkeit in der Menge, auch durchgemacht hatte. Aber dadurch, daß er nicht nur ein Leidender war, sondern auch ein Schöpferischer, bot er noch mehr als Selbstbestätigung, nämlich ein Verhaltensmuster, eine Anleitung zum seelischen Überleben, indem er uns lehrte, unsere Leiden an der Gesellschaft als Auszeichnung anzusehen, sie zu lieben als notwendige Stufe zu Höherem. Das gab uns nicht nur die Möglichkeit, die

schöne Melancholie zu genießen, sondern vor allem auch das nötige Selbstbewußtsein, Werte außer Kraft zu setzen, die anzuerkennen wir nie fähig gewesen waren.

Die angeführten Zitate zeugen davon. Denn die Komik der Welt ist nur vom Standpunkt höherer Erkenntnis aus sichtbar, und der Satz von der Unterlegenheit der stärker Liebenden drückt doch auch dessen Überlegenheit aus: Er kann stärker empfinden als die anderen, die nicht in die Dinge hineinsehen, »bis dorthin, wo sie kompliziert und traurig werden«. Und von diesem Standpunkt aus kann man dann verachten, was die anderen entzückte: »Ja«, (das ist ein drittes Merkzitat des Neunzehnjährigen), »man muß dumm sein, um so schreiten zu können, wie er.«

Wenn das Zu-sich-selbst-Finden ein Ereignis ist, dieses Buch war es. War es ein Mißbrauch? Bestimmt nicht dadurch, daß das Werk als Lebenshilfe gebraucht wurde und seine eigentliche Problematik für mich nur Gleichnis war. Bedenklich scheint mir beim Wiederlesen nach Jahrzehnten, daß es eigentlich nur einige Kapitel waren, die mich damals berührten: die der Konfrontation des Helden mit dem »Leben«, die freilich auch die am meisten gestalteten sind. Die mehr theoretisierenden und moralisierenden dagegen (in ihrer »Direktheit bis zum Unkünstlerischen« gehend, nannte Thomas Mann sie selbst einmal) ließen mich kalt, wurden vollends blaß in der Erinnerung.

Aber wie hätte es anders auch sein sollen! Sowohl Künstler- als auch Bürgertum waren mir vage Begriffe. Ich sah nur dies: Daß da einer unverdient und unverschuldet außerhalb der Ordnung stand, in die er hineingeboren war, und daß er die Menschen liebte, die ihn, ebenso ohne Schuld, leiden ließen.

Und wohl nur so, oder so ähnlich unhistorisch, könnte die Novelle auch einer heutigen Jugend noch etwas sagen, vorausgesetzt, es ist ihr möglich, die Bürger-Künstler-Problematik noch als stimmiges Gleichnis zu begreifen, was freilich seine Schwierigkeiten hat. Denn wenn das damals so wichtige Buch mir nach 30 Jahren nicht nur von der Patina der Erinnerung überzogen, sondern leicht angestaubt scheint, so vor allem wegen der Kunstauffassung, die es als Produkt der Jahrhundertwende ausweist. Da klaffen Abgründe zwischen der Gesellschaft und einer esoterischen Kunst, die den Menschen verachtet und ganz »dämonischer Schönheit« verpflichtet ist. Da ringt sich Tonio Kröger zu einer Kunsterkenntnis durch, die für uns in ihrer Allgemeinheit die Grundlage ist, von der selbst widerstreitende Meinungen ausgehen. Die Botschaft, die da verkündet wird, ist eine, die jeder kennt. Selbstverständliches wird gesagt wie eine Offenbarung.

Und doch ist auch dieses Verfallen an eine Kunst, die den Menschen verachtet, und diese Hinwendung zu einer, die von Liebe zu ihm durchdrungen ist, ein Vorgang, der nur so zeitgebunden nicht ist, wie er scheint; denn er steht, über die Kunst hinaus, stellvertretend für eine Entwicklungsphase, die manch junger Mensch durchlaufen muß: Hochgespannter Erwartung auf das Leben folgt das Entsetzen über dessen Banalität, die, wenn auch nicht zu bejahen, so doch zu akzeptieren einer höheren Erkenntnisstufe vorbehalten bleibt, als notwendige Grundlage für ein tätiges Leben mit anderen. Aus dem Elfenbeinturm der Verachtung steigt Tonio Kröger wieder herab zu den Leuten. Das Bekenntnis seiner Liebe zu ihnen ist auch eines zur Wirklichkeit und damit zu einer Kunst mit moralischem Anspruch, die im Alter dann als »mit der Menschheit auf du und du« stehend bezeichnet wird. Als die ersten (übrigens lyrischen) Literaturversuche des Schülers Thomas Mann in der Schule bekannt wurden, schadete das seinem Ansehen sehr, da man vom Erben der Mannschen Firma anderes erwartete. Nicht nur der Künstler sah den Bürger, auch der Bürger den Künstler als seinen Gegenpol. Wenn heute ein Achtzehnjähriger seine ersten Gedichte veröffentlicht, kann er sich allgemeinen Wohlwollens erfreuen, das allerdings bei manchem schwinden wird, wenn er inhaltlich ausgefahrene Denkgeleise verläßt oder Altbewährtes in Frage stellt, was in einer Kunst, die dem Menschen und seinem Wohlergehen verpflichtet ist, immer geschehen sollte. Dann wird auch das seinem Ansehen schaden, und er wird, mit schlechtem Gewissen, draußen stehen und die »Normalen« beneiden, die nicht zur Erkenntnis verflucht sind.

Denn in einer Gesellschaft, die Kunstproduktion als gesellschaftlich notwendige Arbeit anerkennt, wird das Problem zwar kleiner, aber es schwindet nicht, solange Kunst Ordnungen nicht nur preist, sondern, um sie zu bessern, auch stört, solange sie, wie Thomas Mann sagt, eine »Form der Inkorrektheit« ist. Das läßt für die Begreifbarkeit des Künstlergleichnisses und damit für die Lebendigkeit des »Tonio Kröger« hoffen.

Grischa 1944

Wir sind fast der gleiche Jahrgang, der Grischa-Roman und ich, aber es dauerte lange, ehe wir uns begegneten.

Als er zum erstenmal in den Buchhandlungen auslag, Feuchtwanger und Tucholsky ihn priesen und die Deutschen ihn lasen, war ich der Sprache, die hier so meisterhaft gehandhabt wurde, noch nicht mächtig. Als ich die ersten Worte auf die Schiefertafel kritzelte, wurde im Zentrum meiner Heimatstadt der »Grischa« öffentlich verbrannt. Und als ich zehn Jahre später Verlagsprospekte und Bibliothekskataloge nach Büchern durchsuchte, die mir die Gegenwart erläutern konnten, da fehlte der »Grischa« und nur die Kolbenheyer und Beumelburg boten sich an. Die deutsche Literatur der Zeit enttäuschte uns; wir wußten nicht, daß die, die wir brauchten, in der Fremde zu Hause war. Niemand hatte den Mut, es uns zu sagen.

Ich war gerade siebzehn geworden, als ich den »Grischa« in die Hand bekam. Das Haus, in dem ich aufgewachsen war, hatten in der Nacht Bomben zerstört, und ein gutmütiger Wachtmeister der Berliner Flakbatterie, bei der ich mit unklarem Widerwillen Dienst tat, hatte mir einige Stunden Urlaub gegeben, um zu retten, was zu retten war. Zu den wenigen Dingen, die durch Zufall fast unversehrt geblieben waren, gehörte auch der Bücherschrank, dessen oberen Teil ich oft durchstöbert hatte, während die unteren Türen mir stets (auch nach dem frühen Tode meines Vaters) verschlossen geblieben waren. Jetzt hatten Detonationen sie gesprengt, und ich trug die kalkbestaubten illustrierten Ausgaben von Boccaccio, Rabelais und Casanova über Trümmer in die Nachbarhäuser. In der hinteren Reihe des Faches aber standen, in Zeitungsbogen eingeschlagen, einige Bücher mir unbekannter Autoren: Heinrich Mann, Thomas Mann, Arnold Zweig, Remarque, Werfel. Sie schienen mir eines weiteren Trümmerganges nicht wert. Nur um festzustellen, worin das für mich Gefährliche dieser Bücher liegen könnte, brachte ich sie doch in Sicherheit. Zwei, deren Titel (»Im Westen nichts Neues« und »Der Streit um den Sergeanten Grischa«) mich anzugehen schienen, nahm ich in die Flakstellung mit.

Und so las ich dann, im Januar 1944, selbst eingespannt in den öden Mechanismus der Militärmaschinerie, das Buch über Grischa, der in ihr zermahlen wird. Ich las es nicht mit Begeisterung, nicht mit Liebe oder Ehrfurcht, mit Befremden eher und mit leisem Abscheu, aber mit einer Gier, die sich mir erst später als Drang nach Wahrheit enthüllte. Es schockierte mich, rüttelte an vielem, was festzustehen schien, schmerzte. Und ich wehrte mich dagegen.

Ich saß in den dienstfreien Stunden unter Männern, die skatspielend ihre Angst zu vergessen suchten, und las über sie. Sie waren es. Wir waren es, genau so und doch jetzt plötzlich ganz anders, weil die Art, wie sie beschrieben waren, einen nötigte, sie von einem anderen Standpunkt aus zu betrachten. Ich hatte schon Kriegsbücher gelesen. Seit ich beim Militär war, sah ich, daß die Wirklichkeit anders war, und ohne es klar formulieren zu können, hatte ich daraus geschlossen, daß Literatur und Wirklichkeit zwei verschiedene Dinge seien. Hier fielen sie plötzlich zusammen.

Da steht der Gefreite Birkholz zu Beginn des Romans auf Wache und denkt: nicht mit Haß an den Feind, nicht mit Liebe an seinen Hauptmann, nicht an Vaterland und Waffenruhm, sondern an Tauschgeschäfte, an Erbsen, Butter und Schmalz. Und seine Uniform ist kein Ehrenkleid, sondern Tuch mit sinnlosen Vierecken und Nummern, das Gewehr nichts weiter als ein Ding aus Holz und Eisen, mit dem man andere Männer töten oder verfehlen kann. Und wie die anderen Soldaten, wie Heppke und Sacht im Roman und Eismann und Korn bei mir am Tisch, ist er nicht freiwillig von Frau und Mutter weggegangen, sondern auf Befehl von Menschen, die er mehr fürchtet als den Feind. Und er denkt daran, die Knarre hinzuhauen, Schluß zu machen mit dem Krieg, der seiner nicht ist. Und riskiert es doch nicht.

Das alles stimmte so sehr mit der Wirklichkeit überein, daß auch die Wahrheit über Schieffenzahn und Schilles als solche genommen werden mußte und erste Anstöße gab zu der Frage: Wer macht den Krieg, wem nützt er? Das Buch antwortete deutlich: Offiziere in Ober-Ost suchten sich ihre zukünftigen Güter schon aus; Beamte betrachteten ihre Positionen in der neuen preußischen Provinz schon als Lebensstellung; Schieffenzahn beutete die eroberten Gebiete aus, zugunsten eines Staates, in dem Schilles die Macht hatte und an ausländischen Zwangsarbeitern verdiente, während die Soldaten hungerten, froren, starben. Für wen damals, 1918, für wen heute, 1944? Eine Frage, die schon für sich (ohne Antwort) ein Sakrileg war. Und dann war da vor allem

natürlich das Miterleben von Grischas Leiden und Tod.
Ich war mit ihm glücklich über die gelungene Flucht, ich fühlte sein Heimweh und später seine Todesangst, er war mir vertraut wie ein Freund, und ich wünschte ihm, daß er die deutschen Wachen töten und mit Babka entfliehen würde, und ich wußte, daß solche Gedanken Verrat waren im Sinne der Leute, deren Uniform ich trug.
Erst stellte ich das Buch sorglos in mein Spind, später versteckte ich es. Bald darauf ging es mir im Wirbel des Krieges verloren.
Ich dachte nicht darüber nach, ob es ein Buch war, das in die Literaturgeschichte eingehen würde, ich wußte nur, daß es für mich wichtig war, da es mich zum Nachdenken über meine Lage gezwungen hatte. Und als nach dem Krieg auch das eigne Schreiben begann, war der »Grischa« ein Buch, nach dem man sich richten konnte; aus ihm war zu lernen, daß die oberste Pflicht des Schriftstellers darin besteht, die Wahrheit zu sagen, im Kleinen wie im Großen, in Teilen wie im Ganzen.

Der Holzweg

An meinem ersten Buch arbeitete ich siebzehn Jahre lang; natürlich mit Pausen, deren größere durch Irrtümer entstanden. Zeitweilig bildete ich mir nämlich ein, erstens zum Literaturkritiker, zweitens zum Bibliothekswissenschaftler berufen zu sein und drittens, ohne zu schreiben leben zu können. Der dritte Irrtum trat mehrmals auf.

Fest standen von Anfang an Stoff und Thema. Auch daß es sich nur um Prosa handeln konnte, war klar. Wandlungen machte die Genrewahl durch: vom Tagebuch über Autobiographie und Reportage zum Roman. Die Entscheidung für letzteren war der erste Schritt auf dem Holzweg. Der zweite wurde durch die Heldenwahl getan. In Frage gekommen wäre der Typus des Don Quijote oder des Hamlet, vielleicht sogar der des Hyperion, des Josef K. oder Schwejk. Ich aber wählte den Wilhelm Meister. Denn ich hatte mir einreden lassen, daß ein Roman Entwicklungsroman sein, positiv enden und Totalität geben müsse.

Als der Krieg begann, war ich dreizehn, als er endete, neunzehn Jahre alt. Im April 1945 begann ich in einem Lazarett mit den Vorarbeiten zu dem Buch, das 1963 unter dem Titel »Der Hohlweg« erschien und wenig von dem enthielt, was es hatte enthalten sollen. Es wurde mit einem Preis geehrt und milde beurteilt. Mein eigenes Urteil lautet: Thema verfehlt, 5.

Dieses verfehlte Thema zu formulieren, fällt mir noch heute schwer. Die Begriffe, mit denen das geschehen könnte (obenan der der Freiheit), sind ideologisch vorbelastet und deshalb untauglich zur Bezeichnung eines Bewußtseinszustandes, dessen Wesen gerade in der Abwesenheit von Ideologie bestand. Öffentlich artikuliert wurde dieser Zustand nie, weil keine Öffentlichkeit an ihm Interesse hatte. Daß ich es nicht tat, lag hauptsächlich an meiner literarischen Unfähigkeit, nebenbei aber auch an der zeitweilig in mir vorherrschenden Auffassung, er sei nur mir eigen gewesen. Erst längere literarische Praxis hat mich an das Wunder glauben gelehrt, daß Eigenstes, genau dargestellt, sich als Allgemeines erweist.

Diesen Bewußtseinszustand (um den ich mich dann auf 552 Seiten herummogelte) in reiner Form zu erleben, war allerdings nur einer relativ kleinen Gruppe von Menschen vergönnt: Angehörigen des »Drittes Reich« genannten Gebildes in jugendlichem Alter, die der Ideologie dieses Reiches nicht restlos verfallen waren; die also weder, wie die Älteren, an 12 Jahre verlorene oder versteckte Haltungen anknüpfen, noch das Ende der Hitlerherrschaft als das Ende überhaupt ansehen konnten.

Was denen da zuteil wurde, war eine Gunst des Schicksals. Sie waren Glückskinder der Geschichte. Da sie es unverdient geworden waren, gaben sie es nicht zu. Da nur sie allein es geworden waren, kam es vielen kaum zum Bewußtsein. Da sie zu jung waren, um es sofort zu beschreiben, taten sie es nie; denn als sie dazu fähig wurden, hatten sie längst gelernt, es zu verachten. Der Zustand von damals wurde degradiert zum Anfang von dem, was aus ihnen geworden war. Mit Recht! Verlo-

rengegangen aber war bei dieser teleologischen Betrachtungsweise nur eins: die Fähigkeit, sich des Glückszustandes zu erinnern.
Gründe zum Glücklichsein gab es viele. Vor allem den, überlebt zu haben; doch das hatten andere auch. Was sie auszeichnete, war, daß sie noch keine Gelegenheit gehabt hatten, schuldig zu werden. Sie hatten keinen Besitz verloren, keine berufliche Existenz, keine Familie, keine Machtpositionen. Als jüngste, unterste Schicht der Militärsklaverei genossen sie die Befreiung von Uniformen und Waffen am meisten. Unbelastet gingen sie ins Friedensleben, in dem ihnen alles offen stand. Ohne schlechtes Gewissen besetzten sie alle die Stühle, die Millionen von Kriegstoten verlassen hatten. Sie waren die Sieger der Niederlage.
Ihr geistiger Zustand aber war der der Schwerelosigkeit, der Leere, der Offenheit, der Herrschafts- und Verantwortungslosigkeit. Sie waren frei – von allem. Es war nicht das Glück des Anfangs (dazu wurde es erst später); es war das Glück der Anarchie. Der Jugendtraum vollkommener Freiheit: Hier schien er verwirklicht. Man war nicht nur aus dem Militärzwang entlassen, sondern aus jeder Ordnung, aus jeder Tradition auch. Es war wie eine Entlassung aus der Geschichte.
In vollkommener Form währte dieser Traumzustand nur einige Tage; einige Jahre dauerte sein Abbau; aber ein Leben reicht nicht aus, um ihn zu vergessen.
Das Wort Glück kommt im Tagebuch des Achtzehneinhalbjährigen häufiger vor als die Wörter Angst oder Hunger. Vom Glück der Landstraße ist die Rede, von dem der Wälder, des Gehens, Fahrens, Alleinseins, vom Glück, kein Gepäck zu haben. Gefüllte Koffer liegen im

Straßengraben, und niemand belastet sich mit ihnen. Der Wind treibt Geldscheine über die Wege, und es lohnt nicht, sich nach ihnen zu bücken. Nichts, was war, gilt mehr. Alle Werte sind wertlos geworden. Rangabzeichen werden von den Schultern getrennt, geheiligte Staatssymbole verbrannt, der Hauptmann duzt den Muschkoten. Zum erstenmal ist man Besitzer des eigenen Lebens; denn das Vaterland, dem es gehörte, ist tot. Endlich ist man Herr seiner selbst, allein und frei.

Natürlich sind Mächte da, denen man ausweichen muß, aber fremde, die einen innerlich nichts angehen; natürlich enden alle Wälder einmal, führen alle Chausseen (auf denen kein Geld mehr liegt) in Flüchtlings- und Gefangenenlager, auf Bauernhöfe, Baustellen, Fabriken, Schulen, in neue Ordnungen. Natürlich hat man bald wieder Gepäck, an die Kette der Nationalität bleibt man geschmiedet, auch wenn man sie verachtet, und der Zustand der Schwerelosigkeit erweist sich als einer des Anfangs. Aber die Erinnerung an diese Tage wird bleiben: ein Mythos vom verlorenen Paradies. Und bleiben wird das Gefühl, dieses Urerlebnis innerer Freiheit verraten zu haben. Nicht der Bruch des erzwungenen Treueschwurs auf Führer und Reich bleibt das Trauma dieser Jahrgänge, sondern der Bruch der als Frucht der Niederlage freiwillig geleisteten eigenen Schwüre.

Wenig davon ist im Roman zu spüren. Da wird die Zeit des Glücks zu einer der Verzweiflung, die der Abwehr zu einer des Suchens. Die Erkenntnis, daß es kein geistiges Vakuum gibt, verführt dazu, auch das Gefühl davon zu leugnen. Zum Zweck augenfälliger Entwicklung werden Vorgaben verteilt. Um das Ziel aufzuhellen, wird der Anfang eingeschwärzt. Nichts geht da verloren, es wird

nur etwas gefunden, vor allem ein bißchen von dem, was der Verfasser zu haben vorgibt: Sicherheit – der Erkenntnis, des Urteils.
Doch erweist sich (in der Rückschau) die Sicherheit mehr als Absicherung. Das zeigt sich vor allem in der Starrheit, mit der der Autor sich an ein vorgegebenes Schema klammert: der Krieg als entwicklungsfördernde Katastrophe, die zwei deutschen Freunde, die zu Ost-West-Feinden werden, die guten Mädchen und die guten Altgenossen als Leitersprossen der Heldenentwicklung, das gewaltsame Erfassenwollen sozialer Totalität. Wenn rührende Versuche gemacht werden, den Klischees durch Umkehrung zu entgehen, zeigt sich nur besonders deutlich das Haften an ihnen.
Hemmung, sich selbst zu offenbaren, und Angst, Falsches, Unerwünschtes oder Mißverständliches zu sagen, lassen Tiefe nicht zu, fördern Flucht in die Breite. Völliges Auseinanderfließen wird nur durch merkbare Konstruktion verhindert.
Verzeihlich ist, daß der Anfänger sich zutraut, alles schreiben zu können, was er schreiben will, unverzeihlich, daß er nicht von vorn beginnt, als er merkt, daß er sein Thema ans Schema verraten hat. Der Grund ist verständlich und verächtlich: Er will gedruckt werden.
Die lange Beschäftigung mit dem Buch entsprang wechselnden Antrieben. Als ich im April 1945 mit Tagebuchschreiben begann, fühlte ich die Verpflichtung, die als bedeutsam empfundenen Geschehnisse für die Nachwelt festzuhalten. Ich hatte mehr als zwei Jahre in militärischen Organisationen zugebracht. Die zur seelischen Gesunderhaltung nötige Sturheit hatte ich nicht gelernt. Immer blieb ich der Außenseiter, der seine Leiden durch

kritische Registrierung produktiv zu machen versuchte. Eine Kopfverletzung, die das Sprachzentrum zeitweilig lähmte, machte die Beobachterrolle perfekt. Fehlende Kommunikation ersetzte das Tagebuch: ein Bericht an zukünftige Freunde.

Später wurden Kriegsschock und Illusionsverlust durch Schreiben von innen nach außen verlagert. Am fertigen Roman läßt sich ablesen, wie weit dieser autopsychotherapeutische Antrieb reichte. Heute wünsche ich mir, aus diesem Bruchteil ein Ganzes gemacht zu haben. Damals trieben pädagogischer Eifer, literaturtheoretische Desorientierung und falschgewählte Vorbilder mich dazu, den Roman größer machen zu wollen, als der Autor war. Ich schrieb über meine Verhältnisse. Noch fehlte mir die Erfahrung, daß gut nur werden kann, was man, sich selbst gehorchend, schreiben muß, nicht was man will oder soll.

Demoralisierend wirkte der Verlagsvertrag: Ein Stück Selbst wurde zum Objekt eines Geschäfts. Geld, Termine, gute und schlechte Ratschläge verfremdeten Eigenes. Das Bewußtsein des Sich-verkauft-Habens machte die Arbeit zur Fron. Unmerklich trat an die Stelle der Frage: »Ist das die Wahrheit?« die »Nimmt man mir das ab?« Da ich mich zum Teil eines Apparats gemacht hatte, dessen Arbeit ganz auf Veröffentlichung gerichtet war, wurde diese mir selbst zum höchsten Ziel – bis es erreicht war.

Als das Buch gedruckt war, war es für mich tot. Nie habe ich es wieder ansehen mögen, selbst für diese Rückschau nicht.

Zur Entstehung einer Erzählung

Zu »Märkische Forschungen«

Sehr verehrte Damen und Herren,
obwohl ich das Thema des hier folgenden Vortrags selbst gewählt habe, glaube ich mich berechtigt, über seine Schwierigkeiten klagen zu dürfen – nicht zuletzt deshalb, weil diese Klage unmittelbar zum Thema gehört. Geht es in ihr doch um die Diskrepanz zwischen dem Gewollten und dem Gewordenen, zwischen Plan und Produkt, Idee und Realität – welche letztere (vergleicht man sie mit der Idee) manchmal so beschaffen ist, daß die Tatsache ihrer Existenz das einzige ist, das sich zu ihrem Ruhm anführen läßt.
Als ich mich dazu entschloß, über die Entstehung meiner Erzählung »Märkische Forschungen« zu reden, schien mir, da Inhalt und Ordnung in Gedanken schon da waren, die Hauptschwierigkeit die zu sein, das, was ich verschweigen wollte, so zu kaschieren, daß es als Nicht-Gesagtes nicht in Erscheinung tritt. Ich hatte damit, wie ich jetzt weiß, nicht nur die Peinlichkeit dauernden Ich-Sagens unterschätzt, sondern auch die Länge und Verschlungenheit des Weges vom Kopf zum Papier, hatte nicht bedacht, daß Gedanken willfähriger sind als Worte, daß sie sich, ihrer Schwerelosigkeit, vielleicht auch Ungenauigkeit wegen, leichter zu glanzvollen Gebilden ordnen lassen – was zur Folge hat, daß das Gedachte sich auf der Schwelle zur Wortwerdung verändert, seinen Glanz verliert und schöne Einheitlichkeit vermissen läßt

Die gedachte Rede oder auch die gedachte Erzählung (Sie sehen: ich bin schon beim Thema!) ist eben noch keine; ihr Glanz ist der der Unwirklichkeit. Erst das Wort mit seiner Erdenschwere zeigt ihr wahres Gewicht.
Während gedachte Erzählungen oft ihres Untergewichts wegen zu geschriebenen nicht werden, wurde bei diesem Vortrag Übergewicht zur Gefahr. Das als schlank gedachte Gebilde neigte zur Fülle; denn die Befürchtung, den komplizierten (wenn nicht gar undurchschaubaren) Vorgang unzulässig zu vereinfachen, führte dazu, daß eine Erklärung die nächste gebar. Schon die Einleitung drohte abendfüllend zu werden. Sie sollte von der Privilegiertheit des Autors handeln – wobei mit diesem Begriff nicht, wie Sie vielleicht annehmen, die Möglichkeit, auch in ungewöhnliche Richtungen zu reisen, oder das Vorrecht, über Dinge zu reden, über die man sonst schweigt, gemeint war, sondern der Vorzug einer unentfremdeten (also unzeitgemäßen) Arbeit, in der Planung, Entwurf und Ausführung, wie kaum sonst wo, von ein und derselben Person erledigt werden. Auch die Kehrseite der Sache (also die Gefahr von Isolation, von Selbstüberschätzung, seelischer Dauerbelastung, innerer Deformation durch öffentliche Anerkennung oder auch Nicht-Beachtung) sollte behandelt werden. Zum Thema gehörte das wohl und war doch entbehrlich, weil hier ja nicht allgemein vom Erzählen erzählt werden soll, sondern von der Entstehung einer bestimmten Erzählung. Daß Konkretheit dazu nötig ist, wußte ich zwar, kam aber doch, da es so angenehm ist, das Ich durch das Man ersetzen zu können, immer wieder in den Sog des Allgemeinen hinein. Schließlich befreite ich mich aus ihm durch selbstgestellte Fragen. Durch die Form des Inter-

views zwang ich mich zur Direktheit. Da ich selber der Frager war, fiel es mir leicht, mit Einfachstem zu beginnen. Weiß doch niemand so genau, was ich eindeutig weiß, wie ich selbst.

Wie, Herr de Bruyn, lautete deshalb die erste Frage, kamen sie zu dem Titel, und was haben Sie sich beim Untertitel gedacht?

Grob (zu grob, wie sich erweisen wird) kann man die einzelnen Elemente dieser Erzählung in erlebte und erfundene einteilen. Der Titel allerdings ist weder dieses noch jenes, er ist ein Drittes: er ist gefunden, eine Fundsache also. Ähnliches war mir zwölf Jahre vorher bei einem Roman passiert, der bereits fertig war, der aber einen Titel führte, den ich nicht mochte. »Ein Zwischenfall« hieß er. Da hörte ich (es war am Morgen beim Aufräumen des Zimmers) eine Radiosendung, die ich nur halb verstand. Es war ein physikalischer Vortrag mit philosophischem Einschlag, in dem es, wenn ich mich richtig erinnere, um Asymmetrie in der Natur ging. Als Beispiel für eine künstlich erdachte Symmetrie wurde dabei der entscheidungsunfähige Esel zwischen zwei gleichen Heubündeln erwähnt – worauf das Zimmer unaufgeräumt blieb, ich eine Geschichte der Philosophie aufschlug und einige Tage später, nach eingehender Lektüre, eine schon vorhandene Romanszene (nicht ohne Gefühl von Hochstapelei) um die Erklärung des neuen Titels ergänzte.

Die Erzählung, von der hier die Rede sein soll, war erst halbfertig, als sie ihren vorläufigen Titel (»Eine Freundschaft« hieß er) verlor und den endgültigen bekam: durch einen Glücksfall, der aber gedanklich vorbereitet schon war.

Die Tatsache, daß jeder Erzähler, wovon er auch immer erzählt, letztendlich von sich erzählt, ist mir so sehr bewußt, daß mir die Möglichkeit, mein Erleben auf den Leser übertragen zu können, bei jedem Buch aufs Neue fraglich erscheint. Immer wieder fürchte ich, daß das, was ich erzähle, außer mir nur wenige interessiert. Und da der Gedanke, daß jemand des Titels wegen nach meinem Buch greift und enttäuscht wird, mir unangenehm ist, baue ich vor, nenne den unter Bibliothekaren spielenden Roman »Buridans Esel« und nicht – beispielsweise – »Glück im Hinterhaus« oder versehe die Literaturwissenschaftlergeschichte mit dem warnenden Untertitel »Erzählung für Freunde der Literaturgeschichte« – der zu der Zeit, von der ich jetzt rede, schon feststand und einen sachlichen Haupttitel brauchte. In meiner Jugend, als ich mich für Literatur zu interessieren begann, war mir mal aufgefallen und in Erinnerung geblieben, daß Wilhelm Raabe einer Erzählung den ungewöhnlichen Titel »Keltische Knochen« gegeben hatte. Ähnliches suchte auch ich und fand es, als ich nicht danach suchte, im Katalog der Anonyma der Berliner Universitätsbibliothek. Auf der Suche nach einem Sammelband, dessen Titel mit dem Wort Forschungen begann, stieß ich in den schönen alten Bänden, in denen nicht nach mechanischer, sondern nach grammatikalischer Wortfolge geordnet wird (Bibliothekare unter Ihnen wissen, wovon ich rede), unter den vielen »Forschungen« auch auf die Märkischen: eine heimatkundlich-historische Zeitschrift, die seit 1840 etwa in Berlin erschienen war. Ich wußte sofort, daß es das war, wonach ich gesucht hatte, begriff nur nicht, daß ich auf diese einfache Idee nicht selbständig gekommen war.

Da der Interviewer die Dinge, über die zu reden dem Interviewten schwerfällt, kennt, greift er nicht, was nahe läge, den Satz über den Erzähler, der stets von sich selbst erzählt, auf, sondern bleibt noch bei Peripherem. Er will über die Schauplätze etwas wissen, über die Dörfer zum Beispiel. Ohne daß zusammenhängende Ortsbeschreibungen gegeben werden, erklärt er, entsteht im Zuge der Handlung doch ein Bild von der Gegend: ein sandiger Weg zwischen Kiefernwäldern, der in der Nähe des Torfsees morastig wird; an seinem einen Ende Schwedenow, wo Pötschs Haus und Hof stehen, am anderen Liepros, dessen Topographie sich aus dem Text zusammensetzen läßt. Wie entsteht so etwas? Gibt es Liepros tatsächlich, oder hat der Autor hier nur ein Phantasie-Dorf gemalt?

Wenn vorhin die Teilung in Erlebtes und Erfundenes als zu grob bezeichnet wurde, sollte damit gesagt sein, daß eine klare Trennung beider Bereiche im Einzelfall kaum möglich ist. Es gibt da nicht nur fließende Grenzen, es gibt, was wichtiger ist, auch Abhängigkeiten. Beim Erzählen bemüht man zwar Phantasie, die aber speist sich von Abbildern der Realität. Auch die phantastischste, unrealistischste Geschichte ist, sieht man genauer hin, aus Partikeln von Wirklichkeit zusammengesetzt: Der Märchenerzähler muß wirkliches Feuer kennen, ehe er es den Drachen speien lassen kann. Erfinden heißt also nicht: neu erschaffen, sondern nur: anders zusammensetzen. Es kann also auf die Frage: Gibt es das Dorf Liepros wirklich? mit Ja und mit Nein geantwortet werden; denn das Schloß, die Spree, die Linden, das Pfarrhaus gibt es tatsächlich – und Dreiulmen und die Ruinen des Armenhauses gibt es auch, nur anderswo. Beides kennt der Erzähler, es ist für ihn also Erlebtes; zu Erfundenem wird es dadurch, daß er es zusammenbringt. Das Erfundene löst sich also, fragt man den Einzelheiten nach, in Erlebtes auf. Kurioserweise ist das in diesem Fall sogar bei dem erfundenen Dorfnamen so. Liepros werden Sie im Ortsverzeichnis der DDR vergeblich suchen; finden werden Sie aber Rieplos, aus dem durch Neuordnung die Erfindung erstanden ist.

Herauszufinden, welches Real-Dorf der Liepros genannten Fiktion als Vorbild gedient hat, fällt Kennern der Mark und Literaturkennern leicht. Rieplos (wie übrigens auch Lieberose, das bei der Namensgebung ebenfalls Pate stand) geben ungefähr die Richtung, aber die ist in der Erzählung sowieso genannt. Die Nachbardörfer, die nebenbei erwähnt werden, haben ihren realen Namen nur schwach (in einem Fall gar nicht) verändert. Spreedörfer mit einem Schloß wie diesem gibt es in der Gegend sonst nicht. Wem aber auch das nicht genügt, der kann auf Literatur zurückgreifen. Ich zitiere:

»Von X nach Y sind noch anderthalb Meilen. Ein leichter Wagen nahm mich auf, und in brennender Sonnenhitze macht ich den Weg. Die Landschaft war geradezu trostlos, und jedes kommende Dorf erschien noch ärmer als das voraufgegangene. Mahlender Sand und Kiefernheide, dazwischen Brach- und Fruchtfelder, die letzteren so kümmerlich, daß ich meinte, die Halme zählen zu können . . . In Y angekommen, ließ ich an einer Stelle halten, wo die Sehenswürdigkeiten des Dorfes: das Herrenhaus (jetzt Amtshaus), das Barfus-Schloß und die Kirche, dicht beisammenliegen. – Y war immer ein reicher und ausgedehnter Besitz. – In sumpfiger Niederung gelegen . . ., unterschied es sich in alter Zeit schon vorteilhaft von den Sanddörfern der Höhe, aber erst von 1581 ab hat es eine Geschichte.«

Wenn auch diese Beschreibung noch nicht allzuviel sagt, vielmehr auch auf andere Dörfer zutreffen könnte, so ist doch vom Barfuß-Schloß die Rede – und dieser Name taucht auch in den »Märkischen Forschungen« auf, gibt nämlich Max von Schwedenows Hauptwerk den Titel.

Auf diesen fiktiven Roman wird mehrfach angespielt, zum Beispiel im 3. Kapitel:

»Genau an dieser Stelle, so erläuterte Pötsch, sprang der junge Graf Barfus aus der Kutsche, als er aus Frankreich heimkehrte und das Schloß in Flammen stand.«

Und später, in der Rezension von Menzels Buch über Schwedenow, heißt es über den Roman »Barfus«:

»Die Fabel des Romans ist nach ihm [Menzel] die: auf einer Bildungsreise durch Europa wird der junge Graf Barfus zum Jakobiner, worauf seine reaktionäre Mutter sich selbst und sein Erbe, das Schloß Liepros, verbrennt; er kommt zurück, heiratet und bringt seine revolutionären Ideale in die preußische Erhebung gegen Napoleon ein. Ein politischer Roman also, denkt, wer ihn nicht kennt, und ist bestürzt, wenn er ihn liest. Denn er erlebt eine bezaubernde Liebesgeschichte zwischen Graf Barfus und Dorette, der Pastorentochter, die mit der Heimkehr von der Frankreich-Fahrt beginnt und mit der Hochzeit endet.«

Soweit de Bruyn, nun aber wieder unser literarischer Gewährsmann, der, wie Sie natürlich schon erraten haben, Theodor Fontane heißt:

»Im Jahre 1699 kaufte Hans-Albrecht von Barfus ... die Herrschaft ... Das Oppensche Herrenhaus, das er vorfand, genügte ihm nicht, und er ging das Jahr darauf an die Aufführung eines Schlosses. Er starb aber darüber hin und hat die Räume desselben nie bewohnt. – Erst seine Witwe Eleonore geborene Gräfin von Dönhoff, führte den Schloßbau glücklich hinaus. Sie war eine stolze Frau, und es geht die Sage, daß sie bemüht gewesen sei, ihrem einzigen überlebenden Sohn sein Erbe nach Möglichkeit zu schädigen und zu schmälern . . . Als sie fühlte, daß es mit ihr zum Letzten gehe, befahl sie, den gesamten Hausrat auf den Schloßhof zu tragen, und vergoldete Stühle und Tische, Spiegel und Konsolen, Diwans und Kommoden wurden nun zu einer Pyramide aufgetürmt. In einem Rollstuhl ließ sie sich dann an die Tür des Gartensaales fahren, gab Ordre, zwei Fackeln anzulegen, und starrte lange und befriedigt in die hoch aufschlagende Flamme. Sie fühlte das Feuer mehr als daß sie es sah, denn die helle Mittagssonne stand über dem Schauspiel. Als alles niedergebrannt war, saß sie tot in ihrem Rollstuhl. – Das war 1728 . . .«

Da sich also, wie Sie sehen, die sogenannte Erfindung als freche Kompilation erweist, läßt es sich der Interviewer natürlich nicht nehmen, nach weiteren literarischen Anleihen dieser Art zu fragen, und erfährt: Es gibt noch einige (allerdings kleineren Formats), die der Autor bei andren Lieblingsautoren gemacht hat; denn Erlebtes dieser Sorte – der literarischen – wird nur verwendet, wenn man es nicht suchen muß, sondern im Kopf hat. Zwei Beispiele dafür mögen genügen, nämlich Jean Paul, dessen erste Verlobung in einem »Leopoldsgrüner Wäldchen« stattfand (das in den »Märkischen Forschungen« Trebatscher Wäldchen heißt), und der zu Schwedenows Verlobung auch die Worte liefern mußte: »Nun bin ich ganz dein und auf ewig«, – und zweitens ein anderer Großer aus Schwedenows Zeit, dem Lyrisches nachempfunden wird. Zweimal wird in der Erzählung auf eine Verszeile Max von Schwedenows hingewiesen, in der er die Ulmen vor seinem Haus besingt: »Fröhlich drängt ihr, ihr Starken, aus kräftigen Wurzeln hinauf in die Freiheit des Äthers.« Zum Teil ist das geborgt von einem berühmten Gedicht, das nicht Ulmen besingt, sondern Eichen. Ich zitiere das Original:

»Und ihr drängt euch fröhlich und frei, aus kräftiger Wurzel,
Unter einander herauf und ergreift, wie der Adler die Beute,
Mit gewaltigen Armen den Raum, und gegen die Wolken
Ist euch heiter und groß die sonnige Krone gerichtet.«

Das sind, Sie kennen sie sicher, »Die Eichbäume« von Friedrich Hölderlin.

Die Feststellung dieser Bezüge soll Ihnen nun nicht etwa suggerieren, daß die fiktive Gestalt des Max von Schwedenow nach dem Vorbild Jean Pauls oder Hölderlins gearbeitet ist; gesagt sein soll damit nur: So setzt Fiktion, Phantasie, Inspiration, Erfindung (oder was sonst noch an ähnlichen Begriffen in Frage kommt) sich zusammen: ein Flickwerk von Vorstellungs- und Erinnerungsteilchen, mehr oder weniger kunstvoll, mehr oder weniger bewußt kombiniert. Ist man bereit, auch Landschaftserlebnisse, Bildungserlebnisse, Leseerlebnisse zum Begriff »Erlebtes« zu schlagen, ist alles an der Erzählung erlebt. In diesem Sinne könnte man sogar kühn behaupten: Jedes Werk der schönen Literatur ist Autobiographie.

Der Interviewer, der an Ortsbeschreibungen und historisch-literarischen Anspielungen weniger interessiert ist als an gegenwärtigen Bezügen, benutzt die Gelegenheit zu einer kurzen Frage, die, wie nebenbei gestellt, doch Wesentliches treffen muß. Er fragt, ob es sich mit den Personen ebenso verhält, muß aber weiterfragen, da er als Antwort nur ein Ja zu hören kriegt. Auch die Personen also sind Flickwerk aus Teilchen von Real-Personen? Ja. Sind Teilchen Ihrer eignen Person dabei? Natürlich. Und welche?
Um das verärgerte Schweigen nicht zu lang werden zu lassen, kommt die nächste Frage schnell: Sie erwähnten, als Sie von Ortsbeschreibungen sprachen, daß es für die Darstellung des Dorfes Liepros ein reales Vorbild gab, das dann (um das Armenhaus zum Beispiel) ergänzt wurde. Trifft Ähnliches auch auf Personen zu? Auf einige ja. Hatte die Elke Pötsch ein Vorbild? Nein. Der Brattke? Ja. Die wenig angenehme Frau Dr. Eggenfels? O ja, ein sehr genaues. Und Pötsch? Nicht eins: mehrere. Und wie steht es mit Menzel?
Anstatt nun einfach zuzugeben, daß seine Lust, die Frage zu beantworten, groß nicht ist, benimmt sich der Befragte wie ein Politiker oder ein Staatsbürgerkundelehrer, der von einer unbequemen Frage behauptet, sie sei falsch gestellt. Auf das Vor- oder besser Urbild der Kunstfigur Menzel, sagt er, käme es nicht an; es ginge vielmehr darum, ob es dem Leser möglich sei, in dieser Gestalt seinen eignen, speziellen »Menzel« zu sehen. Aber als der Frager (nachdem er sehr richtig bemerkt hat, daß es keine falschen Fragen, nur falsche Antworten gäbe) auf seiner Frage beharrt, antwortet der Befragte dann doch, aber nicht mit ja, sondern mit: ja, aber...

Denn kompliziert ist das, was er zu sagen hat, tatsächlich.
Das weite Ausholen, das nötig ist, hat den Vorteil, daß die obligatorische Frage nach dem Anlaß für die Erzählung nicht erst gestellt werden muß, da dieser unmittelbar auf das Urbild Menzels zurückgeht. Dieser Mensch (der, versteht sich, anders heißt und auch anders ist als die Kunstfigur) löste die Erschütterung aus, die Literatur meist entstehen läßt. Enttäuschung erzeugt seelischen Schmerz, und der will verarbeitet sein, bei dem einen durch Reden, beim andern durch Schweigen, beim (auch in dieser Hinsicht privilegierten) Autor durch Schreiben. Er (der Autor), dem (um es klassisch auszudrücken) ein Gott gab, zu sagen, was er leidet, sagt es für andere – heilt dabei aber sich selbst. Denn eine uralte Wahrheit ist: daß die Formulierung einer Krise bereits Teil ihrer Lösung ist.
Bis hierher ist der Vorgang einfach, nun aber wird er schwer beschreibbar, weil er schwer durchschaubar ist. Denn in dem Moment, in dem der Gedanke, eignen Schmerz literarisch zu verwerten, gedacht wird, mischt sich Reales (das heißt: der Schmerz und die Personen und Vorgänge, die ihn erzeugten) mit Literarischem – was auch und besonders heißt: mit dem Gedanken an Öffentlichkeit. Mit dem Bemühen, das Erlebnis auf Literaturtauglichkeit zu untersuchen, beginnt schon seine Veränderung. Denn Literaturtauglichkeit heißt ja auch: Bedeutung über den subjektiven Fall hinaus, und um die beurteilen zu können, ist der Autor gezwungen, seinen Fall sozusagen von außen ansehen zu lernen, ihn zu objektivieren, sich also von ihm zu entfernen. Dadurch wird es möglich, das Ich aus dem Werk weitgehend zu

tilgen und den Kontrahenten (also den, der den Schmerz verursacht hat) unkenntlich zu machen, und zwar nicht, weil der Erzählung das Racheakt-Ähnliche genommen werden soll, sondern weil man weiß oder spürt, daß aus Haß- oder Rachegefühlen oder auch nur aus Gekränktsein gute Literatur nicht entsteht, weil diese eben über das Persönliche hinausweisen muß. Die Gestalt des Professors Menzel hat deshalb in allen (wirklich in allen!) äußeren Lebensumständen mit seinem Urbild nichts mehr gemein. Was geblieben ist, sind (außer Charakterzügen) einige Sätze von ihm, die schon zu einem Dialog gehörten, der eher da war als die Idee der Erzählung. Das Gespräch zweier ehemaliger Freunde, die weder Namen noch Biographie hatten, war nämlich die Urzelle, aus der heraus die Erzählung wuchs. In den letzten von insgesamt vier Fassungen wurde dann dieser lange Dialog (der sich inzwischen mehrfach geändert hatte) nicht nur radikal gekürzt, sondern auch zerrissen. Jetzt steht er (als ehemals durchgehend kaum noch kenntlich) auf mehrere Stellen verteilt. Daß er (von den erwähnten Sätzen abgesehen) mit dem Ur-Dialog nur noch wenig zu tun hat, liegt daran, daß er nun nicht mehr wie am Ur-Anfang von Irgendwem in einem Irgendwo gesprochen wird, sondern von inzwischen mit Charakter und Lebenslauf ausgestatteten Leuten an einem bestimmten Punkt der Handlung. Beispielsweise mußte der ursprünglich wichtige Satz: »Wenn ich die Macht dazu hätte, würde ich den Druck deines Aufsatzes verbieten!« natürlich in dem Augenblick gestrichen werden, als Menzel vom Autor mit der nötigen Macht ausgestattet war.

Dieses Beispiel zeigt, daß der Freiraum der Phantasie mit

jeder geschriebenen Zeile kleiner wird. Denn jede Festlegung, die getroffen wird, hat andere zur Folge. In dem enger werdenen Netz von Beziehungen bestimmt schließlich vieles sich selbst. Die Real-Vorbilder, die dem Autor am Anfang als Orientierungshilfe dienten, gelten bald nicht mehr. Die Kunst-Wirklichkeit, die er erschaffen hat, folgt ihren eigenen Gesetzen. – Dieses Neu-Erschaffen bringt, bei aller es begleitenden Qual, die große Freude beim Schreiben hervor. Daß das Erlebnis, das einmal auslösend gewirkt hatte, dabei manchmal nur noch leise durchschimmert, oft andere Formen annimmt, teilweise ganz verschwindet, macht den psychotherapeutischen Effekt aus – macht aber auch die nachträgliche Rekonstruktion des Entstehungsvorgangs so schwer.

Dabei wurde der Vorgang bisher noch insofern vereinfacht, als das eigentlich Literarische daran ausgelassen wurde. Von ersten Überlegungen an bis hin zum letzten Wort, das man schreibt, spielen Formfragen mit hinein. Kann die gleiche Geschichte doch von vorn oder von hinten erzählt, die Chronologie auch völlig zerbrochen werden. Ihr Ton kann sachlich, pathetisch, ironisch sein; ihr Erzähler kann in Erscheinung treten, sogar mitspielen oder aber sich verstecken.

Theoretisch steht einem (am Anfang!) jede Erzählform offen – praktisch natürlich nicht; denn erstens können bestimmte Inhalte bestimmte Formen erfordern, und zweitens sind durch mangelnde Fähigkeiten der Wahl Grenzen gesetzt.

Da der Frager weiß, daß der Befragte aus Hilflosigkeit stets unwillig wird, wenn er nach dem Sinn, dem Gehalt, der Lehre seiner Erzählung befragt wird, bringt er die

Frage nach dem Programmatischen (oder auch der Tendenz) auf Umwegen vor. Daß die Erzählung, sagt er, kein rein artistisches, von Wirklichkeit völlig freies Spiel ist, wurde aus dem bisher Gesagten schon klar. Wäre sie das, wäre sie nichtssagend. Wäre sie aber andererseits nichts als erfahrene Wirklichkeit, nichts als Abbild dessen, was wir schon kennen, käme nichts Neues hinzu, fehlte ihr das Bewegende, das Denkanstoßerregende, also der Sinn. Wie aber kommt der hinein? Ist er dem Erzähler beim Erzählen bewußt? Ist er geplant, also von Anfang an da?

Hier macht Herr de Bruyn es sich leicht, indem er Goethe zitiert, der vieles von dem, was wir mühsam uns ausdenken, schon besser vorgedacht hat. Er zitiert also aus Goethes »Maximen und Reflexionen« die Nummer 279:

»Es ist ein großer Unterschied, ob der Dichter zum Allgemeinen das Besonderes sucht oder im Besonderen das Allgemeine schaut. Aus jener (also der ersten) Art entsteht Allegorie, wo das Besondere nur als Beispiel, als Exempel des Allgemeinen gilt; die letztere aber ist eigentlich die Natur der Poesie: sie spricht ein Besonderes aus, ohne ans Allgemeine zu denken oder darauf hinzuweisen. Wer nun dieses Besondere lebendig faßt, erhält zugleich das Allgemeine mit, ohne es gewahr zu werden, oder erst spät.«

Soweit und so gut und so richtig also Goethe, der keines Zusatzes bedarf.

Der Interviewer hat noch eine letzte Frage, mit der er erneut beweist, daß er eingeweiht ist. Denn er fragt nicht allgemein nach der Namensgebung der Personen, sondern nach einer: nach der des Professors nämlich. Ob dessen Name eine besondre Bedeutung hat und wenn ja, welche?

Offensichtlich ist dem Befragten peinlich, daß er schon wieder mit Ja, aber . . . antworten muß. Eine Bedeutung hat dieser Name wohl, aber nur für ihn: daß der Leser sie erkennt, wird nicht erwartet und ist auch kaum möglich, da, durch besondere Umstände bedingt, die Beziehungen weitgehend verwischt werden mußten. Der Name und seine Bedeutung dienten dem Autor als Orientierungshilfe. So etwas braucht, wer nach einem Plan arbeitet, der nur im Kopf existiert. Um sich im Wohnhaus des Helden nicht zu verirren, stellt man sich ein Haus vor, das man gut kennt; einer Landschaft, die man beschreibt, legt man die groben Umrisse einer vertrauten unter; eine Gestalt, die noch keine Konturen hat, stattet man behelfsmäßig mit Zügen von Freunden aus, die später verändert oder getilgt werden. Eine solche Hilfslinie war auch der Name Menzel. Dem Professor wurde er gegeben als Signum für einen Lebenslauf, der dann später nicht ausgeführt wurde. Außerdem stellte er Beziehungen zum Forschungsgegenstand des Professors her: zum Lebenslauf Max von Schwedenows. Seine Bedeutung bezog er (wie das in einer Erzählung mit solchem Untertitel naheliegt) aus der Literaturgeschichte. Verwischt wurde das dadurch, daß Menzel (aus Gründen, die hier nicht genannt werden sollen) seinen eigentlich ihm zukommenden Vornamen nicht behalten durfte. So heißt der Professor zwar W. Menzel, aber das W. steht für Winfried und nicht, wie es richtig wäre, für Wolfgang. Denn über den Historiker, Kritiker und Literaturhistoriker Wolfgang Menzel (der von 1798 bis 1873 lebte) lief diese Gedankenverbindung. Der hatte als junger Mann in den freiheitlichen Burschenschaften sein politisches Engagement begonnen, hatte anfangs auch in Geschichtsschreibung und Literaturtheorie fortschrittliche Positionen bezogen, dann aber, nachdem er mit den Behörden der Restaurationsperiode in Konflikt geraten war, eine radikale Wendung ins Reaktionäre vollzogen und die verfolgten Literaten des Jungen Deutschland in gemeiner Weise verunglimpft und denunziert, so daß Heine und Gutzkow ihn mit Schimpf und Spott bedachten und Börne eine satirische Schrift gegen ihn verfaßte, die »Menzel der Franzosenfresser« hieß.

Wer die »Märkischen Forschungen« kennt, dem sind die Parallelen zu dem erfundenen Max von Schwedenow deutlich, die zum Professor weniger; denn die Hilfslinie, die der Name darstellte, wurde später nicht weiter genutzt, die Herkunft des Namens dem Leser also nicht erklärt. Einer hat sie trotzdem erkannt: ein nicht nur gebildeter, sondern auch scharfsinniger Mann – der nämlich, der den Anlaß zu dieser Geschichte einst gab. Obwohl seine telefonische Mitteilung darüber als Drohung gemeint war, hat sie dem Autor Freude gemacht. Mit gebändigter Empörung hat der Literaturgeschichtskundige und Redegewandte ausführlich, wie es seine Art ist, erklärt, was er aus dem Namen W. Menzel herauslesen kann: des Erzählers Meinung über eine bestimmte Art von Literaturbefehlshabern nämlich, die, obwohl sie ihre Theorien noch immer als progressiv bezeichnen, die Literaturentwicklung am liebsten auf- oder anhalten möchten, weshalb sie in des Erzählers (natürlich schiefblickenden) Augen die Reaktionären (oder zumindest Konservativen) von hier und heute sind. – So genau er-

kannte der Mann, der sich unvermutet Menzel getauft sah, das alles. Der Erzähler konnte, dem armen Pötsch ähnlich, nur Ja dazu sagen.
Der Interviewer dankt dem Interviewten noch für dieses Gespräch, beide aber, verehrte Damen und Herren, danken Ihnen für Ihre freundliche Aufmerksamkeit.

Verzeichnis der Erstdrucke

Preußen, deine Dichter: Basiert auf einem Vortrag, der 1982 in der Evangelischen Akademie Berlin-Brandenburg gehalten wurde; erschien erstmalig in überarbeiteter Form in: »Die Zeichen der Zeit«. 37. Jahrgang 1983, Heft 9.
Nicolai oder Ein Opfer der Vernunft: Erschien erstmalig in: Friedrich Nicolai, »Vertraute Briefe von Adelheid B. an ihre Freundin Julie S.« (Märkischer Dichtergarten), Berlin, Buchverlag Der Morgen; Frankfurt a. M., Fischer Taschenbuch Verlag, 1982.
Der Sandpoet. Schmidt von Werneuchen: Erschien erstmalig in: Friedrich Wilhelm August Schmidt, »Einfalt und Natur« (Märkischer Dichtergarten), Berlin, Buchverlag Der Morgen; Frankfurt a. M., Fischer Taschenbuch Verlag, 1981.
Taten und Tugenden. »Dya-Na-Sore«. Meyern und Arno Schmidt: Mit freundlicher Genehmigung des Verlags Zweitausendeins.
Lesefreuden mit Jean Paul: Erschien erstmalig in: Jean Paul, »Quintus Fixlein«, Berlin, Buchverlag Der Morgen, 1976.
Dämmerungen für Deutschland. Jean Paul und die Politik: Erstveröffentlichung.
Die Geschwister Tieck: Erschien erstmalig in: Ludwig Tieck, »Die männliche Mutter« (Märkischer Dichtergarten), Berlin, Buchverlag Der Morgen; Frankfurt a. M., Fischer Taschenbuch Verlag, 1983.
Fouqué oder Romantik im Harnisch: Mit freundlicher Genehmigung des Verlags Zweitausendundeins.
Rahels erste Liebe. Versuch einer Rekonstruktion: Erschien erstmalig in: »Rahels erste Liebe, Rahel Levin und Karl Graf von Finckenstein in ihren Briefen« (Märkischer Dichtergar-

ten), Berlin, Buchverlag Der Morgen; Frankfurt a. M., Fischer Taschenbuch Verlag, 1985.

E.T.A. Hoffmann in Berlin: Erschien erstmalig in: E.T.A. Hoffmann, »Gespenster in der Friedrichstadt« (Märkischer Dichtergarten), Berlin, Buchverlag Der Morgen; Frankfurt a. M., Fischer Taschenbuch Verlag, 1986.

Zum Thema: Lesen: Erschien erstmalig in: »Situation 66«, Halle, Mitteldeutscher Verlag, 1966.

Wie ich zur Literatur kam: Erschien erstmalig in: »Sinn und Form« 1972, Heft 4, und in: »Im Querschnitt Günter de Bruyn«, Halle, Mitteldeutscher Verlag, 1979.

Der Künstler und die andern: Erschien erstmalig in: Thomas Mann, »Tonio Kröger«, Berlin, Buchverlag Der Morgen, 1975.

Grischa 1944: Erschien erstmalig in: »Arnold Zweig. Ein Almanach«, Berlin, Aufbau Verlag, 1962; wurde später vom Autor überarbeitet.

Der Holzweg: Erschien erstmalig in: »Eröffnungen. Schriftsteller über ihr Erstlingswerk«, Berlin, Aufbau Verlag, 1974.

Zur Entstehung einer Erzählung: Basiert auf einem Vortrag, der 1981 in der Goethe-Gesellschaft Halle (Saale) gehalten wurde; erschien erstmalig in: »Die Schublade. Texte aus erster Hand«, Halle, Mitteldeutscher Verlag, 1982.

Inhalt